IVO PITANGUY
APRENDIZ DO TEMPO

Histórias Vividas

2ª impressão

Editora Nova Fronteira S.A.
Rua Bambina, 25 – Botafogo – 22251-050
Rio de Janeiro – RJ – Brasil
Tel.: (21) 2131-1111 – Fax: (21) 2286-6755
http://www.novafronteira.com.br
e-mail: sac@novafronteira.com.br

CIP-BRASIL. CATALOGAÇÃO-NA-FONTE
SINDICATO NACIONAL DOS EDITORES DE
LIVROS, RJ

P758a Pitanguy, Ivo
Aprendiz do tempo: histórias vividas / Ivo Pitanguy. - Rio de Janeiro : Nova Fronteira, 2007.

ISBN 978-85-209-1998-9

1. Pitanguy, Ivo. 2. Cirurgiões plásticos - Biografia. I. Título.

CDD: 926.1
CDU: 929:616-089.844

À Marilu,
ponto de equilíbrio, harmonia e amor
neste longo caminho

¿Qué es la vida? Un frenesí.
¿Qué es la vida? Una ilusión,
una sombra, una ficción,
y el mayor bien es pequeño;
que toda la vida es sueño,
y los sueños, sueños son.

Pedro Calderón de la Barca, *La vida es sueño*

Sumário

Prólogo

Ao reler histórias de vida que havia escrito para os livros *Direito à beleza* (1984) e *Aprendendo com a vida* (1993), decidi visitar de novo aqueles momentos, acrescentando às lembranças um pouco do olhar e do sentimento de agora. Quando vemos, em nós próprios, o amadurecer tomando forma dia após dia, podemos refletir sobre uma série de situações e perdoar algumas atitudes que poderiam ter sido diferentes, porém os momentos que mais admiro nesses relatos são aqueles em que o entusiasmo predominou sobre o racionalismo.

O fio das reminiscências trouxe à tona muitas outras histórias e reflexões, também incluídas nas páginas que se seguem. Em cada uma delas pude aprender não apenas o que está mais aparente. Há descobertas importantes que fazemos ao longo do caminho enquanto procuramos por outras coisas. Por isso, enquanto revisava estes escritos ocorreu-me a palavra *serendipity* (serendipidade), criada pelo escritor inglês Horace Walpole com base em um conto do Sri Lanka, "Os três príncipes de Serendip": chamados ao leito de morte do rei, este lhes revelou que havia um grande tesouro enterrado muito próximo da superfície; os três mobilizaram todos os súditos durante vários anos, revolvendo palmo a palmo toda a terra do reinado. Não havia tesouro algum sob o solo, mas a terra foi tão revolvida que as colheitas abundantes lhes trouxeram grande prosperidade.

Para aqueles leitores que terão um primeiro contato com os acontecimentos de que participei tão intensamente, desde a minha infância e juventude até os dias de hoje, e também para os que já conheciam algumas das histórias que recordo neste livro, meu propósito é compartilhar idéias, emoções, aprendizados, sonhos, tudo isso que o tempo nos ensina quando reinventa o passado e torna presente o futuro.

Capítulo 1

Montanhas mineiras

Rio das crianças. Na língua dos índios caiapós, este é o significado do sobrenome Pitanguy, que meus antepassados adotaram em homenagem à nova pátria, quando o Brasil se separou de Portugal.

Várias nações indígenas habitavam a região das Minas Gerais, quando chegaram de toda parte, nos tempos coloniais, centenas de milhares de pessoas em busca de ouro, diamante e outras pedras preciosas. Ali foi também o cenário da Inconfidência Mineira, que mudou os rumos da história do Brasil. Depois que o rei d. Pedro I declarou a Independência da nação brasileira em 1822, muitas famílias adotaram sobrenomes de origem indígena, movidas por uma contagiante onda nacionalista. Os tataravós de meu pai acrescentaram então o novo nome Pitanguy ao sobrenome de cristãos-novos, Campos, trazido de Portugal.

Nasci em Belo Horizonte, no ano de 1926. Criada no final do século XIX para ser a capital de Minas Gerais, a cidade contava com pouco mais de trezentos mil habitantes quando cheguei ao mundo. Cercada por colinas, a paisagem exerceu em mim forte influência. Somente do alto de seus picos se estendiam os limites do horizonte, onde meus olhos encontravam, de novo e uma vez mais, os perfis inexoráveis de mais outras elevações. E eu sentia, então, que sempre haveria outras e mais outras escaladas na vida. Era uma sensação de infinito e de sucessivos desafios, impulsionando-me a procurar adiante o que a vista ainda não alcançava.

Era em seus arredores pouco urbanizados, envolvidos pelas arestas das montanhas, onde eu mais gostava de passear. Tudo aquilo que meu olhar registrava — os vales férteis e os cumes fortemente cobertos por uma rala vegetação — suscitava em mim o prazer de ter nascido em Minas Gerais.

Se Belo Horizonte só recentemente completou seu primeiro centenário, a epopéia das Minas Gerais remonta ao século XVII, quando um bandeirante paulista, ao regressar de uma expedição, exibiu aos seus conterrâneos grãos escuros recolhidos num rio: eles continham ouro.

Atraídos pela perspectiva da fortuna, multidões de desesperados e aventureiros acorreram à região, até então habitada exclusivamente por índios que viviam dos recursos gerados pela terra. A sabedoria indígena, que cultuava a paz desde tempos imemoriais, foi substituída por violências e pilhagens, estupros e roubos. Obcecados pela sede de ouro, os homens ditos civilizados se esqueceram de cultivar a terra e não tinham qualquer respeito pela natureza. Epidemias e fome dizimavam as fileiras dos bandeirantes, nossos pioneiros do garimpo.

A despeito da violência, naquela mesma região onde não havia senão pedras e rochas surgiram encantadoras cidades coloniais como Ouro Preto — que hoje pertence ao patrimônio mundial —, Congonhas, Sabará, Tiradentes, São João del Rey, Mariana e Diamantina. A riqueza das pedras preciosas, além de trazer aventureiros de todo tipo, atraiu também as atenções e os cuidados da corte portuguesa, tornando possível a presença de grandes artistas, arquitetos e artesãos na construção daquelas cidades históricas e na formação de um valioso patrimônio cultural.

A encantadora Diamantina do início do século XVIII, pousada a 1.100 metros de altitude nas montanhas mineiras, foi a vila escolhida por um cavalheiro português, enviado pelo rei de Portugal para garantir que o ouro descoberto na região fosse levado para as fundições oficiais. Esse homem, Rabelo Jardim, é ancestral de minha mãe, Maria Stael.

A descoberta de diamante fez com que aquela vila se tornasse especial para a corte portuguesa. Não era permitida a entrada de aventureiros. Formou-se ali uma cidade-modelo, que atraía a atenção de professores e artistas da Europa. O francês era idioma fluente, levando àquelas longínquas montanhas mineiras a literatura e as idéias que inspiravam revoluções libertadoras na França, nos Estados Unidos e em vários outros países.

Em Diamantina, o desejo de buscar a cultura sempre foi uma tradição. Como tantas outras populações que sobrevivem a tempos difíceis, ao procurar refinar-se e elevar-se intelectualmente os mineiros buscam apagar as marcas da rudeza de seus antepassados. Descendentes de pioneiros cuja sede de riqueza tinha sido saciada, renunciaram com fidalga indiferença aos bens materiais, valorizando o conhecimento e consagrando-se ao cultivo de valores espirituais e humanísticos.

Criada num ambiente de amor e refinada intelectualidade, cedo se manifestou em minha mãe o espírito humanista que mais tarde ela saberia transmitir tão bem a todos os seus filhos. Aos 15 anos escreveu sua primeira poesia, paixão que iria acompanhá-la até o fim de seus dias. A serenidade, a bondade e a beleza eram-lhe inerentes como o perfume à flor.

Minha mãe aliava sua profunda visão humanista do mundo a uma força inigualável, mesmo nas horas de maior adversidade. Com ela aprendi que não se pode viver sob o signo do medo, muito menos sob o signo da morte. Sintetizava sua filosofia existencial nas belas palavras do imperador romano Marco Aurélio:

Tudo fazer, tudo dizer, tudo pensar,
como uma pessoa que a cada instante pode deixar a vida.

Ela me transmitiu sua paixão pelas letras e pelas artes. Eu adorava ficar ao seu lado e escutá-la recitar suas poesias. Em sua companhia, transportava-me a um universo de novas percepções. Perdendo a noção temporal e geográfica, me preparei para explorar mundos da mais criativa imaginação, já rapaz e junto com meus amigos. Marco Aurélio, Shakespeare, Goethe, Machado de Assis, Camões, Castro Alves, Guerra Junqueiro, Eça de Queiroz, José de Alencar, Rui Barbosa, Rilke, Baudelaire e tantos outros embalaram meus sonhos de juventude.

Sua autoridade, mesclada de doçura e calma, me dava segurança na adolescente aventura da descoberta das artes da vida, naquela idade em que a atração e o medo se misturam enquanto se revela, resoluto, o espírito de vir ao mundo.

A atração de minha mãe pelo conhecimento era um dom natural. Mas era, também, uma herança atávica. Esse mesmo atavismo fez com que ela se conservasse fiel aos costumes de seu povo. Só bem mais tarde vim a saber que, depois da mudança da família para Belo Horizonte, minha mãe, ainda mal restabelecida de meu nascimento, retornou em peregrinação à Diamantina. Chegando à periferia da cidade, ela cavou um buraco no solo e enterrou ali meu cordão umbilical.

Era um gesto originário do fetichismo indígena. Um ato simbólico. Significava que, ao restituir meu cordão umbilical à terra onde ela nascera, minha mãe religava-me aos nossos ancestrais e à minha região de origem. Ela executou o mesmo ritual após dar à luz meu irmão e minhas irmãs.

Meu pai era um cirurgião-geral, Antônio de Campos Pitanguy. Homem sonhador, vivo, que amava a humanidade. Consagrou sua vida a cuidar dos outros, a oferecer-lhes dedicação. Mas a medicina não era inicialmente a carreira destinada a ele.

Filho de fazendeiros e criadores de gado, sua família vinha da região de Curvelo, ao lado de Cordisburgo — onde nasceu João Guimarães Rosa.

Destinado a herdar os negócios da família e a cuidar dos campos, do gado bovino e dos mangas-largas e campolinos — raça de cavalos nascida do cruzamento de puros-sangues andaluzes e árabes de pernas fortes e postura altaneira —, meu pai cresceu amando os campos e as pastagens. De suas origens conservou o hábito de ouvir o vento e seguir o vôo das nuvens, conhecedor que era da natureza e do tempo. Habituado ao ar revigorante dos planaltos mineiros, respirava os odores da natureza num gesto natural de veneração e de respeito à terra.

Ao longo de sua vida, ele se empenhou em transmitir a todos os filhos sua paixão pelo humanismo, sua bondade e um certo lado *gourmet* — nas palavras de seu amigo Guimarães Rosa —, mesmo nas coisas mais simples. Com ele aprendi que ser *gourmet* não é apenas saber degustar o caviar do mar Cáspio: é também demonstrar espírito refinado saborear um torresmo bem escolhido, em quantidade comedida e com o acompanhamento devido, precedido por uma pinga especial.

Qual o motivo que levou meu pai a voltar-se para a medicina? Ele jamais me explicou. Naqueles tempos, que já nos parecem tão longínquos, os sofrimentos humanos — sobretudo nas zonas rurais — eram incontáveis. Distanciados uns dos outros naquele imenso território formado de vales e precipícios, os agricultores viviam entregues à sua própria sorte. Se um deles se feria ou ficava doente, tinha a vida ameaçada devido à falta de meios de comunicação para pedir socorro e ao número insuficiente de médicos.

Em sua juventude, meu pai vira muitos infelizes sofrerem e morrerem. "De tanto cavar a terra, você escava seu próprio túmulo", dizia com propriedade um velho ditado indígena. Essas dores, que poderiam ter sido poupadas àquela população da qual ele fazia parte, provavelmente incitaram meu pai a estudar medicina e, depois, cirurgia.

Do sítio da família ele foi direto para o Rio de Janeiro. Eu jamais soube, nem mesmo por minha mãe, a quem ele nada escondia, quais as atribulações que teve de vencer para concluir seus estudos, ele, um filho de fazendeiros. Mas há, sem dúvida, muitas razões para explicar seu êxito. Uma sobre a qual tenho certeza é a de que meu pai era todo compaixão humana em seu mais profundo significado.

Em sua tese de formatura, na Faculdade de Medicina do Rio de Janeiro, em 1913, deixou lavrado seu arraigado sentimento humanista ao descrever um estudo sobre a moléstia de Recklinghausen (a do "homem-elefante"), ainda hoje sem cura. Em memória de seu pai, já então falecido, escreveu uma dedicatória, transmitindo a todos a falta que dele sentia:

Devia haver, no coração, fontes inesgotáveis de dor para certas perdas. Não é apenas por força do espírito que nos libertamos de uma grande aflição. Choramos amargamente, quando sensivelmente tocados. Mas somos tão fracos que nos consolamos. E assim é que nos resignamos com males, cuja razão não tinha força para no-lo permitir.

Dirigindo-se à mãe (minha avó), na mesma dedicatória, escreveu:

Deste-me uma alma estranha à qual aderi com respeito. Foi uma profissão.

Eu teria ainda que crescer, observar, escutar, aprender muito sobre a vida para descobrir quem era aquele personagem que, em Belo Horizonte e nas cidades vizinhas, chamavam com respeito e afeto de "dr. Pitanguy".

Quando eu, criança, deixava à tarde a severidade do colégio religioso em que minha mãe me matriculara, tinha pressa em reencontrar meus amigos. Brincávamos de revolução. Os confrontos com os bandos rivais do bairro eram violentos. Mais de uma vez cheguei em casa num estado lastimável. Minha mãe me recriminava e tratava de meus ferimentos. Empenhava-se em camuflar os curativos sob minhas roupas, para não causar preocupação ao meu pai. Ela se esforçava para lhe poupar qualquer contrariedade.

À tarde ele chegava, exausto. Pela manhã, operava no hospital. Depois do meio-dia, atendia em seu consultório. Em seguida, ao volante de seu carro, ia de sítio em sítio visitar seus doentes. Com o passar dos anos, sua saúde declinou, sua resistência diminuiu, mas ele recusou-se a reduzir suas atividades. No seu jeito de andar, no som de seus passos, adivinhávamos o grau de sua fadiga.

Às vezes, ao anoitecer, ele ia fumar um de seus inumeráveis cigarros cotidianos, embalando-se na cadeira de balanço que ficava no grande quintal de nossa casa. À sombra das jabuticabeiras, árvores cujos frutos açucarados evocam minha infância, ele observava nossos cavalos, presenteados por doentes que lhe eram gratos. Cochilava, refletia. Para onde iriam seus pensamentos nesses breves momentos de repouso? Provavelmente para nós, seus filhos, e para nosso futuro. Ele só vivia para nós. Durante toda a sua vida, se esforçou para tornar mais fácil nossa existência. Meu pai não era rico e, mais de uma vez, enfrentou dificuldades financeiras bem sérias. No entanto, nós, seus filhos, jamais ficamos sabendo de seus problemas.

"A infância deve ser preservada", dizia. Para ele, a infância era sagrada.

A minha, agora, já está bem longe. Mas foi bela. E devo essa felicidade a minha mãe e àquele homem obstinado e generoso que consagrou sua vida aos outros.

Até o último de meus dias, jamais me esquecerei daquelas noites passadas em família, na biblioteca, lendo, comentando, ouvindo meus pais falarem sobre nossas leituras.

Formávamos a tribo Pitanguy. Nas manhãs de domingo, amontoados no carro, íamos com certa freqüência assistir à santa missa. Considerávamos Deus não como um espírito todo-poderoso, mas como um amigo. Não O temíamos. Nós O amávamos. Quando me dirijo ao Senhor, sem acanhamentos e sem medos, eu Lhe confesso minhas fraquezas. Como meu pai, estou convencido de que, se Deus está em toda parte, cada um de nós, se O desejar, participa Dele.

Guardo de meus pais uma lembrança tão viva, que é como se ainda estivessem ao meu lado. Meu pai, entusiasmo e alegria. Minha mãe, harmonia e sonho.

Capítulo 2

Artes do viver

Durante a infância, quando muitos dos meus colegas e meus próprios irmãos já sabiam o que queriam ser quando crescessem, não me sentia arrebatado por qualquer vocação em particular.

Meu irmão mais velho, Ivan, dotado para os negócios, estudava administração de empresas. Minhas irmãs Ivette, Yedda Lúcia e a caçula Jaqueline sabiam o que queriam. A primeira se preparava para a advocacia. A segunda só pensava em arquitetura. A terceira, que veio bem depois, gostava de sociologia. Quanto a mim, eu não tinha paixão por nada do mundo concreto.

Minha paixão eram os livros, a pintura, a poesia. Por intermédio das artes, sentia-me transportado para uma outra realidade. Vivia sonhando.

Eu gostava da solidão e me exaltava em meu mundo imaginário. Algumas vezes, caminhando, de tão distraído que era, batia nas árvores e nos postes, e mais de uma vez quase fui atropelado pelos saudosos bondes de minha cidade primeira.

Cresci à minha maneira, esforçando-me para não me fazer notar.

Só minha mãe, que sempre adorei, poderia suspeitar da vontade que existia sob minha aparência tímida e selvagem. Cada um de nós vivia submerso na serena firmeza de seu afeto e de sua estima.

Em duas ocasiões eu a surpreendi tanto que ela nunca mais se esqueceria dessas histórias, que décadas mais tarde estaria contando a seus netos. A primeira vez foi depois de uma longa e poética explicação em que minha mãe evocara o cativante mundo dos animais e, mais especificamente, o dos insetos. Eu tinha uns dez anos. Até então, as moscas, as formigas, as abelhas, as aranhas, os moscardos e os mosquitos, entre outros, pareciam-me ser apenas bichinhos desagradáveis e inúteis. Mas depois que minha mãe disse-me que os insetos, grandes ou pequenos, eram todos criaturas do Senhor, necessárias ao equilíbrio natural, decidi protegê-los, alimentá-los, amá-los, mimá-los.

Certa tarde, cheguei correndo em casa, consciente de me haver comportado como um bom cristão.

— Cadê a mamãe?

Sem sequer me olhar, Rita, minha babá, depois de pedir que eu me acalmasse, disse que minha mãe estava lendo na sala. Corri para lá. Vermelho e coberto de suor, estava quase sem fôlego, mas cheio de orgulho.

— Olha, mãe — disse eu, parado diante dela.

Abri a mão. Minha mãe empalideceu. Mesmo assim sorriu, sem se mexer em sua poltrona, sem estender a face para que eu a beijasse. Com uma voz irreconhecível, me disse:

— Coloque-os sobre a mesa, querido...

— São bonitos, não são?

— São muito bonitos, querido, mas coloque-os sobre a mesa.

Obediente, abri minha mão sobre a mesa baixa recoberta por uma toalha bordada. Os bichinhos escuros, de grossas pinças e caudas levantadas, começaram a correr em todas as direções. Minha mãe, lívida, deixou-se cair no encosto de sua poltrona revestida de veludo bronze. Gradualmente, as cores foram voltando às suas faces. Ela deu um longo suspiro.

— Como se chamam, mãe?

— Escorpiões, meu querido. Nunca mais toque neles...

Depois dessa recomendação, pronunciada em voz frouxa, ela desmaiou.

Minha mãe, meu pai, meu irmão, minhas irmãs e muitas outras pessoas ficaram bastante preocupados, se não aterrorizados, quando eu me tomei de amores por uma jibóia.

Era um belo réptil. Seu tamanho era respeitável, e os anéis trituradores de sua cauda, temíveis. Mas eu gostava dela. E comigo ela tinha a doçura de um cachorrinho.

O acaso nos colocara frente a frente durante um de meus passeios na floresta que margeia a cidade e se estende até o platô montanhoso que se vê além de Belo Horizonte. De repente, na estradinha que me levaria de volta a casa, a cobra saiu do mato e ficou parada diante de mim. Eu tinha 13 anos e, pelo que ouvira dizer, sabia que o método da jibóia é de se enrolar em torno da sua vítima para sufocá-la antes de a engolir. No entanto, não senti medo. Pelo menos, não muito. Em meus sonhos juvenis, geralmente me atribuía um papel heróico; na realidade, portanto, era necessário ter um comportamento corajoso. Mas não tive que ir muito longe. A jibóia olhou-me direto nos olhos. Fiz o mesmo e depois contornei-a prudentemente. Achei então que tinha o direito de acelerar o passo, mas, vários metros adiante, fui alertado por um chiado no solo.

Voltando-me, vi que a jibóia estava quase aos meus pés. Meu coração batia violentamente. Eu contemplava sua goela aberta imaginando que ali seria, provavelmente, meu túmulo. Ninguém jamais viria depositar coroas mortuárias nem derramar lágrimas de remorso sobre aquele sepulcro móvel, em forma de um longo tubo digestivo. Sua fome seria o meu fim. Foi horrível.

Entretanto, em vez de fugir, preferi tirar do bolso meu canivete de estudante, decidido a vender caro a minha pele. A jibóia, enquanto isso, aproximou-se de mim, lenta e tranqüilamente. Logo alcançou a sola de minhas sandálias. Docemente, foi-se enrolando, chegando às minhas espáduas. Sua cabeça meneava. Sua língua movia-se no ar... Então, vencendo com esforço o medo que me paralisava, acariciei suavemente a cabeça da cobra, com toda a doçura de que fui capaz.

Evidentemente, antes de mim, ninguém lhe havia dado tal demonstração de amizade, porque eu a vi imobilizar-se imediatamente, sem dúvida sob o efeito da surpresa. Mesmo as jibóias devem sentir falta de ternura em suas vidas: refeita de seu espanto, ela moveu a cabeça, mas agora para esfregá-la contra a palma de minha mão.

Desde então tornamo-nos amigos. Naquele dia, esperei que o crepúsculo chegasse e, seguro de que as ruas estariam desertas, voltei para casa, a jibóia me seguindo. Tomando inúmeras precauções, consegui que ninguém de minha família a visse, e, driblando a vigilância de Rita, fiz com que a jibóia deslizasse até meu quarto. Ali, pegando-a com os braços, como um grosso rolo de cordas, coloquei-a sobre minha cama.

— Fique me esperando e não faça barulho.

Ela fez que "sim" com a cabeça. Era uma jibóia muito inteligente.

Meus pais gentilmente me repreenderam por meu retorno tardio. Em seguida, jantamos. Com impaciência, esperei que a família fosse dormir: era necessário alimentar a minha nova amiga. Cautelosamente, na casa silenciosa, fui à cozinha e reuni pedaços de pão, queijo, uma fatia de pastelão e restos de uma feijoada. Meu réptil regalou-se, apreciando particularmente, segundo me pareceu, esse prato nacional à base de carne de porco e feijão-preto. Depois nos deitamos. Eu, encolhido; ela, enrodilhada. Durante a noite, me acordou: roncava.

De manhã bem cedo, um berro horrorizado de Rita iria nos despertar assustados.

— Uma jibóia! — gritava ela.

Toda a minha família irrompeu em meu quarto, dominada por um medo bastante compreensível, uma vez que minha cobra, despertada em sobressalto e pouco habituada à agitação de muitas pessoas, estava em posição de ataque e silvando de descontentamento. Minha mãe, inteiramente branca, desmaiou mais uma vez. Meu irmão e minhas irmãs ficaram paralisados pelo estupor, meu pai queria buscar uma arma. Eu os acalmei:

— Minha jibóia é gente boa.

E, para prová-lo, acariciei e abracei minha companheira, que não demorou a se aquietar.

Mamãe devia estar arrependida de me haver insuflado o amor pelos animais. A vida na casa, devido ao novo residente, iria conhecer momentos delicados. Minha cobra, de fato, era inofensiva como um cordeiro, mas tinha seus defeitos: enrodilhada nos cantos, como um velho monte de cordas, ela se sobressaltava ao menor contato. Adorava flores, engolindo os buquês que minha mãe tinha tanto cuidado em preparar.

Amava a leitura e engolia, num piscar de olhos, os jornais, as revistas coloridas e os livros encadernados que encontrava na sala. Empanturrava-se de algodão, ataduras e gazes que meu pai se esquecia de guardar em seu consultório. Desse modo, quando alguma coisa desaparecia, as suspeitas automaticamente recaíam sobre a cobra.

— Isso não é uma jibóia, é um avestruz — dizia minha irmã, que se admirava muito do apetite da serpente.

— É preciso colocar nela uma focinheira — insistia meu pai, que, de tanto constatar o desaparecimento de objetos em seu consultório, às vezes quase perdia a paciência.

— É preciso transformá-la numa bolsa — concluía meu irmão, que nutria sentimentos muito pouco amistosos com relação à minha amiga.

Tudo aquilo não passava de ameaças sem conseqüências, feitas somente quando a jibóia ultrapassava os limites. Na verdade, pouco a pouco todos na casa foram se acostumando a ela. Mas as pessoas da rua, ao contrário, continuavam obstinadamente hostis à minha amiga.

Em Belo Horizonte, os bondes costumavam andar lotados, carregando verdadeiros cachos humanos pendurados do lado de fora. Quando eu me arriscava a entrar num deles, era imprensado sem a menor consideração. Eu era apenas uma criança. Ninguém ligava para meus protestos. Pisado, empurrado, sufocado durante essas viagens, eu sonhava: "Se um dia ficar rico, terei um bonde só pra mim!" Mesmo sem dinheiro, consegui realizar meu sonho: foi no dia em que entrei no vagão com a jibóia enrolada em meu pescoço. Em pouco tempo fiquei sozinho no bonde. Gritando, a multidão se precipitou para fora, abandonando o veículo naquele clima de "salve-se quem puder" que desencadeia os cataclismos.

Do mesmo modo, ao fazer compras para minha mãe, não mais ficava plantado durante horas. Agora, nada de espera, ninguém à minha frente: todos ficavam de longe, os olhos arregalados, contemplando o menino que se pavoneava com uma jibóia nos ombros. De fato, eu semeava o pânico em qualquer lugar onde chegasse.

Não sei se houve queixas da vizinhança. Naqueles tempos as crianças eram afastadas de conversas mais sérias. Mas uma tarde, ao voltar da escola, não encontrei minha jibóia. Teria sido ela capturada por um representante das autoridades e entregue a um zoológico? Teria fugido, entediada com sua vida sedentária, para voltar a serpentear em suas terras? Jamais consegui esclarecer o mistério do seu desaparecimento.

Na verdade, o meu afeto pela jibóia era tão grande que instigava minha imaginação a ponto de me fazer viver intensamente uma história que os outros não enxergavam. Há quem diga que a jibóia foi presente de um cliente do meu pai. Que nunca existiu aquele encontro na floresta. E que o seu desaparecimento foi obra de um de meus primos: depois que eu briguei seriamente com ele por ter maltratado minha exótica amiga, resolveu se vingar. Não quero acreditar em um trágico fim para ela. Prefiro imaginá-la partindo de outra forma, misteriosamente como chegou.

Chorei bastante. Para me consolar, e para me ajudar a esquecer a jibóia, minha mãe recitou-me versos de Rudyard Kipling. Para me ensinar a permanecer digno na adversidade. Para que, de menino, eu me tornasse um homem.

Se podes sonhar e não fazer de teus sonhos o teu senhor
Se podes pensar e não fazer dos teus pensamentos uma [miragem
Se podes te encontrar com o triunfo e o desastre
E tratar ambos igualmente como impostores (...)

Se podes preencher cada minuto de modo inesquecível
E valorizar cada sessenta segundos que passam ao largo
Tua é a Terra e tudo o quanto está nela
E, digo-te mais, serás um homem, meu filho![1]

Minha mãe tinha uma memória extraordinária e recitava para mim poemas inteiros, um hábito que herdei e cultivo até hoje. Ela falava melhor o francês do que o inglês e gostava mais de poesia em francês, por isso declamava os versos de Kipling da seguinte forma:

Si tu peux rencontrer le triomphe et la defaite
et recevoir ces deux menteurs de la même façon...

O MODO COMO ela me ensinou a ter amor pelos animais foi uma das coisas mais bonitas que a vida me proporcionou. Fez com que eu me visse como uma parte do todo, sentindo os bichos muito próximos. Por isso até penso verdadeiramente que eles me entendem, e que entendem todos aqueles que se sentem, como eles, uma parte importante e ao mesmo tempo diminuta dessa natureza infinita.

Buffon dizia: "Quanto mais conheço os homens, mais amo os animais."[2] Comigo foi de outra forma: à medida que meu amor pelos animais aumentava, fui conhecendo melhor as pessoas.

---

[1] "*If you can dream but not make dreams your master,/ if you can think and not make thoughts your aim,/ If you can meet with triumph and disaster,/ and treat those two imposters just the same (...)/ If you can fill the unforgiving minute/ with 60 seconds worth of distance run,/ Yours is the Earth and everything that's in it,/ and which is more, you'll be a man, my son!*" (Rudyard Kipling)

[2] "*Plus je connais les hommes, plus j'aime les animaux.*" (conde Georges Louis Leclerc Buffon, naturalista francês, 1707-1788)

Antes da jibóia, tivemos um cachorrinho chamado Bob, personagem de minhas mais remotas lembranças da infância. Toda vez que o sorveteiro tocava, ele vinha correndo e eu o acompanhava para tomarmos um sorvetinho. Um dia ele foi atropelado. Chorei muito pelo meu Bobinho, apesar de minha mãe tentar me consolar garantindo que ele havia ido para o céu. Eu, que não conhecia bem o céu ainda, mas pensava conhecê-lo melhor que hoje — quando sei que em sua imensidão ele transcende a nossa vontade —, fiquei muito triste e perplexo. Foi a primeira vida que vi partir, a de Bobinho. A idéia de eternidade desaparecia-me ali, naquela esquina das ruas Piauí com padre Rolim.

Muitos anos mais tarde, amei outro cachorro a quem também chamei de Bob. Grande amigo e companheiro. Quando se foi, construí para ele um túmulo muito bonito na ilha, ao lado do bambuzal onde bate o vento leste. A imagem desse meu segundo Bob sempre me acompanha. Quando as trombetas soarem, desejo que eu seja conduzido pelo mar ao grande rio, fazendo a volta ao contrário: do mar para o rio, do delta para a sua nascente. E que meu repouso seja na ilha, ao lado de Bob. Perto do cais, ao lado daqueles bambus onde sopra o vento leste, bem protegido do sudoeste que é abrupto, fustigante, inoportuno. A Academia Brasileira de Medicina e a Academia Brasileira de Letras, que possuem seus próprios mausoléus, desafiam minha imortalidade pela oferta de seus solenes sepulcros. Mas, definitivamente, aquele vento que acalenta Bob me tenta mais do que a calmaria solene dos grandes mausoléus.

Somos feitos da mesma matéria
Com que se fazem os sonhos, e nossa pequena vida
É cercada pelo sono.[3]

---

[3] "*We are such stuff/ As dreams are made on, and our little life/ Is rounded with a sleep.*" (William Shakespeare, *The Tempest*, Ato IV, Cena I)

Eu não teria descoberto em minha própria vida o sentido destes versos de Shakespeare, se não fosse por intermédio de meu pai. Sem ele, não teria sabido lidar com a vida, não teria me lançado na procura do meu sonho. Sem ele, eu não me tornaria um cirurgião.

Aos 16 anos de idade, depois que terminei meus estudos secundários, foi então que nasceu em mim uma irresistível e profunda admiração que me ligou a meu pai tão fortemente como o cordão umbilical me havia ligado a minha mãe. A influência que ele exercia sobre mim foi considerável. Determinante mesmo, em meu destino.

Poder-se-ia pensar que meu pai me transmitiu sua vocação. Em parte, isso é verdade. Mas somente em parte, porque a revelação da medicina só me veio bem tarde.

A entrada na universidade era precedida por um curso preparatório, diferente para cada faculdade. Eu, que havia sido bom aluno no início do ginásio, no final deixei-me dispersar em decorrência da minha dedicação aos esportes. A freqüência do pré-médico propiciou o encontro de novos amigos, e aquele ambiente quase universitário ajudou-me a assumir meu caminho de forma mais espontânea e tranqüila.

As animadas conversas que mantinha com meus amigos, jovens estudantes esportivos e provincianos que acalentavam aspirações intelectuais — e dos quais alguns iriam se tornar escritores célebres, como Paulo Mendes Campos, Fernando Sabino, Otto Lara Resende, Hélio Pellegrino —, não chegavam a dissipar a ansiedade que eu sentia com relação ao meu futuro. A felicidade me parecia essencial na vida. No entanto, tinha medo de não conseguir ser feliz.

A ambição de me realizar na carreira que havia escolhido ainda entrava em conflito com minha paixão pelo humanismo, pela natureza e pelo esporte. Temia que minha opção profissional me afastasse do mundo que me cativava. Ecoava, sem saber, a preocupação do poeta W.H. Auden:

Sim, posso ver todos os trabalhos da grande civilização, mas por que não posso encontrar pessoas civilizadas? Eu apenas encontrei especialistas: artistas que não conheciam ciência; cientistas que nada sabiam sobre arte; filósofos que não se interessavam por Deus; padres que nada entendiam de política; e políticos que apenas conheciam outros políticos.

Naquela época não conhecia Auden nem Aristóteles, para quem a medicina era arte aplicada. Tampouco sabia que Hipócrates já postulava, na antiga Grécia:

Todo médico deve ser um profundo conhecedor da natureza e precisa empenhar-se em decifrar a relação do homem com a comida, a bebida e todas suas outras ocupações.

— Você sabe qual é a teoria do pintor Fernand Léger sobre o prazer de viver? — perguntou-me certa vez meu pai, respondendo em seguida: — É simples: só há felicidade no trabalho. A vida não pode ser dissociada do esforço de criação. Somente no seu *métier* o homem pode desabrochar.

Sem imaginar quanto suas palavras estavam sendo importantes para mim, meu pai prosseguiu:

— Para Sacha Guitry, "escolher é renunciar". Para mim, escolher significa engajar-se. Minha profissão de médico é um engajamento. Cada vez que eu triunfo sobre uma doença, sinto uma felicidade infinita. A medicina nos causa terríveis incômodos. Mas, paradoxalmente, o homem que pode escolher seus incômodos é um ser livre.

Eu acabara de terminar o último ano do colégio e, até então, tinha sido um aluno indolente que só se interessava por literatura. Para as outras matérias, reduzia meus esforços ao mínimo necessário. Mas, acima de tudo, jamais sentira qualquer atração pela medicina. Quando entrava no consultório de meu pai, era apenas para lhe pedir um dinheirinho — e ele sempre se fazia presente em sua generosidade. Sem dúvida, sua qualificação de "doutor" me enchia de orgulho, mas eu não procurava saber o que aquilo significava concretamente.

Seu comportamento me intrigava. Perguntava-me por que aquele homem que chegava em casa tão cansado saía na manhã seguinte tão cheio de entusiasmo. Não conseguia compreender por que aquela profissão, que lhe tomava todo o tempo e o impedia de aproveitar a vida, criava nele tanto ânimo. Ele mesmo iria me dar a resposta:

— A medicina dá a satisfação de ser útil. O médico traz a esperança.

Essa última palavra, esperança, única riqueza dos pobres, despertou em mim o desejo de confortar, cuidar, curar.

Hoje, concentrando minhas energias, procuro harmonizar minha vida entre as cirurgias, aulas e conferências, sem abrir mão totalmente de meus outros interesses, principalmente do prazer de viver. E procurando, quem sabe, a arte mais difícil, *Lebenskunst*, a arte de viver — que nunca se aprende inteiramente. Mas ser aprendiz é um bom ofício.

Capítulo 3

Batismo de sangue

Quando decidi cursar medicina não imaginava que um dia a vocação da cirurgia viria a me dominar.

— Vou ajudar você — prometeu meu pai.

E cumpriu sua palavra. Assim que minha decisão foi tomada e que ficou bem claro que nada a modificaria, meu pai se encarregou pessoalmente da minha formação em anatomia, fisiologia e bioquímica, especializações essenciais.

Além de tudo isso, ele e mamãe sabiam que, para um bom médico, a formação humanista e a procura de intimidade com o conhecimento como um todo são também indispensáveis.

Eu era ainda muito jovem para ingressar na faculdade, mas ele não quis que eu perdesse tempo. Desse modo, passei a assistir às suas consultas, o que me permitiu observar a paciência, a compreensão e a doçura com que tratava seus pacientes. A cada vez que me espantava, ele dizia:

— Amar a medicina é amar o ser humano.

MEU PAI DIRIGIA um pequeno hospital em Belo Horizonte. Certa manhã, me disse:

— Você vai assistir a uma operação.

Emocionado, ponho a blusa, as calças e a máscara, brancas como os sapatos. É meu batismo de sangue. Pela primeira vez, vou ver um bisturi traçar seu sulco na carne de um ser humano. Freqüentemente, os corações sensíveis não suportam ver isso. Impressionado, entro na sala de cirurgia, onde flutua o odor adocicado do éter. Uma mulher vai ser operada de uma hérnia. A máscara de anestesia[4] cobre em parte seu rosto, mas posso ver a testa, a parte superior das faces e suas pálpebras cerradas, que têm aquela tonalidade diáfana semelhante à das pessoas mortas. A equipe está a postos segundo um ritual estabelecido pela experiência.

O anestesista se coloca perto da cabeça da paciente: vigia sua respiração (e, portanto, seu ritmo cardíaco) e os marcadores das garrafas de oxigênio. O segundo-assistente fica perto de meu pai, que está de frente para o primeiro-assistente, instalado do outro lado. Uma enfermeira posta-se ao pé da mesa de operação, diante do longo suporte sobre o qual estão dispostos os instrumentos que deve estender, receber de volta e limpar ao longo de toda a operação.

A maioria dos colaboradores de meu pai não me era desconhecida. Alguns, muito jovens, tinham menos de trinta anos de idade. Muitas vezes iam de noite à nossa casa. Eu me acos-

[4] A famosa máscara de Ombredane, cujos méritos naquela época devem ser reconhecidos, mas que apresentava o inconveniente de deixar escapar éter a ponto de, algumas vezes, provocar uma certa euforia nos próprios anestesistas...

tumara a ver aquelas pessoas em momentos de total descontração, batendo papo, rindo, divertindo-se. Na sala de operação, descubro outros personagens. Não têm idade: constituem uma célula na qual cada um deve cumprir sua tarefa em ligação com os outros. Seus olhares fixos e graves testemunhavam em silêncio a importância de sua missão. Naquela manhã, entendi o significado mais profundo da palavra equipe.

Na mão de meu pai, o bisturi deslizou sobre o ventre nu da paciente. As carnes se separaram, deixando ver a camada marfim do derma. O sangue apareceu. O segundo-assistente o estancou com gaze, jogando-a em seguida num recipiente. Com o canto dos olhos, olhei aquelas compressas manchadas e empalideci. Meu pai abriu mais ainda a região a ser operada e, à medida que cortava, o primeiro-assistente mantinha as partes separadas com a ajuda de pinças.

Com a boca seca, eu contemplava aquele espetáculo de carnes e sangue e o balé das mãos enluvadas sobre o corte. Não passava bem. À beira da náusea, levantei os olhos na direção das janelas. Subitamente, tive a impressão de que as amplas vidraças opacas cresciam de modo desmesurado e se aproximavam de mim, como num redemoinho. As silhuetas brancas de meu pai e dos outros tornaram-se imprecisas e flutuantes. Perdi a consciência.

Foi no gabinete de trabalho de meu pai, estendido no canapé destinado aos pacientes, que reabri os olhos. Sorridente e compreensiva, uma enfermeira muito bonita me fez respirar sais. Depois, vendo que eu estava melhor, ela saiu. Embora ainda atordoado, acompanhei com o olhar sua silhueta. Melancolicamente, aguardei o fim da operação e o retorno de meu pai. Que iria ele pensar de mim? A porta se abriu. Era ele. Olhou para mim e sorriu:

— Melhorou?

— Melhorei bastante, pai. Mas estou envergonhado...

— Não há motivo para isso, Ivo. Quando vi sangue pela primeira vez, desmaiei como você. É preciso tempo para se acostumar. Ninguém pode permanecer insensível à vista do sangue.

— Mas como a gente faz para vencer essa espécie de repulsa?

— Tornando-se racional. Porque uma vida humana depende de nós naquele momento.

Ele me ajudou em tudo o que dependia de seu esforço. Nessa época empenhou-se muito para resolver um problema de registro de nascimento, pois de acordo com a data que constava oficialmente na certidão eu tinha ainda 16 anos, idade insuficiente para me matricular na Escola de Medicina de Belo Horizonte.

Naquela época os registros não costumavam ser feitos logo após o nascimento, como hoje. Era comum registrar-se uma criança depois de alguns anos. E meu pai era um pouco distraído. Minha mãe quis dar-me o nome Ivo Helcius, mas ele me registrou como Ivo Helcio, além de não perceber que o escrivão anotou a data do nascimento com uma defasagem de três anos. Esses dois "pequenos detalhes" deram bastante trabalho para serem corrigidos mais tarde. Desde criança, eu assinava meu nome como Ivo Helcius, e na minha juventude era normalmente chamado mais de Helcius do que Ivo. Passei a ser Ivo quando comecei a praticar esportes, pois as pessoas achavam mais fácil gritar Ivo do que Helcius, em competições. De fato, o nome Helcius era meio complicado, mas eu gostava. Tanto que chamei de Ivo o meu primeiro filho e ao segundo dei o nome que minha mãe tinha escolhido para mim: Helcius.

Na verdade, não pude continuar sendo Helcius porque tive que passar a usar o nome que está no registro original, para não ter que estar sempre provando que aquele outro nome no documento sou eu mesmo, e que não se trata de duas pessoas com registros de nome e idade diferentes. O fato é que oficialmente eu tenho três anos menos do que a minha idade verdadeira, e até hoje às vezes me confundo quando preciso assinar meu nome. No dia-a-dia só uso o Ivo, mas quando escrevo meu nome, escrevo Ivo Helcio.

De vez em quando, em viagens, lembro-me detalhadamente de toda essa história porque os detalhes do meu nome e da data de nascimento já me deixaram em situações complicadas, principalmente no uso do passaporte.

Tudo isso me faz lembrar também de minha mãe, que nunca dizia exatamente sua idade. Certo dia em que a família estava toda reunida, seu irmão Euler levantou-se e lhe disse, solenemente:

— Vamos fazer um brinde especial hoje, porque você está fazendo oitenta anos.

Minha mãe então respondeu:

— Olha, Euler, na realidade eu estou fazendo 74, e não oitenta. Você está enganado.

Euler argumentou que tinha um ano a menos que ela e que já estava com 79, portanto ela estava completando oitenta, sem dúvida. Mamãe riu muito e falou:

— Meu querido Euler, é a tua cabecinha que está ficando mole.

Só comemorou mesmo a idade exata quando fez noventa anos. Aí, sim, ela nos avisou antecipadamente e concordou que fizéssemos uma grande festa. Extraordinariamente, viveu sempre lúcida, com uma força delicada e muito bom humor.

Costumava dizer-me que a idade é secundária, porque temos o tempo que nos propomos ter, desde que saibamos viver de acordo com esse tempo.

Até entrar para o serviço militar, vivi um período de grande intimidade com meu pai. Todos os dias, depois de minhas aulas, eu me encontrava com ele no hospital. Após assistir a inúmeras operações, livrei-me de minha emotividade e me exercitei. O sangue, esse líquido viscoso e quente, passou a ser visto por mim com outros olhos.

Ao lado de meu pai aprendi a distinguir os instrumentos cirúrgicos e sua seqüência de uso. A seu lado me iniciei na sutura, a delicada arte de costurar os dois lados de um corte de modo que a cicatriz fique o menos aparente possível e venha a desaparecer com o tempo. Ele me confiava pequenas tarefas que, freqüentemente, permitiam que eu pusesse em prática aquilo que me haviam ensinado na escola. Seu interesse por mim crescia cada vez mais. De seus cinco filhos, eu era o que havia abraçado sua causa, tornando-me um pouco seu herdeiro espiritual.

Esse período de descoberta da minha profissão transformou, pouco a pouco, o menino sonhador e preguiçoso que eu era num adolescente estudioso e sério. Ainda que a literatura e as artes continuassem a me interessar e eu tivesse prazer em cultivá-las, as obras sobre medicina tornaram-se meus livros de cabeceira.

Mas a medicina é uma escola de paciência e obstinação. Apesar do meu desejo de tudo aprender e tudo saber, descobri — e meu pai me ensinou — que a medicina é uma ciência que requer tempo. Esses anos de estudo forjaram em mim uma vontade que não existia em meus tempos de meninice e me convenceram de que a esperança, sentimento tão frágil, deve sempre nos guiar, pois o que hoje é impossível não o será, sem dúvida, amanhã. Não existem doenças incuráveis. Existem doenças que ainda não sabemos vencer.

Lembro-me de um caso engraçado ocorrido nessa época. Um dia, meu pai amputou uma perna esmagada. Ela deveria retornar à terra e virar pó. Querendo ajudar meu pai a eliminar o que eu supunha ser um testemunho incômodo da insuficiência da medicina, resolvi levar pessoalmente aquele membro, devidamente embalado e protocolado, para o cemitério. Devíamos proceder assim e, além disso, requisitar a ajuda de um empregado de uma funerária. Sem pestanejar, prendi o embrulho sobre o bagageiro de minha moto. Ia a toda a velocidade por uma rua quando vi, na calçada, meu querido amigo Fernando Sabino. Freei violentamente para conversar um pouco com ele. O fardo, mal-amarrado, caiu no asfalto, e Fernando correu para recolhê-lo:

— O que é isso?

— Uma perna — respondi.

Fernando ficou completamente pálido e desabou na rua.

Capítulo 4

Dragões da Independência

O Exército livrou-me de um penoso problema de consciência. Na realidade, quanto mais meus pais me prodigalizavam afeição, mais remorsos eu sentia. À medida que o tempo passava, experimentava a necessidade imperiosa de deixá-los. Tinha a impressão de estar sendo um filho ingrato. Apesar disso, parecia-me indispensável partir para o Rio de Janeiro a fim de aperfeiçoar meus conhecimentos e procurar viver pelos meus próprios meios, ainda que mal.

No passado, meu pai havia feito a mesma viagem. Chegara a minha vez. Mas eu não ousava falar-lhes. Meu irmão mais velho, Ivan, já tinha saído de casa e minha mãe ficara inconsolável durante muito tempo. Ela pressentia que outras partidas se seguiriam àquela primeira e que nossa família, tão unida durante anos, se dispersaria com o correr do tempo. Quanto a meu pai, desde que me tornara seu interno no hospital, fazia projetos nos quais nossos destinos estavam estreitamente ligados.

Faltava-me coragem para lhes causar tristeza. Por isso, a cada dia eu transferia para o dia seguinte o anúncio de minha decisão.

Como lhes dizer que as montanhas que cercam Belo Horizonte me pareciam, aos vinte anos, gigantescas barreiras? Como contar a eles, que tanto me amavam e a quem eu tanto amava, que desejava descobrir outros rostos e outras paisagens? Como lhes confessar, enfim, que a Segunda Guerra Mundial não me deixava indiferente? A morte que grassava nos campos de batalha do Velho Mundo me preocupava. Pouco se comentava em Minas, mas soldados brasileiros também estavam morrendo naquele grande conflito que então devastava a Europa. O Brasil devia muito do seu patrimônio cultural àquela Europa dilacerada pelo infortúnio.

Certa manhã, uma convocação livrou-me do problema: o Exército me chamava oficialmente para suas fileiras. Como eu já havia feito um período militar na Cavalaria, seria incorporado aos Dragões da Independência. Portanto, foi trotando lentamente que parti para o Rio de Janeiro.

Podia ter optado por Três Corações, no interior de Minas. Mas, não querendo abrir mão do curso de medicina, preferi o Rio, onde seria automática minha transferência para a Praia Vermelha. Ali funcionava a melhor Faculdade de Medicina do país.

Não fosse a Cavalaria, não sei se teria mantido minha decisão de vir para o Rio de Janeiro, pois gostava e ainda gosto muito da cidade dos meus tempos de criança e jovem, de uma rua por onde subia o bonde, o Trianon descendo à direita na rua Bahia com seus casarões imponentes, o Tião com um sapato branco muito elegante, as confeitarias Savassi e Elite, um universo de tantas saudades. O Rio me mostraria motivos tão fortes que me fizessem deixar definitivamente a minha terra?

Não se pode preparar o destino, mas deve-se reconhecer quando ele indica um caminho. Era como um cavalo já selado, passando bem na minha frente. Decidi montá-lo e assim cheguei à minha vida adulta.

O tempo, às vezes, modifica nossas lembranças. Ele as torna melancólicas ou as embeleza. As recordações de minha chegada ao Rio, porém, até hoje permanecem intactas, inalteradas. Se meu destino construiu-se por etapas, a da minha juventude carioca foi uma virada decisiva.

Brasília ainda não existia, e o Rio de Janeiro, então Distrito Federal, era a capital do Brasil. Quando menino, por duas vezes havia passado férias na casa de uma tia, nessa grande cidade que tem no Pão de Açúcar e no Corcovado seus mais célebres cartões-postais. Quem visita o Rio de hoje não pode imaginar o que era então a Cidade Maravilhosa. Os bairros de Botafogo e do Flamengo ofereciam à vista suas ruas orladas de casas barrocas, com fachadas pintadas em tons pastel. Copacabana, Ipanema, Leblon e São Conrado não eram ainda essas altas muralhas de edifícios que hoje se pavoneiam diante das ondas espumantes de um mar azul. Pescadores, com seus velhos barcos de cores alegres e seus pobres barracos de madeira e zinco, eram donos do litoral. Ainda pouco freqüentadas, as praias de Copacabana e Ipanema eram fonte de raro prazer. O Leblon não passava de um grande areal.

A imensidão da capital me desconcertava, mas o temperamento expansivo dos cariocas me fascinava. Sua maneira de rir com exuberância e seu modo de passar instantaneamente do entusiasmo mais ruidoso a uma serena indolência contrastavam com meu caráter de mineiro. O carioca, injustamente acusado de ser preguiçoso, mas que é, na verdade, um grande trabalhador, revela sua verdadeira natureza no Carnaval, quando se liberta de qualquer repressão.

Entretanto, com exceção do Carnaval e do futebol, outra grande paixão do carioca e de todos os brasileiros, há uma aparente indiferença que até mesmo grandes desastres nem sempre são capazes de sacudir. Quando cheguei ao Rio, contemplava essa população fatalista, mordaz e alegre, tão cheia de vida, tão diferente das pessoas do meu estado. O humor e o risonho cinismo da capital me perturbavam.

Eu não conhecia ninguém no Rio, mas observava todos e tudo. E escutava. Depois de ter crescido e vivido numa atmosfera familiar extremamente amorosa, agora descobria a solidão dentro da multidão. O que me impediu de cair na melancolia foi o estágio na Cavalaria como subtenente, com saltos e volteios eqüestres à moda dos cossacos; e, sobretudo, meu curso na Faculdade de Medicina.

Além de propiciar minha vinda ao Rio, o cavalo me ensinou a disciplina. Minha mãe sempre sublinhava, com toda a razão, que a Cavalaria, o Exército e a natação muito auxiliaram na minha formação. O que Camões dizia guarda certa verdade, nestes versos que minha mãe gostava de repetir:

A disciplina militar prestante
Não se aprende, senhor, na fantasia,
Senão vendo, tratando e pelejando. [5]

PELA MANHÃ, EU ERA MILITAR. À tarde, transformava-me em estudante. Mais tarde, depois de ter sido aprovado no concurso

[5] Luís Vaz de Camões. *Os Lusíadas.* Canto Décimo, parte 4.

para me tornar assistente-interno, assegurei também o plantão noturno no Hospital de Pronto-Socorro. Se consegui manter esse ritmo durante dois anos, foi graças à minha robusta constituição de mineiro e à vida esportiva que levara até então. Sem falar do poder energético do nosso café, "negro como a noite, quente como o inferno, doce como um beijo e forte como o amor...".

Durante essa época agitada de minha vida, quando ia correndo da caserna para a universidade e desta para o hospital, compreendi a importância do tempo. A correria não me impediu de fazer um curso de inglês da Universidade de Cambridge, por correspondência. Cada segundo é uma parte de nossa vida e não deve ser desperdiçado.

Preocupado com todas as minhas obrigações e estimulado por elas, aprendi a esticar o tempo, fiel aos versos de Baudelaire, se bem os recordo:

Os minutos, folgazão mortal,
São gangas
Que não se podem abandonar
Sem delas extrair o ouro![6]

Ao longo dos 24 meses sob as cores da bandeira brasileira, eu e meus colegas aguardávamos o dia de embarcar para a Europa, a fim de participar da guerra. Mas o conflito terminou antes que completássemos nossa formação militar. Assistimos ao regresso de nossos combatentes e de nossos feridos, muitos destes terrivelmente mutilados.

[6] "*Les minutes, mortelle folâtre,/ Sont des gangues/ Qu'il ne faut pas lâcher/ Sans en extraire de l'or!*"

Depois que deixei os Dragões da Independência, já não tinha que pular da cama às cinco horas da manhã para ir galopar na caserna. Com isso, já não dispunha do soldo de subtenente da Cavalaria e meus recursos eram precários: minha única renda, a do Pronto-Socorro, significava uns poucos cruzeiros. Eu me proibira de pedir ajuda financeira a meu pai, pois sabia que ele estava fatigado e enfrentando algumas dificuldades materiais. Além disso, eu precisava provar que era capaz de traçar sozinho o meu caminho.

A exemplo da maioria dos estudantes, não era rico. Vivia com um grupo de amigos mineiros num modesto apartamento da praia do Russel. Digno e austero, o prédio se situava perto do Centro, a uma pequena distância da avenida Rio Branco, que com o cair da noite atraía todos os habitantes da cidade — os importantes, os insignificantes e os extravagantes.

Chamado de "república", como todas as aglomerações similares da época, composto por uma grande sala, dois quartos, uma cozinha e um banheiro, o apartamento logo se transformou em ponto de encontro de outros estudantes, que vinham nos visitar e participar das freqüentes reuniões. Nessas ocasiões exibíamos nossos conhecimentos literários, musicais, artísticos e políticos. Sentíamos verdadeiro deleite em nos encher de palavras e nos empanturrar de idéias, nem sempre bem digeridas. Os jovens mineiros que se aventuravam no Rio preferiam se acomodar sobre um colchão num canto da sala de nossa "república" a se instalar num hotel qualquer, pobre e deprimente. Apesar de sermos os altivos descendentes dos caçadores de ouro de Minas Gerais, faltavam-nos as pepitas: a grana era curta.

Graças a meus companheiros de infância superei a solidão intelectual que me havia invadido desde a chegada à cidade grande. Com eles, conheci um grande mineiro, o escritor Aníbal Machado, que morava em Ipanema, onde nenhum arranha-céu havia ainda brotado. A convivência com amigos queridos, mineiros ou cariocas — entre eles Fernando Sabino, Otto Lara Resende, Paulinho Mendes Campos, Hélio Pellegrino, Simão Fernandes, Luiz Gonzaga Jardim, Paula Lima, Rubem Braga, Millôr Fernandes, Ziraldo, Leon Eliachar e tantos outros —, trazia de volta minha infância espiritual, mostrando que o prazer e a alegria dos meus tempos de criança continuavam sendo possíveis.

Na casa de Aníbal, tive ainda a felicidade de conhecer sua filha Maria Clara, genial escritora e teatróloga, e Tônia Carrero, já linda e inteligente. Foi também lá que encontrei pela primeira vez Vinicius de Moraes, então diplomata em Los Angeles e casado com a querida Tati. Foi Aníbal Machado que me fez descobrir a beleza das escolas de samba, que se apresentam em grande estilo com alegorias luminosas, alas coloridas, baterias vibrantes, passistas fantásticos, mulatas sensuais, moradores das favelas e bairros pobres do Rio que juntam dinheiro durante o ano todo para desfilar com ricas e brilhantes fantasias no Carnaval.

EU GOSTAVA DE REENCONTRAR meus conterrâneos, seus olhares guardando a expressão sonhadora daqueles cujos horizontes se lançavam ao infinito na geografia nova. Nenhum de nós poderia conceber a estonteante beleza sensual do mar. Nenhum de nós, filhos das montanhas, pôde esquecer aquela sensação de euforia e êxtase experimentada na primeira vez em que fomos tragados, enrolados e acariciados pelas águas do oceano.

Sobre a areia branca do Leblon, tive a revelação da importância quase obsessiva dada pelos brasileiros — homens e mulheres — a seus corpos. A beleza é uma das preocupações desse povo, formado por brancos, índios, negros e mestiços que convivem bastante harmoniosamente. E essa preocupação se deve ao clima, que permite, durante grande parte do ano, expor-se ao sol e gozar o mar. O corpo é oferecido aos olhares, sujeito a reações de admiração ou de sarcasmo. Assim, rico ou pobre, o brasileiro cuida de sua silhueta.

Nos países frios, os gordos, os magros, os macérrimos, os fracos ou os barrigudos podem dissimular mais facilmente seus descuidos físicos sob a carapaça das roupas. Mas não aqui, no Brasil. A transparência esvoaçante e perturbadora das roupas e a extrema exigüidade dos maiôs desafiam qualquer fraude. É preciso ser bem-feito de corpo. Ou fazer tudo para parecer o melhor possível. Em resumo, é preciso agradar. Os jogos esportivos, a natação e as danças fazem parte desse permanente concurso de beleza.

Quando pisei pela primeira vez a praia do Leblon, fiquei sem respiração. Todas aquelas mulheres de corpos acetinados ao sol e de pele dourada me pareciam deusas de um novo Olimpo. Para chegar lá, não me importava de sacolejar quase uma hora dentro do bonde que me levava do apartamento em que morava, na praia do Russel.

Capítulo 5

Pronto-Socorro

Já naquela época, ninguém se arriscava impunemente nas favelas. Mesmo os policiais só se aventuravam a ir ali, armados até os dentes e em grande número, quando procuravam um assassino, um ladrão ou um suspeito. É que em certos locais dessas comunidades carentes, onde cada um se virava como podia para sobreviver à fome, os malandros usavam, sem hesitar, facas, navalhas e armas de fogo. Qualquer estranho que se atrevesse a entrar numa favela sem a escolta de um guia conhecido na localidade era uma vítima em potencial. Muita gente desapareceu assim, sem deixar rastro.

Freqüentei as favelas e conheci bem de perto a sua população quando pertencia à equipe de emergência do Pronto-Socorro, ainda nos anos 1940. Cada semana eu tinha um plantão noturno e dois diurnos. Todos os domingos e feriados, fazia um plantão de 24 horas seguidas. Sempre que estava de serviço, acabava dentro de uma ambulância que, de sirene ligada, abria caminho em direção aos miseráveis barracos.

As favelas não constituem uma espécie de miséria particular. Conheci o Harlem, o Bronx e a Browery, em Nova York, Nanterre, em Paris, a Forcella, em Nápoles, lugares onde as condições de vida eram abomináveis. Mas esses bairros onde está incrustado o desespero nada têm de comparável com as favelas do Rio, nas quais a tristeza aparente contrasta com uma insuspeitável vivacidade, e até vitalidade, quando nelas penetramos e conhecemos a população.

Durante anos subi as ruelas tortuosas e ruidosas, com seus casebres de cores alegres. De jaleco branco e maleta na mão, conheci toda espécie de gente. Amizades nasceram. Em conversas nessas visitas, constatei que, contrariamente a uma opinião disseminada pelo mundo, a maioria das pessoas trabalhava duro na cidade durante todo o dia e, à noite, regressava para a favela. Muitas vezes o governo ensaiou remanejar essas populações, mas não teve êxito. Primeiro porque os ganhos daquelas pessoas não lhes permitiam viver em outro lugar. Segundo porque, em sua grande maioria, elas se recusavam a abandonar seus locais de trabalho, seus amigos e seus hábitos. São numerosos aqueles que, tendo aceitado ser remanejados, abandonaram depois os apartamentos onde haviam sido instalados, em distantes conjuntos habitacionais, para retornar aos seus barracos de tábua e zinco.

— Aqui a gente se sente livre — explicavam-me alguns, após o regresso.

Como em tantos outros países, a esperança de encontrar melhores condições de vida na capital provocou a proliferação das favelas. Deixando os campos ou as terras áridas do interior, milhares de migrantes se espalharam como formigas sobre os flancos dos morros que circundam o Rio de Janeiro. Anos depois, em vão, as autoridades tentaram fazer refluir os migrantes, principalmente para o Nordeste, a fim de que trabalhassem nas plantações de cana-de-açúcar que lá se estendem a perder de vista. Os moradores das favelas se fizeram de surdos aos cantos de sereia dos funcionários, que tentavam fazê-los acreditar numa nova vida edênica em sua terra de origem. Obstinados, eles respondiam:

— Já partimos uma vez e basta!

A favela da Rocinha, para o provinciano que eu era então, exercia inicialmente uma atração romântica. Olhando de fora, dela só conhecia a endiabrada e sensual alegria dos sambas nos dias de Carnaval. Depois que comecei a freqüentá-la, o romantismo desapareceu. Pois se a favela, de bom grado, exibe sua alegria, por dignidade dissimula sua pobreza.

Sem pretensão, de tanto percorrê-la para socorrer doentes, ali eu me sentia em casa. As pessoas me cumprimentavam, me agradavam, me ofereciam um café ou uma batida. Eu não necessitava de escolta alguma e nem de vigilância por helicópteros, como era o caso dos policiais, já naquela época. Andava por ali com toda a tranqüilidade. As pessoas me protegiam e gostavam de mim. Tinham freqüentemente a comprovação de que eu me limitava ao meu papel de médico.

Muitas vezes me aconteceu de cruzar com um indivíduo procurado pela polícia e que se havia refugiado entre parentes seus: jamais disse uma palavra a ninguém, claro. Eu estava lá para cuidar das pessoas, e isso era tudo. Daí a cumplicidade fraternal que se estabeleceu entre nós.

A equipe do serviço de consultas do Pronto-Socorro compunha-se de um clínico, um cirurgião, um neurocirurgião, um ortopedista e um interno. Este último era eu. Nosso entendimento mútuo era perfeito. Cuidávamos de todos aqueles que nos procuravam, sem fazer distinções. Somente diante de casos particulares é que recorríamos ao especialista de plantão. Nas favelas e em meu trabalho diário no hospital, aprendi a conhecer a condição humana e a me tornar mais indulgente, reconhecendo no outro um pouco de todos nós.

Convivendo com pessoas inquietantes, etílicas, neuróticas, feridas, perdidas, na hora das consultas, contemplo essa humanidade que me espera, seja encostada na parede branca, seja curvada sobre os bancos negros, e tenho a impressão de estar em uma verdadeira praça dos milagres.

Alguns personagens se destacam em meio a essa multidão, por algum traço de personalidade rara que não depende de classe social. É o caso de Madame Satã, um pederasta mulato que se tornou conhecido como o rei da Lapa. Um bando de mulheres trabalhava para ele, que as protegia. Eram raros os homens que ousavam desafiá-lo.

Quando o vi pela primeira vez no Pronto-Socorro, ele estava cercado por seis policiais de rostos inchados contra os quais havia lutado de modo selvagem, com seus punhos duros como tacapes.

— Está sofrendo muito? — perguntei.

Com sua voz delicada e doce que contrastava com a musculosa corpulência, Madame Satã respondeu:

— Eu, não. Mas eles, sim.

Então apontou-me teatralmente os policiais e completou, em tom suave, com sutil ironia:

— Eu os trouxe para você.

Tranqüilamente, com seu andar felino e feminino, o colosso maquilado entregou-me suas vítimas em um estado tal que o olharam afastar-se com alívio.

Um dia ele sumiu. Fiquei sabendo que aquele homem valente estava preso na ilha Grande, condenado por homicídio.

Quando revi Madame Satã, ele tinha já 72 anos de idade. A vida no presídio o castigara muito. Perto de ser libertado, após cumprir sua pena, fora vítima de provocações de três presidiários, que o espancaram violentamente. A agressão tinha sido tão dura que o colosso estava hospitalizado. Mas a idade havia dissipado muito pouco de sua resistência e valentia.

Madame Satã se curou. Novamente de pé, vingou-se matando seus três agressores, sem hesitação. Quando em sua cela os bandidos voltaram a procurá-lo, ele estava munido de uma barra de ferro, para se defender dos agressores. O diretor do presídio considerou que ele não havia matado unicamente por espírito de vingança, mas por questões de legítima defesa.

Saiu do presídio e foi morar na ilha Grande, onde tornou-se pescador. Por diversas vezes, estive com ele pescando. Conhecia bem os peixes. Seu conhecimento do mar e sua experiência nas mais tortuosas marés da vida lhe haviam ensinado os bons lugares onde encontrar os robalos, que voltam sempre às mesmas tocas.

HOJE MORO NO BAIRRO da Gávea, em plena floresta tropical situada no coração de um grande centro urbano, bem na fronteira com a Rocinha — a favela mais populosa da cidade, com mais de duzentos mil habitantes.

A favela me ensinou bastante sobre solidariedade. As pessoas eram muito unidas, sempre surgia alguém carregando com dificuldade o vizinho machucado; havia muito espírito de irmandade, muito mais do que se vê nos prédios de classe média ou alta, em que as pessoas se fecham nos seus apartamentos e se olham de lado nos elevadores sem trocar nenhuma palavra além de um protocolar bom-dia. Infelizmente a vivência que tive como médico em favelas do Rio praticamente não existe mais, pois esse trabalho é feito por paramédicos, privando os jovens médicos de conhecerem de perto experiências sociais inestimáveis.

O Rio de hoje está muito mais violento do que durante os meus anos de juventude. A violência, porém, não está restrita a esta cidade. É um problema encontrado em todas as metrópoles do Brasil e do mundo neste início do século XXI. Viajando, sinto de forma universal o drama de nossa época. Entrando na intimidade das famílias, dos habitantes das grandes cidades de todo o mundo, venho constatando essa triste verdade. O homem está menos tolerante consigo mesmo; mais territorial, mais irascível, mais voltado para o seu próprio grupo étnico. E o desespero, neste mundo tão materialista, leva a excessos como a fuga por meio de fanatismos religiosos, a marginalidade e a violência. O Rio de Janeiro, por sua situação especial, pela cordialidade de seus habitantes, não contava e ainda não conta com o preparo necessário para lidar com a violência do mundo de hoje. E reage com perplexidade como se ela tivesse chegado por acaso, como se não fosse um problema de todos nós, de toda a sociedade.

Em todas as partes do mundo, infelizmente, a falta de ideal, a miséria e a droga estão fazendo com que o ser humano fique menos próximo do outro, mais introvertido, individualista, atemorizado, perdido na procura de uma imagem ainda não definida. Todos os grandes centros urbanos sofrem hoje com o aumento da criminalidade e da violência, reforçado pelo tráfico de drogas, pelos desequilíbrios sociais e pela perda crescente de valores morais e éticos.

Durante minhas incursões pelas favelas, logo percebi que aquela população marginalizada, cultuando igualmente a lealdade, a passionalidade e vivendo o sincretismo religioso que caracteriza o povo brasileiro, não diferia essencialmente de seus concidadãos do "asfalto".

Voltemos ao Hospital de Pronto-Socorro do início de minha trajetória como médico. A telefonista, grudada na cadeira diante da mesa telefônica, resmungava enquanto anotava os sintomas que eram descritos por quem telefonava. À medida que as horas passavam, ela mexia e remexia em suas fichas com gestos cada vez mais desesperados. Às vezes, acontecia-lhe compreender mal as causas das chamadas. Assim, uma vez ela nos fez sair, um jovem colega e eu, com a indicação T.A. (Trabalho de Aborto) na ficha. O caso ocorria na favela da Mangueira. Atravessamos a cidade, escoltados pela sirene da ambulância.

Naquela hora do anoitecer, o veículo tinha dificuldade de avançar nos engarrafamentos. Finalmente, chegamos ao barraco onde jazia a paciente. Era uma senhora de 75 anos de idade, vítima de câncer, que sangrava abundantemente pela vagina.

Meu jovem colega, dirigindo-se ao marido dela, um senhor de cabelos completamente brancos e cujos ossos estalavam a cada movimento, disse-lhe com voz severa:

— É extremamente perigoso fazer aborto com essa idade!

— Mas... doutor, não se trata disso. O senhor está enganado.

— Não estou enganado, senhor, está escrito em minha ficha.

Indiferente ao embaraço do homem, que não sabia como dissipar o mal-entendido, meu coleguinha acrescentou com convicção:

— Tudo tem um começo!

Esse jovem médico acompanhou-me muitas vezes. Era um espírito obtuso. Ignoro sua trajetória depois dessa época, porque nos perdemos de vista. Mas não me esqueço de que, certa vez, ele nos obrigou a uma fuga desesperada.

A chamada ao Pronto-Socorro nos levara à cabeceira de um homem corpulento que atravessava uma crise de histeria. Uma vez mais, a sirene rugira. Uma vez mais, subimos as escadarias correndo, seguindo as pegadas do Gordo. A presença de intrusos na favela dependia sempre da aprovação de alguém como ele, um líder natural da localidade. As favelas ainda não eram organizadas em comunidades, com associações de moradores, e também não havia tanta violência como a dos traficantes de drogas que atualmente dominam esses locais.

Ofegantes, depois de passar por entre enxames de crianças que brincavam nas ruelas, nos vimos diante do paciente, que se contorcia. Uma baba branca orlava seus lábios. Ele emitia gritos e grunhidos, sob os olhares apavorados de sua mulher, dos seis filhos e de sua velha mãe. Todos viviam como sardinhas em lata no minúsculo barraco.

Ensinava-se antigamente, na Faculdade de Medicina, que para acalmar uma mulher em crise histérica era preciso apoiar-se com força sobre seus ovários. Sabendo disso, meu jovem colega pensava que aquele procedimento, sendo bom para uma mulher, devia ser bom também para pacientes masculinos, e que não havia distinção de sexo para a histeria, então confundida com epilepsia. Sem me consultar e sem me dar tempo de intervir, ele empunhou os testículos do paciente e os apertou vigorosamente.

O resultado foi instantâneo. Impulsionado pela tremenda dor, o doente pulou do seu leito. Com os olhos saltando das órbitas por causa do sofrimento, ele soltou um terrível rugido. Depois, precipitou-se para um armário, de onde retirou um revólver.

— Vamos fugir! — gritou meu colega.

Fugimos. Enquanto descíamos a favela, o homem nos perseguia dando tiros. Nesse momento um grupo de policiais passava pela entrada da favela. Por sua vez, eles sacaram as armas e começaram a atirar em nosso perseguidor. No fogo cruzado, continuamos a correr morro abaixo em ziguezague até alcançar a ambulância. Foi a primeira vez que ouvi balas silvando em minhas orelhas.

Durvalino era o "rei" da Rocinha. Grande capoeirista, trazia no nariz as marcas das lutas travadas em defesa de seu território. Foram tantos confrontos, que no lugar do apêndice nasal restara apenas uma massa informe. Quando ele me procurou na Santa Casa, expliquei que seriam necessárias duas cirurgias. De posse do segmento de pele conseguido na primeira intervenção, jamais voltou a me procurar, embora seu nariz estivesse preso por um pedículo à testa. Até que o acaso proporcionou nosso reencontro três anos mais tarde.

— Não gostou do resultado da operação, Durvalino? Estou até hoje esperando para terminar seu nariz...

— Nada disso, doutor. É que antes eu tinha uma família só e depois da operação arrumei outra. Se com esse cotoco minha vida já virou uma loucura, se fosse lá completar o serviço como é que eu ia me virar para dar conta de três ou quatro?

Conversamos longamente sobre os malabarismos que ele era obrigado a praticar para comparecer às duas casas sem levantar suspeitas nem magoar nenhuma de suas companheiras, já que a ambas ele garantia amar com a mesma intensidade. Nossa amizade, nascida fortuita e espontaneamente, se perpetua até hoje; uma de suas filhas trabalha na minha clínica, e Rosa, sua primeira mulher, continua sendo nossa amiga.

Foi também de um morador da Rocinha que recebi uma das maiores demonstrações da profunda espiritualidade religiosa que impregna a alma do brasileiro.

Terminada a operação de um lábio leporino realizada em uma criança na Santa Casa, saio da sala de cirurgia e encontro, no corredor, os pais da pequena paciente. Percebo que eles vêm ao meu encontro e preparo-me para tranqüilizá-los. Mas o diálogo que se seguiu foi para mim, naquela ocasião, incompreensível.

Eles se anteciparam e me disseram que a intervenção havia sido bem-sucedida. Espantei-me, pois fora eu mesmo quem realizara a operação, mas as minhas tentativas de explicar que tudo havia corrido bem mostravam-se desnecessárias. Confuso, perguntei quem os havia informado. Serenamente, a mulher respondeu que soubera por intermédio do dr. Fritz.

Preparei-me para voltar ao centro cirúrgico e procurar o tal médico, mas ela interceptou meus passos.

— Não adianta procurar o dr. Fritz lá dentro. Ele está lá em cima, no céu. Foi ele quem disse para eu trazer minha menina para o senhor. E acabou de me avisar que está tudo bem com ela.

Somente mais tarde me dei conta de que esse era um diálogo típico do Brasil, terra cheia de magia, feita de habitantes anônimos de ontem e de hoje, de sua população miscigenada e dos sincretismos religiosos, da mistura dos heróis universais com mitos e arquétipos tão nossos.

Anos depois do episódio do dr. Fritz, Jorge Amado me levou a Mãe Senhora, legítima representante da linhagem real africana iorubá e de quem recebi o precioso legado da bênção do meu batismo no candomblé. São de sua pena também, não fosse ele um dos maiores escritores de nossa época, estas belas palavras que descrevem um momento tão especial da minha vida:

> *Já não recordo a data precisa, não posso garantir quantos anos já se passaram — uns vinte, quem sabe? O tapeceiro Genaro de Carvalho, grande artista da Bahia, obá de Xangô no terreiro Axé Opô Afonjá, por fim entregou a Ivo, na presença de Nair e Marilu, o colar enfiado e lavado por Mãe Senhora, para ser usado pelo ogã, quando fosse confirmado. Aconteceu na casa de Alagoinhas, em Salvador, casa de Zélia, minha e de nossos amigos. Creio que Ivo ainda possui o colar de Mãe Senhora, que Genaro lhe pendurou no pescoço, cumprindo o compromisso. Uma oferenda do povo, bela e mágica.*

Na verdade, os casos que mais me interessavam como médico eram os que menos preocupavam os meus colegas. Não apenas os ferimentos nas mãos e nos tendões, mas também os traumatismos do rosto. A "cirurgia do detalhe" parecia-me especialmente interessante: lamentava que não houvesse alguém, no Rio de Janeiro de então, capaz de me ensinar esse tipo de cirurgia. Tudo o que pudera encontrar publicado no mundo sobre o assunto eu havia conseguido e lido. Mas o conhecimento livresco é sempre insuficiente. Somente a prática me permitiria progredir.

Meus colegas, para quem uma apendicite aguda ou uma úlcera perfurada pareciam bem mais interessantes do que uma face recortada por cacos de garrafa, deixavam com alívio esses últimos casos para mim. Assim, iniciei-me sozinho nessa disciplina desprezada. Desde então, fui levado a tratar de doentes e feridos bem singulares, dos quais alguns tinham fisionomias marcadas pela violência.

Enquanto meus colegas, com razão, cuidavam primeiro daqueles cujas vidas estavam em perigo, eu começava a me dedicar àquilo que chamavam de cirurgia reparadora. Todos aqueles que tinham sido desfigurados durante tumultos, mutilados por agressões ou deformados por acidentes eram então reservados para mim.

— Você perde seu tempo com coisinhas — repreendiam-me amigavelmente alguns colegas mais velhos.

No íntimo eu estava inteiramente convencido do contrário. Para mim, não há "coisinhas" num corpo humano. Desde que falte a um indivíduo uma orelha, um dedo ou um fragmento de carne, a "coisinha" se revela uma grande perda. Meu papel consistia em ajudar aqueles que vinham a mim com a esperança de encontrar uma existência normal, mesmo que fosse um delinqüente.

Alta madrugada, recebemos no Pronto-Socorro um rapaz com a mão dilacerada. Batedor de carteira profissional, tivera sua ação da noite frustrada pela destreza da vítima, que o ferira profundamente com uma navalha afiada.

Tratei a mão do ladrão e, particularmente, salvei-lhe o dedo indicador, que estava quase seccionado. Acompanhei a evolução da cicatrização e o funcionamento normal do dedo cortado.

Muitos médicos criticavam-me com severidade no Pronto-Socorro por estar recuperando a mão de um batedor de carteiras.

— Não estou aqui para julgar os atos de meus pacientes — repliquei, áspero. — Para mim, meus doentes têm apenas sofrimento.

Enfim, depois de alguns dias, já curado, o homem preparava-se para deixar o hospital. Durante um último exame, constatei que tudo ia bem.

— Obrigado, doutor — agradeceu-me o ladrão ao deixar meu consultório.

— Se você me encontrar na rua, espero que não vá me bater a carteira...

— Sinto muito, doutor — respondeu-me com um sorriso malandro —, mas sou um profissional como o senhor. Pego o que aparece... sem ver as caras.

Capítulo 6

Rumo a novos horizontes

Já havia cuidado de centenas de casos, como a mão do batedor de carteiras, o nariz do "rei" da Rocinha, lábios leporinos, pacientes queimados e estropiados de todo tipo. Mas não estava satisfeito. Longe disso. Quanto mais o tempo passava, mais exasperado eu ficava com a minha falta de conhecimentos.

Os médicos do hospital onde trabalhava contentavam-se com uma cirurgia de emergência cujo único objetivo era o de salvar a vida. Intuitivamente, eu sentia que havia muito mais a aprender, para aprimorar a cirurgia reparadora com novas possibilidades. Já que em meu país não havia uma formação especializada, era necessário que eu fosse para o exterior.

Nas poucas horas livres que o Pronto-Socorro me concedia, dediquei-me então a aprimorar meu inglês. Inscrevi-me num concurso a fim de conseguir uma bolsa de estudos nos Estados Unidos. Estudei bastante, mas com certa facilidade, graças ao inglês básico que havia aprendido com minha professora, Ms. Tride, em Belo Horizonte. Consegui passar nos exames. E fui para os Estados Unidos.

Durante dois anos, iria estudar e me aperfeiçoar. Além de não ter despesas de manutenção, que seriam custeadas pela bolsa de estudos, eu ainda receberia 75 dólares por mês. E, antes de ir, ainda pude levantar um pequeno capital inicial, vendendo minha moto.

— Meu Deus, o que o senhor está fazendo aí dentro do freezer?!

A cozinheira me olhava pasmada. Com meu jaleco leve de cirurgião, eu estava lívido e transido, porque ficara trancado no refrigerador do Hospital Bethesda desde a noite anterior. As dimensões enormes do frigorífico me haviam causado aquele lamentável e ridículo acidente. Tinha ido procurar alguma coisa para matar a sede. Como as garrafas estavam fora de meu alcance, arrisquei-me a entrar no frigorífico. Automaticamente, a porta se fechou. E fiquei prisioneiro do frio. Até o amanhecer, quando a cozinheira me descobriu e me libertou. Tiritante, acabara de ter a revelação do gigantismo norte-americano.

Esse episódio, vivido pouco depois de minha chegada a Cincinnati, esvaziou minha vaidade. O fato é que o Institute of International Education oferecia apenas seis bolsas por ano, das quais somente uma para medicina. E eu a havia obtido concorrendo com muitos outros candidatos.

No entanto, não foi sem dificuldades que me acostumei à nova vida. Se meu desembarque no Rio, quatro anos antes, desterrara-me de Minas, minha descoberta dos Estados Unidos deu-me a impressão de haver descido em outro planeta.

O Meio Oeste americano jugulou instantaneamente meu entusiasmo brasileiro. A familiaridade alegre e ruidosa dos cariocas, o frenesi das escolas de samba, os encontros rocambolescos nas favelas, as misteriosas cerimônias de macumba com seus rituais africanos, tudo isso parecia pertencer a um mundo extravagante demais para um nativo de Ohio. A saudade, essa palavra sonora e evocativa de uma nostalgia típica da alma brasileira, parecia um sentimento incongruente naquele Meio Oeste, onde qualquer exuberância é inconveniente. Os homens e as mulheres desse imenso território são os guardiães da intolerância e do poder, da reserva arrogante e da violência contida, da riqueza não-ostentatória e de uma dinâmica de sociedade que irriga toda a nação. O Meio Oeste é um coração frio, cujas pulsações repercutem em todos os Estados Unidos.

Somente a história permite explicar o caráter e os costumes dessa população que, no começo, me confundiu. Quem lutou e sofreu para que esse estado alcançasse a prosperidade foram os descendentes dos 102 peregrinos do *Mayflower* que, em 21 de dezembro de 1620, lançou suas âncoras em Plymouth, Massachusetts. Eram pessoas austeras, e seus herdeiros também o são. Com uma obstinação feroz, eles perpetuaram suas tradições, seus costumes e sua severidade através dos séculos, das modas e vogas. São puritanos que julgam seus contemporâneos essencialmente a partir da atitude destes em relação ao trabalho.

Quanto mais ativos e produtivos, mais próximos se sentem de Deus. O *will* (vontade) é seu credo. Rigorosos, poderosos, endinheirados, orgulhosos, jamais ostentam opulência e poder. Quando visitei o bairro residencial de Indian Hills, em Cincinnati, logo percebi que espécie de gente o habitava. As mais belas mansões do mundo erguiam-se ali. Todas emanavam uma solenidade abastada, mas sem fausto. No Meio Oeste, não se utiliza a palavra "rico", mas é de bom-tom empregar a expressão *well-to-do* – bem-de-vida.

Tchang, um estudante chinês que se dizia descendente de mandarim e que partilhava um quarto comigo, comentou certa vez, cheio de admiração, com sua voz suave:

— Aqui a relva tem a cor e o cheiro dos dólares!

Outra particularidade dessa região era a sobrevivência da concepção política, clara e límpida, do trigésimo presidente dos Estados Unidos, o republicano Coolidge: "A América para os americanos."

Esse chauvinismo, inexistente em Nova York e mesmo em Los Angeles, mas muito arraigado no Meio Oeste, tem uma explicação que então me pareceu bastante evidente ao observar um globo terrestre. O mapa do Brasil apresenta uma cadeia de montanhas que se estende de norte a sul, ao longo do litoral. Diante dessa muralha natural, os conquistadores permaneceram na costa. A penetração rumo ao interior começou muito tempo depois, e esta é uma das razões pelas quais nosso país ainda tem territórios inexplorados. Nos Estados Unidos foi diferente. Assim que os primeiros peregrinos, os *Pilgrim Fathers*, chegaram à América do Norte, descobriram uma planície que se estendia a perder de vista. Eles entraram pelo interior e somente as Montanhas Rochosas detiveram sua progressão. Para sobreviver a uma natureza rude, foram obrigados a submeter-se a uma disciplina rigorosa e ao fervoroso respeito pelas tradições protestantes que seus herdeiros cultivam até hoje. Em outras palavras, o trabalho ali é sagrado e o homem justo é aquele que triunfou naquela terra. Somente o esforço garante a saúde da alma.

Quanto a mim, pelo menos em um aspecto me tornei um ardoroso praticante da religião do Meio Oeste: mergulhei no trabalho. Como era o único representante do Brasil naquela região, onde as colônias estrangeiras compunham-se essencialmente de alemães e italianos, meu trabalho de interno no Hospital Bethesda fazia com que eu pudesse suportar a solidão. Nunca fui tão rico: ganhava 75 dólares por mês, mas não tinha tempo de gastá-los.

No começo, apesar da cortesia das pessoas que me cercavam — na época os brasileiros ainda não eram qualificados pejorativamente de "sul-americanos" —, passei por um período de nostalgia. Mas não me queixava. Ninguém me havia forçado a ir para os Estados Unidos. Minha escolha fora deliberada e eu não tinha optado pela Europa. Por duas razões: a primeira é que me exprimia melhor em inglês do que em alemão ou em francês; a segunda é que, sabendo exatamente o que procurava, sabia também que Cincinnati me oferecia melhores possibilidades do que Paris ou Londres. O sistema de *resident training* ali praticado era mais interessante do que o sistema de internato utilizado na França e na Inglaterra. Os Estados Unidos me dariam uma formação prática. A Europa poderia assegurar-me apenas uma formação teórica. Meu plano era, aproveitando a base da cirurgia geral adquirida, estudar e usufruir ao máximo a oportunidade que eu teria de aproximação com a cirurgia plástica e, em seguida, complementar meus conhecimentos com estágios na Europa.

Eu era muito jovem e tinha tempo para aprender. Além disso, meus temores dissiparam-se depois que me instalei em Cincinnati. Temia que o nível dos meus colegas americanos fosse superior ao meu, mas logo percebi que o aprendizado recebido de meu pai e da faculdade no Rio de Janeiro me colocava num plano de igualdade. Somente na prática eu me sentia inferior: no Rio, tinham me ensinado a teoria dos exames de laboratório, mas eu jamais tocara numa proveta; outras pessoas se encarregavam disso.

Trabalhando a todo vapor, utilizando as duas mãos no ato de operar, percebi que talvez tenha nascido canhoto, apesar de ter sido criado como um destro. Para Dante, o lado sinistro é o que conduz ao inferno, enquanto o direito leva ao céu. De qualquer forma, é sempre bom ter os dois lados atentos.

O domínio da patologia — ciência dos sintomas e causas das doenças — era considerado essencial entre os norte-americanos. Para definir a importância disso, certos mestres empregavam a seguinte metáfora: "Um corpo humano é um motor. Vocês podem conhecer bem a teoria da mecânica, mas se forem incapazes de diagnosticar o defeito, continuarão parados à beira da estrada."

GRAÇAS A HALSTED E A BALTIMORE, e também à qualidade de seus sucessores — os profs. Carter, Zeyler e outros —, que fundaram a chamada escola da *silk surgery*, a cirurgia geral fora guindada aos cumes da fama. E com razão: o ensino ali era dado com uma disciplina de convento. O regulamento proibia que os residentes se casassem. A vida profissional regia a vida pessoal. No Hospital Bethesda, tudo era tão intenso e absorvente que não sobrava tempo para sentir saudades nem tristeza. À noite, eu ia para o quarto com um único desejo: dormir.

A obstinação e a competição que nos estimulavam a progredir e a ter êxito ofereciam uma compensação: os cursos desenrolavam-se num ambiente muito democrático. Contrariamente às universidades européias, nas quais se pavoneavam mestres infalíveis, como descobri mais tarde, em Bethesda podíamos fazer perguntas ou exprimir nosso desacordo. Esse modo de ensinar convenceu-me tanto que, mais tarde, quando me dirigia a estudantes, fosse em faculdades, hospitais ou seminários, admitia e encorajava a discussão. Com uma única condição: que jamais houvesse exaltação, pois a verdade detesta os gritos: ela se deixa perceber, afirma-se, é notada, não precisa ser proclamada.

Destinaram-me um quarto no setor de residentes do Hospital Bethesda, um conjunto hospitalar de dimensões alucinantes. Eu estudava com afinco e, às vezes, para ganhar um dinheiro extra, trabalhava na cantina. Outras vezes, para me descontrair, disputava partidas de pingue-pongue com Tchang e apostávamos pequenas somas. Nem todos os chineses têm um temperamento calmo e nem todos conseguem dominar seus sentimentos. Tchang perdia sempre. Perdia igualmente o autocontrole e era tomado por cóleras violentas. Como jamais ganhava uma partida, inevitavelmente me devia bastante dinheiro. Mas nunca pagava. O ditado "dívida de jogo, dívida de honra" sem dúvida não vigorava na China.

Às vezes, com Bill, outro residente, jovem cirurgião como eu, e cujo pai era dono de uma empresa funerária, ia nos fins de semana desbravar os verdes vales do Kentucky e da Virginia. Rodávamos interminavelmente no veículo longo e negro como um carro fúnebre.

Bill não se preocupava com seu futuro. Com humor, ele me dizia:

— Se eu for um mau cirurgião, não haverá problemas, Ivo. Sou o herdeiro de meu pai e de sua empresa. Enterrarei aqueles que eu possa levar a morrer. E ganharei o dobro.

Cada vez que Bill fazia uma brincadeira dessas, ele concluía a piada com um acesso de riso e com um tapa colossal que quase me quebrava as costelas.

Às vezes eu ia ao jardim zoológico, fazendo caminhadas ao ar livre. No verão, a Metropolitan Orchestra de Nova York interpretava, ali, as principais óperas de seu repertório. Em torno do cenário e das fileiras de cadeiras, havia jaulas e pequenos lagos. Para mim, era um espetáculo estranho ouvir árias de ópera num ambiente de selva. Uma tarde, quando assistia, em companhia de Bill, à apresentação de *Salomé*, depois da dança dos véus, a orquestra silenciou para que o público ouvisse o ruído do cutelo se abatendo sobre o pescoço de João Batista. O silêncio em que os melômanos tinham se recolhido foi bruscamente interrompido pelos assovios estridentes de um bando de focas que saltavam no lago próximo ao cenário. Recobrando-se da surpresa, a Metropolitan Orchestra executou novamente a passagem que antecede a execução do santo. De novo houve o silêncio e a espera pela queda do cutelo. E novamente as focas se manifestaram. Durante outras apresentações, foram os leões que rugiram sua feroz admiração pelas óperas. Um lindíssimo espetáculo, mas aquela região é de tal modo puritana que os mais importantes jornais da cidade reclamavam que *Salomé* deveria ser retirada da programação por causa da dança dos véus e seu conteúdo erótico.

TALVEZ PELO CONTRASTE com o ritmo intenso e a experiência que eu tinha adquirido no Rio de Janeiro, ainda que envolvido por todas as novidades em Cincinnati, comecei a sentir ali uma certa monotonia, que no entanto estava prestes a acabar, com a chegada do cirurgião plástico John Longacre.

A primeira vez em que o vi, com seus cabelos grisalhos, ele me pareceu frágil. É verdade que estava de braço dado com Marny, sua esposa, uma mulher robusta, sempre com chapéus e bolsas muito pequenos, que contrastavam deselegantemente com seu porte e sua silhueta. Perto de Marny, o elegante prof. John Longacre evocava a imagem de uma caravela atrelada a um galeão. Ele tinha uns cinqüenta anos de idade quando lhe fui apresentado no Hospital Bethesda. Como eu estava com 21 apenas, o professor me pareceu velho. Ele e Marny viviam estreitamente unidos. Os olhares e os sorrisos que trocavam eram o testemunho de uma antiga ternura que sobrevivera às armadilhas do tempo. O amor que une um homem e uma mulher é, certamente, uma das mais belas visões do mundo.

Eu não imaginava, quando do nosso primeiro encontro, que John Longacre viria a me cativar por sua generosidade, sua sabedoria e sua dedicação à medicina. Ignorava, sobretudo, que ele iria dar a verdadeira e definitiva orientação à minha vida.

Recém-chegado da Grã-Bretanha, o dr. Longacre tinha vivido ali durante toda a Segunda Guerra Mundial. Trabalhava com os profs. Gillies e McIndoe, que seriam meus mestres mais tarde. Instintivamente, fiquei fascinado por aquele homem de voz grave e doce, que não tinha rival na precisão dos detalhes. É uma arte cirúrgica. Um trabalho que os cirurgiões, geralmente, detestam. Tenham talento ou não, eles são grandes costureiros ou pequenos remendões. Uma obra de arte é um conjunto de detalhes, embora nem todo conjunto de detalhes seja uma obra de arte.

A chegada do dr. Longacre realmente acabou com a monotonia de meu estágio de aperfeiçoamento. Até então, as intervenções cirúrgicas pelas quais eu era responsável pouco me interessavam. Tudo o que havia aprendido durante dois anos de trabalho no Pronto-Socorro do Rio enriquecera-me com uma experiência que meus jovens colegas americanos não possuíam. Digamos que em Cincinnati eu operava a todo vapor para praticar e adquirir uma maestria técnica que desejava perfeita. Mas... me chateava.

É claro que, como no Rio, continuava a conviver diariamente com meus pacientes e convalescentes, o que é importante, porque um médico deve aprender também a compreender e transmitir segurança a seus doentes. Mas tinha a sensação de estar perdendo tempo. Assim, quando John Longacre convidou-me a assistir a uma de suas intervenções de cirurgia reparadora, aceitei entusiasmado. Desde então adquiri o hábito de encontrá-lo, depois de minhas aulas e do trabalho no hospital.

Graças a esse homem, tive a oportunidade de utilizar minha base na cirurgia geral e me iniciar na cirurgia reparadora. Embora eu fosse um estrangeiro, Longacre nomeou-me primeiro-assistente. Durante horas eu fazia suturas. É uma atividade rotineira, mas tem sua importância: conforme se afaste ou se aproxime o espaço entre os pontos, eles dão à cicatriz o aspecto de uma roupa simplesmente costurada ou bem-acabada.

Eu trabalhava alternadamente com a mão direita e a esquerda. A prática diária desse exercício me permitiu constatar os progressos de minha técnica. Com o correr do tempo, a experiência me dava segurança. Trabalhava depressa e bem. Meus colegas criticavam minha escolha. Adeptos da cirurgia geral tradicionalista, para a qual previam, com razão, um futuro glorioso, parecia-lhes inconcebível e injustificável que alguém, com uma base tão boa, a abandonasse. Segundo eles, a cirurgia reparadora e, mais ainda, a estética (jamais evocada, por lhes parecer tão desprezível) eram consideradas ramos menores da cirurgia. Eu não concordava. Para mim, embora pouco explorados, eram prolongamentos apaixonantes da cirurgia clássica. E continuo tão convencido disso que exijo, daqueles que desejam seguir meu curso de aperfeiçoamento na universidade, um mínimo de dois anos de exercício de cirurgia geral.

Quando chegou ao Hospital Bethesda, o dr. Longacre não dispunha oficialmente de um serviço. Ao contrário dos médicos de Bethesda, aceitava intervir nos casos de queimaduras, ferimentos no rosto e malformações congênitas — lábios leporinos, orelhas descoladas ou falta de orelhas, narizes disformes, a falta de um dedo do pé, um polegar duplo.

Ele tinha a intuição do papel humanitário e social das cirurgias reparadora e estética, compreendendo a importância social de recuperar a auto-estima.

Freqüentemente, à noite, eu ia degustar em sua casa um café bem ruim preparado por Marny e um bom e forte *bourbon* do Kentucky. Não havia uma só vez em que meu mestre não me lembrasse das dificuldades que eu iria encontrar. Confortavelmente instalado em sua poltrona de couro, ele defendia a nossa causa.

— Por enquanto, Ivo, nós pregamos no deserto. O mundo médico, como muitas vezes acontece quando é confrontado com novas teorias e novas técnicas, se irrita. Digamos que se faz de surdo. Isso é normal. Nossa sociedade, seja ela católica ou protestante, aceitou religiosamente o infortúnio. Em nome da saúde eterna, o indivíduo deve suportar todas as anomalias da natureza e se conformar com os acidentes da vida. Quanto mais ele sofrer na terra, mais persuadido ficará de que vai para o céu. Essas concepções eram compreensíveis quando o homem de ciência encontrava-se desarmado em presença da infelicidade. Mas hoje, quando nossos progressos científicos e tecnológicos nos permitem intervir, a antiga noção da aceitação da má sorte não mais é válida.

O professor se calava. Tomava um gole de *bourbon*. Olhava Marny, que o observava e, ele sabia, partilhava de sua crença. Depois, com sua voz sempre no mesmo tom, continuava:

— Um dia, vai se tornar evidente que a cirurgia reparadora terá o direito de remediar, na medida de nossos conhecimentos, as malformações naturais que traumatizam o indivíduo a ponto de influir sobre o seu comportamento social. Um dia, vai se tornar evidente também que a cirurgia estética trará a serenidade àqueles que se sentem traídos pela natureza e que com isso sofrem de verdade.

Eu escutava meu mestre. À medida que ele expunha sua filosofia, eu pressentia as imensas dificuldades que precisaria enfrentar para impor nossas concepções. Já em Cincinnati, as zombarias de alguns colegas me ofereciam um tira-gosto desses problemas. Mais do que as palavras, os resultados cirúrgicos permitiriam ganhar esse combate. Longacre e eu tínhamos nossas experiências pessoais da infelicidade humana. Se eu havia, por tanto tempo, palmilhado os becos das favelas cariocas, ele, na Grã-Bretanha, presenciara o regresso dos combatentes de rostos desfeitos e os mutilados de guerra.

Quem vê desfilar, como foi o seu caso e também o meu, seres que não têm mais qualquer aparência humana, termina por propor certas questões sobre a missão essencial da cirurgia. É suficiente salvar a vida? Essa vida que se procura salvar valerá a pena ser vivida por aquele que estará condenado, pelo resto de seus dias, a exibir carnes inchadas, traços disformes, um rosto diante do qual todos viram a cabeça com horror? É fundamental salvar a vida, mas é essencial dar dignidade à aparência.

Findo meu período de estágio em Cincinnati, Longacre e o hospital me convidaram a permanecer como efetivo. Preferi voltar ao Brasil. Sentia que havia aprendido muito, graças sobretudo à compreensão e à paciência de meu mestre. Mas o amor por meu país e o desejo de seguir ampliando meus conhecimentos faziam-me retornar.

Dentro de um envelope dormiam os mil dólares que conseguira com a venda da minha motocicleta. Fechados em outro envelope, cochilavam aqueles que eu havia economizado durante meus dois anos de estágio no Hospital Bethesda. Pouco tocara em minhas economias.

Em Cincinnati, raramente tivera ocasiões de gastar dinheiro. Vivi como um monge, consagrado exclusivamente à cirurgia. Era uma época, a dos anos 1950, em que os Estados Unidos permitiam a um homem de condições modestas alcançar o êxito, não só em sonhos. Bastava trabalhar. As universidades e os hospitais ofereciam bolsas àqueles que tinham méritos. Bastava ter vocação e qualidades intelectuais. A nação, cuja esmagadora participação militar a tornara vitoriosa na Segunda Guerra Mundial, estava aberta aos cérebros estrangeiros, fosse na literatura, na tecnologia, nas ciências ou na medicina. Os norte-americanos não tinham ainda pesquisadores que ocupassem a liderança mundial em suas áreas. Assim, o trabalho e o estudo autorizavam todas as ambições.

Nessa questão do trabalho, os americanos me deixaram assombrado. Primeiro, consideram que não é indispensável compor uma expressão séria para agir seriamente. Depois, raramente julgam as pessoas antes de conhecê-las, de acordo com a educação saxônica que exclui os apriorismos. Enfim, as relações pessoais são mais simples e calorosas: um grande mestre não é tratado com aquela obsequiosidade que lhe consagram na Europa. Quando o prof. Longacre entrava na cantina para comer um hambúrger, como o mais humilde empregado do hospital, o balconista acolhia-o jovialmente gritando: *Hello, Doc!*

No dia de minha partida de Cincinnati, ao me despedir de Longacre e de Marny, eu lhes disse, emocionado: "Nós nos reencontraremos." Meu desejo foi satisfeito mais tarde, quando ele me pediu que colaborasse em duas obras sobre cirurgia plástica. De fato, em seus livros dedicados às deformidades congênitas, ele inseriu dois capítulos que escrevi, sobre as malformações da infância.

ANTES DE VOLTAR PARA o Brasil, antes mesmo de me permitir festejar ou mesmo descansar, decidi empreender curtos estágios em alguns hospitais americanos, ávido por aprender ainda mais. Fui direto para o Hospital Johns Hopkins, em Baltimore, berço da Escola de Halsted (um dos pais da *silk surgery*), estrela da cirurgia geral na época.

Usando um chapéu-coco, o primeiro chapéu de minha vida, meu aspecto era semelhante ao de um gângster da vizinha Chicago. Uma figura estranha, sem dúvida, como bem apontou um colega, que lá estava como residente. Diante de sua estranheza, concordei de imediato com ele. Tirei o chapéu, sem saber onde escondê-lo, passando logo à questão que me interessava e que o surpreendeu ainda mais.

— Onde fica o túmulo de Edgar Allan Poe?

Meu amigo me olhava como se eu fosse louco, tão louco como um personagem de Allan Poe. E na minha memória estavam mais presentes do que nunca os seus inesquecíveis versos:

Pela que ora nos céus
a quem os anjos chamam Lenora
— e que ninguém chamará jamais.[7]

Sem me intimidar, recitei para ele todos os versos de "O corvo", que sempre me acompanharam. Falei também sobre outro poema de Poe, que canta saudades de "Annabel Lee":

Há muitos e muitos anos
num reino à beira-mar
morava uma donzela
chamada Annabel Lee.[8]

---

[7] "*For the rare and radiant maiden/ whom the angels name Lenore/ — nameless here for evermore.*"

[8] "*It was many and many years ago/ In a kingdom by the sea/ That a maiden there lived whom you may know/ By the name of Annabel Lee.*"

Expliquei-lhe meu amor por Poe, pelo seu espírito matemático, sintetizado magnificamente na gênese de "O corvo", escrita pelo próprio poeta. Partindo sempre de um fato concreto para deduzi-lo e só depois colocar sua poesia, Poe refutava a idéia romântica de que a poesia fosse o simples resultado de uma inspiração etérea, pura e plena — opinião semelhante à que ouvi de nosso poeta maior, João Cabral de Melo Neto, quando caminhávamos na praça D. Elvira durante a Expo-92, por ocasião do lançamento de sua coletânea de poemas sobre Sevilha.

Diante do melancólico estudante sentado na poltrona da biblioteca, um busto de Palas. Ele está triste por algo que perdeu, e o pior para um jovem é a perda de alguém que ama. Obrigado a nomear o ser amado pelo estudante, Poe escolhe Lenore para que o corvo reproduza com pobreza vocabular mas precisão auditiva alguns sons, ecoando em rimas *nevermore, evermore, nothing more, before, door, implore, explore, wore, shore, bore, store, core, adore, bird of yore, Lenore.*

A beleza do poema reside em jogar, naquele ser que pronuncia um único fonema, todas as indagações do ser humano diante do seu destino:

Tira-me ao peito essas fatais garras
que abrindo vão a minha dor já crua![9]

A surpresa de meu colega não intimidou esse meu lado romântico que me acompanha toda a vida, e que anos mais tarde misturou-se a um pouco do rigor germânico que aprendi a apreciar e respeitar nas minhas andanças pela Alemanha. Onde, ao contrário de Antônio Nóbrega, não cheguei a estender por

---

[9] "*Take thy beak from out my heart,/ and take thy from off my door.*" (A tradução destes versos é de Machado de Assis.)

longo tempo minha tenda de campanha, como dizia a cantiga de infância evocada por mamãe:

Pelas ruas da Alemanha
armei minha tenda de campanha.

De Baltimore, rumei para o norte dos Estados Unidos, perto da fronteira canadense, disposto a conhecer a Clínica Mayo, na época o maior centro hospitalar do mundo, uma verdadeira cidade onde centenas de pacientes eram operados diariamente.

Vivia-se num mundo estranho, dominado pelo silêncio. No inverno, a temperatura caía para trinta graus abaixo de zero. Somente as tempestades perturbavam aquele universo acolchoado. O vento glacial soprava violentamente, uivando e impedindo qualquer saída, sob o risco de a pessoa se congelar. Hibernava-se então em vaso fechado. Fazia-se uso de corredores subterrâneos para se ir de um edifício a outro. Os dias transcorriam como num navio aprisionado pelo gelo. Jamais em minha vida havia sentido tanto frio. Mais até do que no frigorífico onde ficara preso em Cincinnati.

Para mim, a Clínica Mayo simbolizava o gigantismo norte-americano. Colegas questionaram meu interesse por aquele hospital, para eles uma instituição voltada exclusivamente para o atendimento privado, sem nada de criativo.

Não é verdade, como pude comprovar. Com dimensões e condições talvez únicas no mundo, a Clínica Mayo conta com especialistas recrutados entre os melhores de todo o país, que lá trabalham em regime *full time*, e já colaborava, como ainda colabora, para a grandeza da medicina mundial.

Foi uma experiência muito rica. Além de desvendar os caminhos e segredos de um gigantesco hospital, aprendi a conviver com o verdadeiro frio. Pela primeira vez estava exposto a trinta graus negativos. Que sensação! O ar tem peso, penetra. Não se pode respirar muito e deve-se proteger todo o rosto. Às vezes somos obrigados a bater um no rosto do outro, para melhor ativar a circulação sanguínea. A orelha e o nariz parecem querer cair, e às vezes caem.

Nos lugares de frio extremo, toma-se uma série de cuidados especiais. Abaixo de quinze, vinte graus negativos, sem determinadas precauções, a vida é impossível. Foi então que aprendi o significado da expressão "sensação de frio". O conjunto de fatores como o vento e a umidade provocam, naquela região, uma impressão de desabrigo ainda maior do que a temperatura marcada nos termômetros.

Fora dos longos corredores da Clínica Mayo, o frio atingia a alma. E não existe sensação pior do que a de estar sozinho no frio. À noite, eu lia na cama. Acalentava-me com *Um ianque na corte do rei Artur*, de Mark Twain, que me remetia às minhas andanças de infância com Huckleberry Finn, comendo aquelas deliciosas melancias do rio Mississippi, jurando fidelidade ao amigo pelo sangue do dedo cortado em solene cerimônia de confirmação de amizade. Acompanhava as peripécias do rei Artur, de *Sir* Lancelot, do mago Merlim, acrescidas do delicioso humor de Mark Twain, que, guardando a narrativa original, transformou as aventuras daqueles destemidos cavaleiros em histórias de caçador, ou de pescador, nas quais cada episódio é sempre aumentado de forma a ser mais bem valorizado.

Praticava já, embora só viesse a descobrir mais tarde, o princípio do zen-budismo, sintetizado nas palavras de mestres como o chinês Te-Shan, que viveu no século IX, e que li pela primeira vez em inglês: "*No mind in work, no work in mind.*"[10] Direcionando a concentração, o ser humano se liberta da ansiedade, podendo dar livre curso à curiosidade da vida.

Pelos longos corredores da Clínica Mayo, sentia-me dominado por uma profunda sensação de recolhimento e desproteção. Não tinha ainda maturidade para poder julgá-la e absorvê-la, mas pude sentir sua grandeza.

Só depois dessa experiência me permiti o luxo de passear no país onde havia trabalhado duro por mais de dois anos. Junto com três de meus amigos de Bethesda, pegamos a estrada, celebrando minha despedida dos Estados Unidos, antes de voltar ao Brasil. Acreditava ingenuamente que nada mais naquele país poderia me espantar. Estava enganado. Outras surpresas me esperavam.

A viagem foi pitoresca desde o princípio, pois a fizemos no carro da agência funerária da família de Bill. De Cleveland a Detroit, de Springfield a Green Falls, de Salt Lake City a Los Angeles, percorremos milhares de quilômetros, extasiados por esse país em que se alternam a dureza e a doçura, a beleza e o rigor, o deserto rochoso e as planícies verdejantes. O Arizona, o Texas, uma escala em Nova Orleans.

— Que tal se jogássemos um pouco de tênis? — propôs Bill subitamente.

Perguntamos onde poderíamos encontrar quadras. Responderam-nos: no Hilton. Soubemos então que o hotel tinha 12 quadras num subsolo com ar-condicionado. "Melhor, impossível", pensei. Uma vez mais eu estava errado. Chegando a Houston, descobri que na verdade o University Club tinha 21 quadras.

---

[10] No idioma original: "*Tan wu chi vu hsin, wu hsin yu shih.*" Em tradução não-literal para o português: "No trabalho, nenhum outro pensamento. Fora do trabalho, nenhum trabalho na mente."

— Nos Estados Unidos — disse-me Bill —, a gente sempre encontra um gigante mais gigantesco do que o anterior. Somos um povo que cultiva o desmedido.

A dura solenidade de nossa passagem despertava a atenção geral pelo contraste que oferecia a alegria de vida emanada daqueles jovens — certamente o carro não estava habituado a transportar gente tão viva, tão aberta e tão longe do destino que inexoravelmente nos chegará algum dia.

Na entrada do Parque Nacional de Yellowstone, fomos avisados da proibição de alimentar os filhotes de urso. Estávamos comendo batata frita e não resistimos à tentação quando encontramos um ursinho bem pequeno. Cota Pacheco, companheiro da velha "república" da praia do Russel, que adorava pregar peças nos amigos, viera ao nosso encontro e com ele fizemos uma parte de nosso passeio pelos Estados Unidos. Começamos a dar umas batatinhas para o bicho e o fomos acompanhando. Quando já nos afastáramos uns trezentos metros do carro, uma senhora ursa saltou na nossa frente. Aquela verdadeira montanha seria certamente a mãe procurando o filhote. Corremos como uns doidos, tentando alcançar o carro. Antes de entrar, olhei para trás e vi que a ursa desaparecera. De brincadeira, deixamos o Pachequinho do lado de fora do carro. Petrificado de terror, sem se dar ao trabalho de se virar, ele batia na janela como se o urso o estivesse agarrando. Quando abrimos a porta, ele caiu em cima da gente, dando socos de raiva. Mas nem sentimos, de tanto que seu pânico nos divertia.

Ao longo de minha permanência nos Estados Unidos, estive atordoado e seduzido pela potente vitalidade do país. Mas meu coração continuou brasileiro. Sou de uma nação emergente, inexplorada, mas que é minha terra, meu país. Pertenço a um povo no qual todas as raças se mesclaram, para que nos tornássemos brasileiros. O conhecimento que tive o privilégio de adquirir trouxe-me com ele a responsabilidade de dividi-lo no meu país.

É necessário que gente como eu retorne ao país para, por sua vez, ensinar. Ofereceram-me contratos vantajosos e lucrativos para que ficasse nos Estados Unidos. Era tentador. A grandiosidade dessa nação me havia cativado. Mas o Brasil é a terra dos meus ancestrais. Fazia-me falta o entusiasmo de meu povo. Jovem e intransigente, não sentia vontade nenhuma de me fundir num molde americano ou europeu, por mais atraente que fosse. Eu vivera entre pessoas que se vestiam da mesma maneira, que levavam o mesmo tipo de vida, que aspiravam aos mesmos objetivos. Sua uniformidade tinha avivado minha saudade da fantasia e do individualismo brasileiros.

Depois de ir aos quatro cantos dos Estados Unidos, inevitavelmente tinha ido parar em Nova York. O navio que deveria me levar ao Rio de Janeiro só ia partir duas semanas mais tarde, e eu aproveitei para conhecer a cidade. Mas tinha pressa de regressar para pôr em prática tudo o que havia aprendido. Entretanto, não perdi meu tempo em Nova York. Tinha uma conta a ajustar com o *Income Tax*, o imposto de renda americano. Eu me sentia vítima de uma espoliação. Com efeito, antes de deixar Cincinnati, o fiscal do *Income Tax* tinha exigido que eu pagasse uma taxa de 12 dólares sobre os 75 recebidos cada mês do Institute of International Education. Ao fim de um ano, isso representava um total de 216 dólares de imposto, um déficit considerável em minhas finanças. Mas tive que pagar.

Ora, durante nossa viagem, Bill me havia dito que eu fora enganado. O imposto tinha sido pago a título de *fellowship* (bolsa de estudos) pelo instituto. A soma que me fora imputada estava atravessada na minha garganta. Fui ao Income Tax Building, onde apresentei minhas reclamações a um funcionário. Ele as achou engraçadas. Sempre zombando de mim, ditou-me um texto no qual eu formulava a queixa: "Paguei o imposto de maneira totalmente indevida. Embora trabalhasse no hospital, não era pago por este e sim por uma bolsa concedida pelo Institute of International Education. Procurei informações e descobri que essa bolsa já fora taxada."

Ao pegar minha carta, o funcionário perguntou:

— Você acredita em Deus?

— Sim — respondi.

— Muito bem. Peça ajuda a Ele e reze com fervor. Porque, a menos que ocorra um milagre, o *Income Tax* nunca faz devoluções.

Depois de palavras tão encorajadoras embarquei para o Brasil, não sem antes ter rezado. Seis meses mais tarde, o consulado norte-americano no Rio me pediu que fosse lá. O cônsul me esperava, com um cheque de 216 dólares na mão. Disse-me ele:

— Que eu saiba, você é a única pessoa que já ganhou um reembolso do *Income Tax*. Você nasceu sob uma boa estrela.

Capítulo 7

De volta para o futuro

Depois de dois anos de aprendizado da minha especialidade nos Estados Unidos, estava de volta ao meu país, disposto a transmitir os conhecimentos adquiridos.

Feliz, reencontrava-me entre os meus. Toda uma geografia sensorial tão familiar, da qual havia me afastado e evocava com tanta saudade, a brisa marinha que suaviza o calor escaldante do verão carioca, a beleza incomparável da cidade espremida entre o verde das montanhas e o azul-safira do mar, a multidão colorida em sua alegria contagiante que supera as adversidades do cotidiano, as barracas com sucos de frutas frescas, os bondes cheios de pernas e braços dependurados para fora, os morros com seus cumes de vegetação densa, o oceano móvel e cintilante, a música ritmada que escorre das janelas abertas, os odores da cidade — um misto de suor, poeira, frituras, o perfume das acácias e angélicas, essas plantas que, ao se decomporem, como escrevia Émile Zola, "têm um odor humano"

—, essa atmosfera de sensualidade única no mundo, voltar a tudo isso me deu uma felicidade infinita.

De repente, percebi até que ponto o Brasil me fizera falta. Emergi de uma espécie de letargia na qual, durante dois anos, o trabalho incessante me havia mergulhado.

Houve um breve período de festas e comilanças. Em seguida, o penoso período de volta à realidade. Meus pais haviam deixado Belo Horizonte para se instalarem no Rio. Senti que a saúde de meu pai já não era a mesma. Cessara todas as suas atividades. Cansado de tantos anos de trabalho intenso, seu coração começava a mostrar sinais de fadiga, e os pulmões já sofriam conseqüências do cigarro. Sofria de enfisema. Sentado numa poltrona, confiou-me:

— A gente pede muito da vida. Eu não sabia que era tão bom poder simplesmente respirar um pouco de ar ao lado dos que mais amamos.

Estaria ele pensando no límpido ar de sua terra natal? Não sabíamos ainda que ele estava irremediavelmente condenado.

Meus amigos tinham desaparecido: os da "república", os da Faculdade de Medicina, os do Pronto-Socorro. À exceção da companhia de meus parentes, eu me encontrava novamente só. Como na época em que me mudei de Belo Horizonte para o Rio. Como durante minha permanência em Cincinnati.

Depois de instalar-me em um pequeno apartamento em Copacabana, na rua Santa Clara, rumei em direção ao Hospital Pronto-Socorro, atual Souza Aguiar, para retornar ao trabalho. Estava ansioso para encontrar o diretor do estabelecimento e lhe explicar o que havia aprendido nos Estados Unidos, especialmente as novas técnicas que garantiam melhor tratamento dos doentes. Estava impaciente e entusiasmado, recordo-me com nitidez. Mas a acolhida dele foi de total indiferença. Nem tive tempo para abrir a boca. O diretor já havia decidido:

— Você está designado para o serviço de ambulâncias do hospital do subúrbio do Méier. Depois desses anos de estudos, alguns passeios pela cidade vão lhe fazer um grande bem.

Senti como se estivesse desmoronando. Depois de tantos esforços no exterior, voltava à mesma situação do início de minha carreira. Lá ia eu embarcar numa ambulância para me precipitar à cabeceira dos doentes.

Fiquei furioso, mas não o demonstrei. Há muito tempo sabia que era inútil opor-se com estrépito e rudeza àqueles que detêm a autoridade. Tudo o que se podia obter com isso era uma animosidade. Os conhecimentos que havia acumulado e que, com alegria, queria mostrar estavam sendo repelidos. Precisava render-me às evidências: alguns colegas tinham ciúme e inveja.

Esse foi meu primeiro contato com a *invidia medicorum.* Dizer que me senti castigado é certo, mas não surpreendido. No passado, meu pai tinha enfrentado as mesmas mesquinharias. Longe de me irritar, aquela atitude teve sobre mim o efeito de um estimulante.

A força de fazer algo novo desperta desconfiança. Toda novidade provoca perplexidade antes da indagação ou possível admiração. Senti-me frustrado, mas não surpreso. Retornar ao serviço de ambulância parecia-me uma incompreensão tão grande que incitou-me a pedir demissão. Cogitei mesmo desenvolver minha carreira no exterior, atendendo às inúmeras solicitações que me haviam sido feitas.

"Ninguém é profeta em sua terra", avisava um velho provérbio. Para meu desgosto, eu estava vivendo essa experiência. Mas minha mãe convencera-me de que, no dia em que me pôs no mundo, nasceu uma estrela cuja única missão era a de me proteger. Embora nunca tenha visto essa estrela no firmamento, ela deve estar lá porque zela por mim. Como tenho certeza disso, a frustração que sofri no retorno ao Brasil não foi suficiente para abater meu espírito combativo nem para me levar a abrir mão de meus planos, embora tenha reduzido o brilho da alegria natural de quem chega em casa feliz como Ulisses, depois de uma longa e bela odisséia.

Nesses dias, vinha-me à memória com freqüência um poema de Joachim du Bellay:

Feliz quem como Ulisses fez tão bela viagem,
ou como o que buscou e conquistou o Tosão,
e prenhe regressou, de ciência e de razão,
a viver entre os seus o mais desta passagem.[11]

É um soneto muito bonito, que fala de Ulisses voltando de sua viagem, comparando seu regresso ao de Jasão, que venceu o dragão e trouxe para a Grécia o Tosão de Ouro,[12] lhe valendo a reconquista do trono usurpado de seu pai. O que mais me sensibilizava nesses versos de Bellay era o desfecho simples e singelo do regresso. Ulisses volta "prenhe de ciência e de razão", para viver com os seus a felicidade de estar em casa. Mas no meu caso essa felicidade continha uma cota de sofrimento, no exato sentido da palavra "nostalgia" (do grego *nóstos*, "regresso, retorno", e *algia*, "dor").

---

[11] "*Heureux qui, comme Ulysse, a fait un beau voyage/ Ou comme celui-là qui conquit la Toison,/ Et puis est retourné plein d'usage et raison,/ Vivre entre ses parents le reste de son âge.*" (Tradução para o português: Jorge de Sena.)

[12] Na mitologia grega, uma la dourada, tosquiada de um carneiro divino, que estava há tempos em mãos do rei Aetes, na longínqua Cólquis (Kutaisi, na Geórgia). Jasão foi ajudado por Medéia, filha do rei Aetes.

O renovado desafio se apresentou aos meus olhos como aquelas topadas que, na infância, a gente dava sabendo que ainda iria encontrar muitas outras pedras pelo caminho. Já me deixava fascinar pela força da corrente contrária. Respeitava a vontade de lutar, lembrando Hamlet:

... Morrer, dormir;
nada mais; e dizer que pelo sono findam
as dores, como os mil abalos inerentes à carne,
é a conclusão que devemos buscar.[13]

Controlei minha indignação e preparei um relatório de duzentas páginas, descrevendo minuciosamente a organização dos hospitais americanos, os diferentes serviços, o estatuto dos residentes, os cursos, as conferências, enfim, minha experiência vivida. Homem cheio de contrastes mas não desprovido de grandeza, talvez movido pela curiosidade, o prefeito do Rio de Janeiro, Mendes de Morais, leu meu longo relatório. Enviar uma exposição de motivos em defesa de uma idéia não era um hábito disseminado na época.

Sem delongas, o prefeito enviou meu trabalho ao secretário da Saúde, determinando imediatas providências.

A resposta da administração foi excepcionalmente rápida: dois dias depois eu voltaria a ocupar o posto de cirurgião em uma das equipes de urgência do Pronto-Socorro, cargo obtido mediante concurso antes da viagem. Suspirei de alívio

---

[13] "*...To die; to sleep;/ No more; and by a sleep to say we end/ The heart-ache and the thousand natural shocks/ That flesh is heir to, this is a consummation/ Devoutly to be wish'd.*" (William Shakespeare, *Hamlet*, Ato III, Cena 1. Tradução de Anna Amélia Carneiro de Mendonça.)

e contentamento por poder empreender a missão da qual me sentia imbuído, dando início à disseminação dos meus novos conhecimentos.

Se minha demissão tivesse sido aceita, ficaria sem ganhar dinheiro, já que vivia unicamente do pouco que ganhava no hospital. A parcimônia de meu salário mensal afetava-me um pouco, mas o dinheiro não era tão importante. Eu não era casado, vivia só e precisava alimentar apenas a mim. O que realmente buscava era difundir minhas idéias.

Para aumentar minha renda, toda noite dava aulas de cirurgia geral e de anatomia a médicos que desejavam se aperfeiçoar. Meu curso era dado no necrotério, e podíamos dispor de cadáveres não-formolizados — ou seja, de morte recente e cuja anatomia ainda não foi distorcida —, conseguidos graças a meu colega e amigo Mário Rodrigues, que trabalhava no Instituto Médico-Legal e tinha condições de liberá-los para aulas de medicina.

Durante meses, retalhei, dissequei e expliquei. E pouco dormi. Tinha o rosto pálido. Bocejava o dia inteiro. Sentia-me exausto. Além do mais, minha vida estava em perigo, porque o necrotério fora construído perto do mercado, situado num dos lugares mais mal freqüentados do Rio.

Ali, desde o pôr-do-sol, sombras inquietantes surgiam em cada canto. Mendigos, vagabundos, delinqüentes de todo tipo. Era muito imprudente passar por lá a pé, como eu fazia. E no entanto, apesar de meus temores, jamais fui agredido. Um malandro que eu encontrava freqüentemente, e com o qual simpatizara, explicou-me um dia:

— Doutor, você sabe por que ninguém te assalta?

— Não.

— É porque você tem cheiro de morte!

Entendi imediatamente por que ele dissera isso. Naquela época, os cadáveres eram conservados em formol.

A CARÊNCIA DOS SERVIÇOS e a insuficiência dos meios haviam se esfumado na minha memória. Quando se vive no exterior, um sentimento natural de chauvinismo exalta a beleza do país que se deixou. A nostalgia doura a flor. Dois anos de ausência haviam sido suficientes para esquecer a precariedade de nossas instalações hospitalares. O contraste com os hospitais Bethesda e Johns Hopkins, a Clínica Mayo e tantos outros onde havia trabalhado e aprendido tornava a comparação inevitável e a realidade, pouco saborosa.

A vida hospitalar rotineira me irritava. Eu queria agir. Para atingir meus objetivos, fiz um cerco aos meus vários chefes de serviço, defendendo a minha causa, pregando minhas idéias, trepidante como um neófito. Repreendiam-me. Eu voltava à carga. Nada é mais temerário do que desejar mudar mentalidades congeladas e perturbar uma apatia incrustada. No entanto, consegui. Convenci ou cansei, não sei bem. De qualquer forma, certa manhã o diretor do Pronto-Socorro anunciou-me, pomposamente, que me confiaria o serviço dos queimados. Na verdade, era uma área que nenhum outro médico desejava assumir.

Meus pacientes ficavam instalados numa grande sala de paredes rachadas e descoradas. Prostrados, gemiam nos pequenos leitos rangentes de ferro. Ninguém podia aliviá-los, tão desprovido de recursos era o serviço.

Ali, outra vez, saí em campo para organizar os cuidados médicos. Meus chefes de equipe, os drs. Renato Pacheco e Vilela Batista, compreensivos, ajudaram-me a encontrar pessoal e material. Graças a eles, algum tempo depois consegui permissão para, nas noites de plantão calmo, internar também alguns portadores de lábios leporinos ou de outras malformações. Na gíria hospitalar eram os chamados "gatos", pacientes de cirurgia eletiva, fora da esfera da emergência. Esse trabalho era efetuado sem prejuízo dos atendimentos de urgência que continuava a fazer, muitos dos quais eram depois encaminhados à Santa Casa para o período de recuperação e observação pós-operatória.

Toda vez que podia explicar e provar os benefícios da cirurgia reparadora, eu convencia. Médicos célebres da capital, como os profs. Pinheiro Guimarães, Nova Monteiro, Josias de Freitas e Morais Gray, com os quais eu praticava dissecação anatômica, encorajavam-me a perseverar.

No começo eles se aproximaram céticos e curiosos. Depois, voltaram intrigados e sérios. Em seguida, assistiram e fizeram perguntas. Finalmente, ficaram apaixonados. Num crescendo, jovens cirurgiões constituíram em torno de mim um núcleo de adeptos. Eram os primeiros alunos de uma pequena classe que eu formava em cirurgia reparadora. Seu fervor me confortava em minha convicção de que essa nova disciplina estava destinada a um futuro prestigioso. Na época, nossos conhecimentos e recursos ainda não nos permitiam fazer milagres. Mas aliviávamos muitos tormentos.

Junto com a incipiente escola que já então me seguia, trabalhávamos durante toda a noite. Até a aurora operávamos deformidades as mais variadas, traumáticas ou congênitas, atendendo uma parte da população carente.

Com muito trabalho, persuasão e carinho, o serviço foi criando importância dentro do hospital. Em medicina, a única maneira real de fazer um nome, criar uma certa liderança, é por meio do próprio paciente bem tratado, bem cuidado, bem operado. A transmissão do sentido de bem-estar alcançado por determinada cirurgia forma uma espécie de corrente invisível de confiança que vai sendo disseminada aos poucos, sedimentando o trabalho realizado.

É um caminho longo, mas verdadeiro. Eu o trilhava com determinação, sem me deter diante das adversidades, nem mesmo diante de meu próprio cansaço. A cirurgia plástica ainda estava por merecer o devido reconhecimento, suficiente para que os serviços fossem recomendados e os benefícios individuais, ampliados ainda mais. Firmemente decidido a alcançar esse objetivo, eu redobrava ainda mais os esforços no sentido de difundi-la entre a classe médica.

Os corredores enchiam-se de desesperados, de miseráveis não por sua condição social, necessariamente, mas pela deformação que os marginalizava. Todos os dias eu operava. Só a prática e a experiência poderiam proporcionar uma melhora a um número maior de pacientes, transmitindo a todos a importância do conceito de união entre função e imagem.

Nem todos os cirurgiões compreendiam minha dedicação e interesse por esses casos, que a eles pareciam de menor relevância em face das consagradas intervenções da cirurgia geral. Mas a minha convicção aumentava ao verificar que os cuidados ministrados propiciavam uma melhora indiscutível na qualidade de vida dos meus pacientes.

As limitações não arrefeciam meu ânimo, pois eu me alimentava da inspiração com que fui criado e que até hoje me guia. Pensava, como felizmente ainda penso, que o que é impossível hoje será possível amanhã.

Um dia, designaram-me para o serviço de ortopedia do prof. Henrique de Góes, no Hospital da Santa Casa da Misericórdia. Além de um consultório, passei a dispor de uma secretária, a quem logo atribuí uma missão das mais estratégicas: difundir nos outros serviços a utilidade da cirurgia plástica. Pouco a pouco, esses serviços passaram a canalizar para mim os casos indicados para minha especialidade.

Lembro-me de que foi num início de novembro: o sol da primavera tornava-se ardente e a brisa marinha permitia que se suportasse uma temperatura de mais de trinta graus no Rio de Janeiro. Foi quando saboreei minha primeira vitória profissional. Depois de um concurso de títulos, o diretor da Santa Casa anunciou-me que, dali em diante, eu passaria a dirigir o primeiro serviço de cirurgia reparadora, da mão e plástica.

Reservaram-me um pequeno território, numa ala do velho prédio que dava para um pequeno pátio interno. Eu dispunha da enfermaria comum a todos os serviços. Meu reinado era minúsculo. Cabia-me aumentá-lo.

Assim, pouco a pouco fui formando uma clientela particular. Embora fosse ainda muito jovem, comecei a ganhar algum dinheiro e meu consultório, embora modesto, era agradável.

Capítulo 8

Marilu

Ao final de um ano de trabalho intenso em meu consultório, brindando com meus amigos na noite de São Silvestre, eu ignorava que o Ano-Novo me traria um grande acontecimento e uma enorme alteração em minha vida.

Conheci Marilu durante um jantar na residência de um dos meus antigos mestres, o prof. Vineli Batista. Sentado a seu lado — tão linda ela é — eu a ouço com verdadeira beatitude. Com sua voz doce, conta-me que sua família é originária do Ceará, e que ela, fascinada por literatura, estudou por quatro anos na Europa (na França, na Inglaterra e na Suíça).

Depois do jantar, galantemente eu a acompanho até sua casa. Marilu tem cabelos castanhos, silhueta esbelta, andar gracioso e inteligência muito viva. Conheço-a somente há algumas horas e já estou apaixonado. Pensar em minha vida sem ela é impossível e penoso. Temos os mesmos gostos pelos livros, pelas artes e pela natureza.

No momento da despedida, digo-lhe:

— Um dia nós nos casaremos.

— Impossível — responde-me Marilu. — Eu já tenho namorado.

— Isso não tem importância alguma. Você acaba o namoro e casa comigo.

Vejo estupefação em seus olhos castanho-esverdeados. Mas neste preciso momento estou certo de que Marilu será minha mulher e a mãe de meus filhos. Até a concretização dos meus sonhos, porém, muitos anos e viagens ainda seriam necessários.

O ACONTECIMENTO DE CONHECER a mulher da minha vida coincidiu com uma profunda guinada em minha carreira. Veio fazer uma conferência no Rio de Janeiro um dos precursores — com Bunnel — da cirurgia de mão, o prof. Marc Iselin, que operava em Nanterre. Compareci à palestra e, ao final, fui-lhe apresentado como um colega em sua especialidade. Ele prometeu visitar-me na Santa Casa e cumpriu a palavra.

Austero e senhorial, quando entrou em meu departamento bastou-lhe um rápido olhar ao redor para perceber a precariedade de meus recursos. Não disse uma palavra. Parecia entristecido pela miséria daquele canto de hospital onde se praticava a cirurgia reparadora em condiçoes rudimentares. Fez-me perguntas. Contei-lhe sobre meu estágio no Hospital Bethesda e a formação que havia recebido do prof. Longacre.

Após uma intervenção cirúrgica que fiz, dominando a custo minha emoçao de operar diante de um espectador tão eminente, eu lhe disse, depois de tirarmos nossos jalecos brancos:

— Ainda me resta muita coisa a aprender...

O prof. Iselin era um homem capaz de tomar decisões imediatas. Sem hesitar, fitou-me nos olhos e disse:

— Muito bem, vá a Paris. Eu lhe ensinarei.

FOI MARILU QUEM ME deu o impulso decisivo para aceitar o convite do prof. Marc Iselin e seguir para a França. Ela estava prestes a partir para a Alemanha, por um ano, com a irmã Elomar, e a perspectiva de perdê-la de vista, com um oceano inteiro a nos separar, me parecia insuportável. Apesar de nos vermos com freqüência, o breve namoro iniciado naquele jantar sofria por antecipação o momento inevitável da partida. Por isso o convite de Marc Iselin foi providencial. Poderia prosseguir minha busca profissional e ao mesmo tempo estaria relativamente próximo de Marilu, cuja presença já sentia indispensável à minha vida. Se já buscava ampliar meus conhecimentos, a perspectiva de ficarmos mais próximos sepultou de vez qualquer hesitação que porventura me restasse.

Paris comemorava seus dois mil anos. Desde minha chegada à França, correspondia-me bastante com Marilu. Nas cartas, explicava-lhe o que fazia e descrevia tudo a que assistia. Não economizava papel. Contava-lhe em detalhes minhas visitas aos museus, minhas noites em concertos ou teatros. E, enfim, lembrava-lhe com fervor a imensa paixão que ela me inspirava.

Sempre admirei e adorei as mulheres e seu mundo tão diferente. Em companhia de uma delas, não há mais homens fortes, e sim machos vulneráveis que dissimulam desajeitadamente suas fraquezas com atitudes grosseiras ou indiferentes.

A distância entre a França e a Alemanha é quase nenhuma em comparação à distância entre o Brasil e a Alemanha. Mesmo assim, absorvidos pelos nossos compromissos, o ansiado reencontro só aconteceu um ano depois. E em território neutro: a Espanha, onde Marilu passava férias de verão, enquanto eu me preparava para deixar a França rumo à Inglaterra.

É de trem que vou ao seu encontro. Uma longa viagem embrutecedora sob o calor penoso do verão. Um espesso bafio de chouriço, de queijo, de vinho tinto e de azeite fica impregnado no compartimento. Embora os vidros das janelas estejam abertos, o ar que se respira é fervente. Transpira-se. Seca-se. Pernas afastadas, robustas espanholas abanam-se com suas saias. As roupas colam na pele. De vez em quando, no meio do vagão, alguém começa a cantar acompanhado de uma guitarra, mas a cada tentativa sua melopéia provoca choros irritados de recém-nascidos e imprecações de pais exaustos. Depois da fronteira, durante as longas paradas, uma multidão de viajantes espalha-se pelas estações e corre para os bebedouros e lanchonetes. Uns empurram os outros, xingam-se, gritam, bebem avidamente, correm atrás do trem que parte sem apitar. Às vezes, a locomotiva resiste a prosseguir em seu caminho e treme sobre os trilhos, espirrando jatos de vapor. As pessoas aproveitam para descer na estrada e esticar as pernas. Estou molhado e amassado como um pano de limpeza. O calor me amortece os sentidos, mas a expectativa de voltar a ver Marilu em Valência, onde ela passa alguns dias de férias em casa de amigos, transformou o duro sacolejar do velho vagão num suave embalo para meus sonhos.

Depois de um ano de separação, este é o sonhado reencontro. Durante três dias, não nos desgrudamos. Se, num primeiro momento, nosso comportamento é aquele, clássico, de todos os noivos do mundo quando se reencontram, o assunto principal de nossas conversas é o nosso futuro. Durante um jantar num pequeno restaurante da velha cidade, pergunto a Marilu se ela quer se casar comigo. Ela diz que sim. Somente a data do casamento fica em suspenso. Antes, haverá um hiato, já que cada um de nós quer concluir sua empreitada. Marilu pretende obter seus diplomas de literatura estrangeira. Estou decidido a prosseguir em minha formação cirúrgica.

Assim, estamos noivos. E eu, reassegurado quanto aos sentimentos de Marilu. Em meu íntimo, penso mesmo que sempre estive seguro.

Deveria sentir-me repleto de felicidade. Mas o ser humano obedece às vezes a uma lógica bizarra. Alguma coisa me desconcerta em minha serenidade. Explicar o momento, procurar revivê-lo, é um exercício intelectual ao qual nos entregamos pelo prazer de procurar, por meio das palavras, resgatar a impressão daquele instante. Diante de uma experiência de pura emoção, descrições são difíceis, porque quando a contamos já tornou-se história, deixou de ser fato.

Acometido por um sobressalto, passei aquela noite batendo os dentes, com 40,7 graus de febre. Tremia não de felicidade, mas de medo. A realização de um desejo tão acalentado provocou-me uma angústia como jamais experimentei em toda a minha vida. De repente, a perspectiva de ser casado e responsável por duas vidas me deixou em pânico. Senti-me dominado por uma "covardia aguda", invadido por uma estranha e profunda ameaça à minha liberdade.

Será o casamento mais temível do que a morte?

Marilu, que é no mundo a mulher de maior liberdade de espírito que encontrei, tende a concordar. A prova, diz ela, é que para unir um homem e uma mulher e mantê-los juntos, é necessário recorrer às cadeias do casamento.

Isso deve ser verdade, porque jamais experimentei uma angústia semelhante à que senti naquela noite na Espanha. Nem mesmo quando quase morri asfixiado durante uma caça submarina, no litoral da África do Sul. Mergulhando com um guia, resolvi explorar os destroços de um velho navio naufragado há cerca de um século e parcialmente enterrado na areia, a uns cinqüenta metros de profundidade. Durante nossas inspeções dentro do arcabouço arrombado, meu tubo de ar enganchou-se num pedaço das ferragens do casco. Como o tubo se encontrava às minhas costas, era-me impossível soltá-lo. Imprensado, ele não deixava mais circular o oxigênio e, rapidamente, minhas têmporas começaram a latejar. Em pouco tempo, também, me senti invadido por um doce torpor. A hipo-oxigenação me fez sentir uma confusa euforia. Vi minha vida inteira passar como um caleidoscópio e então fiquei quieto, completamente imóvel.

Nesse instante ocorreu-me, não sei por quê, uma frase forte e bem nítida: "Esteja preparado para morrer em qualquer momento, mas, se possível, procure viver uma eternidade." O que representaria isso para mim? Não fazer esforço, não me perder em pensamentos que pudessem gastar energia, ficar calmo como um querubim. Tranqüilo com o mínimo de oxigênio de que minhas células necessitassem. Isso seria preparar-me para uma eternidade. Eternidade que eu sentia aproximar-se como uma luz distante e que, curiosamente, não me atemorizava.

Muitos anos mais tarde compreendi melhor esse pensamento que havia me ocorrido, quando li em um livro de santo Agostinho o trecho de uma carta que ele escreveu para a mãe,

Maria Pia, no ano 452, e que dizia mais ou menos assim: "A vida não é mortal, mas a morte é vital."

Diante de minha máscara de mergulhador, desfilavam cardumes de lindos peixes coloridos. Parecia até que eles tinham vindo me escoltar em minha passagem desta para a outra vida. Eu ia morrer. E, no entanto, não sentia qualquer temor. Talvez já não estivesse em estado de experimentar sentimento algum. Foi então que o meu companheiro de mergulho voltou para me procurar, preocupado por não mais me ver ao seu lado. Apesar de minha apatia, eu o vi se aproximar. E quando se aproximou percebi a noção de perigo em seus olhos. Ele percebeu rapidamente o que estava acontecendo, soltou meu tubo de ar e me fez respirar em seu equipamento. Não podia ter-me deixado só. Eu estava com uma sacola, onde guardava preciosidades que encontrávamos nos destroços do navio, inclusive pequenas moedas de ouro, e ele vinha trazendo mais algumas moedas. Eu havia guardado a sacola perto dali e tinha nas mãos uma estatueta na forma de um lindo busto de mulher, naufragado há cem anos e que eu tinha acabado de encontrar. Conservo até hoje essa estatueta em minha casa.

Depois de respirar umas vinte vezes, me senti preparado e meu guia sinalizou com o polegar para subirmos, mas eu disse que não. Fiz o gesto de rodearmos. Aprendi na Cavalaria que, quando alguém cai do cavalo, se não montar de novo imediatamente, não consegue voltar a montar. Naquele momento, meu bem-estar era tanto que eu quis dar uma volta por ali. Vi então uma lagosta enorme, que não conseguia apanhar. Quando finalmente consegui, ela era tão grande que me pegou de lado. O guia pensou que eu estava brincando e me arrancou a lagosta da mão. Eu a puxei da mão dele e subimos com a lagosta.

Quando já estávamos no barco, minha filha Gisela, bem pequenina nessa época, brincava com meus sobrinhos Ricardo, Dudu e Henrique, filhos de Elomar. Era um safári, um barco pequeno. As crianças viram a lagosta e gritaram de alegria, sem nem imaginar o que havíamos passado dentro d'água. "Papai, você pegou uma lagosta enorme! Vamos comê-la!", dizia Gisela, animadíssima. E o guia tentava me explicar alguma coisa: "Mas, senhor, essa lagosta..." Quando finalmente me acalmei de toda aquela excitação de ter voltado à vida, escutei o guia e expliquei às crianças: "Não podemos comer essa lagosta, porque ela é da reserva ambiental e custa uma multa superior a 24 mil rands, mais do que vale este barco." O rand (moeda da África do Sul) nessa época valia mais que o dólar. E devolvi a lagosta ao seu *habitat*, falando para as crianças com uma certa solenidade: "O que é do mar volta ao mar."

Sou movido por uma profunda curiosidade em relação ao mistério da alma feminina, que me intriga profundamente. O homem que consegue encontrar e conhecer o universo feminino, com sua capacidade de mediar os elementos, aquecendo o frio, umedecendo o árido, suavizando a rigidez, acaba por transformar em verdadeira energia propulsora a natureza de sua própria força, originalmente criativa, ainda que rude e negligente.

Essa compreensão é mais fácil para quem, como eu, foi cercado de amor na infância; para quem foi brindado pela sorte de ter uma mãe que o protegeu e acompanhou com profundo carinho ao longo da vida. Creio que a procura constante do homem por esse reencontro com a *anima* traduz-se na busca da mulher, que possui em si mesma a qualidade dessa força.

A um só tempo, ainda que o homem esteja desde sempre preparado, esse encontro lhe exige, como à ostra, que se liberte da concha que o envolve. Tal libertação permite mais tarde o reencontro do universo feminino, na forma da mulher com quem irá compartilhar sua vida.

Eventualmente, em meio aos afazeres rotineiros, minha atenção é desviada pelo desejo de falar com minha mãe. Sinto-a tão presente que sou tomado pelo desejo de compartilhar com ela certos momentos. Momentos de comunhão, resultados de uma longa convivência sem palavras, do profundo recolhimento e amor que só uma mãe é capaz de compreender.

Evocações como essas me fazem refletir sobre a energia feminina que guardamos dentro de nós mesmos. Sentimo-nos vazios quando perdemos nosso pai, pela falta que nos faz a presença de sua força. Mas a ausência da mãe é diferente, provocando em nós quase um afastamento da verdadeira integração cósmica com a vida. Como diria minha mãe, provavelmente essa terá sido a origem da melancolia de Tristão, o cavaleiro medieval, personagem de uma das mais belas lendas da história universal de todos os tempos.

Privado da convivência, da proteção e dos carinhos da mãe, que morrera ao lhe dar à luz, Tristão cresce solitário. Representante maior da arte dos nobres cavaleiros, quis o destino que lhe fosse confiada a delicada tarefa de escoltar Isolda, a jovem e bela filha do rei da Irlanda, até o castelo do seu tio, o rei Marcos, com quem ela se casaria. A mãe de Isolda, preocupada em assegurar um futuro feliz para a filha, prepara uma poção mágica do amor para a noite de núpcias. Sábia, a velha senhora conhecia os poderes da dopamina e da norepinefrina.

No navio, a aia que os acompanhava decide servir-lhes a poção. Pensando tratar-se de um vinho normal, Tristão e Isolda ingerem a bebida e são imediatamente fulminados por um amor lancinante. Amor que tudo enfrentaria e tudo suportaria, até mesmo a morte, preferível à inexorável separação. Amor que, com o desconhecimento do universo feminino pela morte precoce da mãe, Tristão jamais sentiria por uma mulher de modo tão intenso sem o auxílio do filtro mágico. Triste Tristão, que havia perdido sua mãe ao nascer e que acabou sendo condenado a uma luta sem tréguas por seu grande amor.

DIA 9 DE DEZEMBRO, na pequena igreja branca do Outeiro da Glória, Marilu consente em tornar-se minha mulher. Nosso casamento é abençoado por d. Helder Câmara.

Meses antes, ao passearmos pelo elegante bairro da Lagoa, parei diante de uma das casas, deslumbrado. Através do gradil do grande portão, contemplava o imenso parque no qual o proprietário construíra um templo grego e plantara no gramado estátuas de Apolo. "É um excêntrico apaixonado pelo helenismo", pensei, comentando então com Marilu:

— Eu me pergunto que cabeças têm as pessoas que vivem nesta mansão...

Com simplicidade, ela respondeu:

— Vem comigo, vou te mostrar.

Tocou a campainha e uma empregada sorridente nos abriu o portão. Marilu caminhou pela aléia enquanto eu a seguia, curioso. Após atravessarmos o parque, entramos na casa. Intrigado, eu me perguntava como ela podia conhecer tão bem aquele lugar. No seu andar gracioso, ela me conduziu a um salão suntuoso, refrescado por possantes ventiladores.

Num canto ensombreado, confortavelmente instalados em cadeiras de balanço, uma mulher e um homem de idade madura estavam lendo. Ao nos aproximarmos, levantaram o olhar. Marilu continuou caminhando, beijou-os afetuosamente e me apresentou:

— Mamãe, papai, este é o dr. Ivo Pitanguy.

Sem dar tempo para que me recuperasse de minha estupefação, com sua voz imutavelmente calma, ela me perguntou:

— E então, o que acha das cabeças das pessoas desta casa?

Assim fiquei conhecendo os pais de Marilu.

Seu pai, jurista e homem de letras, é o helenista da casa. Revela-me que quando fez sua primeira viagem a Atenas, ajoelhou-se para beijar a terra de Sócrates. A mãe de Marilu, uma pessoa delicada, serena e autoritária, tem predileção pela música clássica e adora concertos. Os dois, descendentes de tradicionais famílias portuguesas e holandesas do norte do Brasil, pertencem a um meio que convive com a cultura. Logo me sinto num universo familiar.

MEU PAI NÃO PÔDE assistir à cerimônia de casamento por estar sofrendo de crises particularmente graves de enfisema. Tivemos de esperar por uma melhoria de seu estado de saúde para que ele conhecesse minha mulher. O que acabou acontecendo, finalmente, durante um grande almoço que reuniu as duas famílias. Ele está fatigado. Caminha com dificuldade. Sua tez é lívida. Nós o sentamos entre Marilu e sua irmã Elomar. A presença delas o reanima. Seu olhar brilha de prazer. É uma refeição muito alegre. Mas percebo que meu pai dedica seu charme e seu interesse essencialmente a Elomar. Claro, é cortês com Marilu, mas visivelmente ela não é sua preferida.

Entristecido, penso que ele gosta mais de minha cunhada do que de sua nora. Por que seria? A resposta, eu a tenho no fim do almoço, no momento do brinde à felicidade dos jovens casados. Meu pai levanta seu copo. E dirigindo-se a Elomar, diz:

— Eu lhe desejo toda a felicidade que você merece com Ivo... E que tenham muitos filhos!

Entre os presentes, há um instante de estupefação. Muito constrangido, limpo a garganta antes de dissipar o mal-entendido.

— Ora, papai, não foi com Elomar que me casei, e sim com Marilu. Lembre-se: eu a apresentei quando você chegou.

Meu pai cora violentamente, confuso. Repõe seu copo na mesa. Olha para nós. Marilu, que já ouvira falar da extravagante distração de meu pai, explode em risadas. Ele se inclina para abraçá-la e pedir perdão. E explica:

— Às vezes, sou distraído.

E, como para provar o que tinha dito, apaga sua cigarrilha no copo de champanha, confundindo-o com um cinzeiro.

MARILU ME VIU AMADURECER; me aconselha, me ajuda, me apóia em todos os momentos.

Hoje, quando lhe perguntam há quanto tempo estamos casados, ela responde:

— Há 250, ou 2.500 anos...

Para mim, os longos anos de convivência, de compreensão mútua, de cumplicidade de valores, de uma noção estética e harmônica da vida fazem com que nosso casamento pareça ter o tempo do dia de hoje, e também o tempo das pirâmides, do mistério do amanhã que nos espera e do recorrente início da manhã, quando o dia ainda está por despertar.

Ela é a companheira de todas as horas. Quando criei a 38ª Enfermaria da Santa Casa da Misericórdia, ajudou-me a levantar recursos promovendo eventos beneficentes. Assistiu à verdadeira arca de Noé que transportei para a ilha dos Porcos, com a compreensão compartilhada do reino da natureza. Ao me iniciar no caratê, acompanhou-me com a graça e a leveza de quem praticou balé durante a infância e a adolescência, diplomando-se também como faixa-preta.

Capítulo 9

Estudos em Paris

Quando recebi o convite do prof. Marc Iselin para prosseguir meu aperfeiçoamento com ele como *assistant étranger* no Hospital de Nanterre, em Paris, embora estivesse formando uma pequena clientela particular e começando a desfrutar uma certa independência econômica, seduzia-me a idéia de voltar a ser estudante e aproveitar a oportunidade de me aperfeiçoar ainda mais.

Marilu já tinha ido para a Alemanha. Pensando no encontro que teríamos tão logo nossos compromissos permitissem, embarquei para a Europa, de onde voltaria dois anos depois, dessa vez para fincar raízes definitivas, profissionalmente fortalecido e muito mais seguro da possibilidade de realizar meus sonhos de vida.

Durante o percurso Rio–Paris, num Constellation que depois de várias paradas cobria o trajeto em mais de 21 horas, com a proteção das nuvens, tive tempo suficiente para conhecer e aprender a admirar a grande musa do existencialismo: Juliette Gréco.

Morena, delgada, espiritual e célebre, por uma feliz coincidência viajava ao meu lado. Falou-me de Saint-Germain-des-Près, cuja fama já chegara ao Brasil. Era chamado então de *le quartier*. Os notívagos que o freqüentavam tinham a peculiaridade de se enfiar em *caves*, em casas noturnas de nomes ilustres, como o Tabou, o Méphisto, a Rose Rouge ou o Lorientais, onde se podia conviver com o que o pós-guerra parisiense tinha de mais sagrado: Boris Vian, Jean-Paul Sartre, Sidney Bechet, Jean Genet, Jacques Laurent, Daniel Gélin, Antonine Blondin, Mouloudji e, naturalmente, Gréco. Quando nos despedimos, em Orly, ela me disse:

— Venha me ver. Eu apresentarei você aos outros.

Apesar do torpor em que a diferença dos fusos horários e a duração da viagem me haviam mergulhado, teria me precipitado para encontrá-la naquela noite mesmo. Mas o prof. Iselin, que tinha ido me buscar no aeroporto, havia traçado um outro itinerário para mim: um exíguo quarto no hospital da chefatura de polícia de Nanterre. Foi ali que passei minha primeira noite na França.

Tive um sono agitado. Em sonhos, via o Deux Magots e o terraço do Flore, o bar do Montana e o balcão do Bonaparte, poetisas misteriosas e desnudas, dançarinas provocantes com seus véus, filósofos com camisas xadrezes de lenhadores canadenses. Em minha ilusão onírica, via a *Paris by night* que desejara descobrir. Ao despertar, em Nanterre, a realidade era menos brilhante.

O hospital da chefatura serve de depósito para todos os vagabundos e delinqüentes que transitaram pela torre de Horloge, cujas espessas muralhas se refletem no Sena. Assim que essa multidão embriagada e em farrapos desembarca no grande pátio do hospital, resmungando e gritando, é conduzida para uma espécie de imenso saguão cujo teto é repleto de chuveiros. Recebe a ordem de se molhar, ensaboar e enxaguar. Em seguida, esse bando de náufragos é desinfetado para ficar livre dos parasitas que passeiam incrustados em sua pele. Todos e todas recebem vestimentas adequadas. Finalmente, recebem catres e cobertas. No inverno, explica-me um interno, o número deles pode chegar a quatro mil. Perambulam, a maioria sem ter o que fazer, pelos corredores e sob os toldos do estabelecimento, como uma lúgubre corte de almas vagabundas e aviltadas. Alguns deles, antes de soçobrar no alcoolismo, foram encanadores, eletricistas, cozinheiros, contadores ou marceneiros. A administração utiliza seus serviços, quando eles concordam.

Designado para trabalhar com Marc Iselin no hospital da chefatura de polícia, como assistente estrangeiro, sou responsável por dois jovens corsos, Charlie e Robert, encarregados da limpeza de nosso serviço. Charlie é um parricida, e Robert, um batedor de carteiras. Este último, beneficiado pelo regime de liberdade vigiada, acompanha-me às vezes ao longo de meus passeios noturnos e exploratórios na capital. Os bairros de má fama são seus lugares prediletos. Nas ruelas sórdidas, onde o estrangeiro se arrisca a ser roubado ou estripado, Robert tem todas as suas relações "de negócios", como ele me explica. Como Nanterre é longe de Paris, os transportes coletivos são raros e os táxis custam caro; compro, então, uma pequena moto. Com Robert na garupa, descubro que a Cidade-Luz não é habitada somente por intelectuais.

— Meu caro, antes de qualquer coisa, aprenda que na França o queijo é degustado com pão e vinho tinto. Saiba, além disso, que para cada queijo geralmente corresponde um vinho.

Convidado a jantar na residência do prof. Marc Iselin, espero que ele, para começar, me fale sobre cirurgia. Ora, ele me dá um curso de gastronomia francesa. Estamos na sala de jantar de seu apartamento ricamente mobiliado da rue Auguste Vacquerie, no 16º distrito de Paris. É uma noite do fim de novembro e faz muito frio. Tempo para nenhum brasileiro sair de casa. Marc Iselin fora buscar-me no aeroporto de Orly, que, naquela época, se compunha de algumas edificações compridas, baixas e vetustas, às quais se chegava pela célebre RN 7, a rodovia do Midi. Tendo me levado para sua casa, meu novo mestre me fala com ênfase sobre as diferentes regiões da França e de suas artes culinárias. Dessa forma ele me dá uma primeira lição: saber se desembaraçar das preocupações profissionais a fim de não se enclausurar em sua especialidade, e se interessar por tudo aquilo que concerne ao mundo.

— A cozinha — prossegue Marc Iselin — é uma questão de civilização, mas também de observação. Saborear um queijo com biscoitos bebendo soda ou suco de frutas é uma heresia que condena o paladar americano. Você já viu um pastor, instalado nas alturas alpinas, matar a sede com suco de laranja ou de abacaxi, após ter comido queijo de ovelha? Ele bebe a água dos regatos ou o sumo fornecido pelas uvas ácidas que crescem ao pé das montanhas. O homem freqüentemente é absurdo. Ele não enche seu gato com o leite de um ruminante? Como se alguém já tivesse visto um felino mamar numa vaca!

Minha condição de residente estrangeiro no hospital garantia-me alimentação, habitação e um salário microscópico. Faço parte daqueles cirurgiões vindos dos quatro cantos do mundo para seguir os cursos que, por dez anos, Marc Iselin deu em Nanterre sobre cirurgia da mão. Participo de todas as suas operações. Ele gosta de comentar as dificuldades e explicar as soluções.

Entre seus colaboradores está o dr. Pierre Recht, alsaciano residente em Paris, que muito contribuiu para minha adaptação e iniciação na capital. Ele ensina no hospital, e eu o acompanho em suas consultas particulares. Descubro, pouco a pouco, o meio médico francês.

No Brasil, assim como nos Estados Unidos, quando saíamos do hospital, continuávamos encarniçadamente a falar de medicina, o que em nada se compara aos franceses. Estes, tão logo põem os pés fora dos hospitais, deixam para trás a medicina e a cirurgia. Instantaneamente, como que metamorfoseados, transformam-se em outras pessoas, ávidas de outros conhecimentos.

Entre duas visitas para consultas, Pierre Recht me faz entrar nas igrejas parisienses para me mostrar a arte gótica. Ele, que geralmente é muito ponderado, fala com paixão sobre Charles Morgan, com o qual mantém correspondência, Saint-Exupéry, que fora seu amigo, Aldous Huxley, Virginia Woolf ou Somerset Maugham. Nós tínhamos isso em comum.

Minha memória estava enriquecida por tudo aquilo que já conhecia das leituras e que aquele reencontro mágico proporcionava. Mágico como o fascínio gótico das igrejas, como a beleza monumental de toda Paris.

Pisava sobre as mesmas calçadas, as mesmas ruas onde viveram tantos heróis que povoaram minha infância. Entre Nanterre, Pontoise e Malmaison, minha mente foi reencontrando Jacques, Janine, Antoine, personagens que tanto vivi quando lia *Les Thibault*, de Roger Martin du Gard. Eu, que só conhecia La Rotisserie de la Reine Pédauque pelas palavras de Anatole France, me vi surpreendido por encontrar um delicioso e pequeno restaurante com o mesmo nome. Um bistrô de cardápio limitado mas infinito pelo preço fixo que lá se cobrava. Podia-se comer e beber à vontade, o que para mim representava então uma verdadeira gastronomia, mais para *gourmand* do que para *gourmet*.

Ao contrário de Cincinnati, onde o trabalho me impunha uma vida de recluso, tenho tempo livre em Paris. À noite, quando não estou de plantão, vou dar umas voltas. Depois de jantar nos pequenos bistrôs da rue du Dragon, ocupados pelos estudantes com pouco dinheiro, encontro-me com o grupo da Gréco no Deux Magots.

— Não são apenas os brasileiros que às vezes desandam a falar inesgotavelmente — explica-me Juliette. — Os parisienses, quando tomam a palavra, também são difíceis de se calar.

Íamos freqüentemente ouvi-la cantar no Rose Rouge, e cada vez que ela interpretava seus sucessos da época, como *Je suis comme je suis*, *Barbara*, ou *Je hais les dimanches*, eu sofria violentos ataques de saudade. Também com certa assiduidade, atravessávamos a noite enfiados nos fundos do Montana, um pequeno bar de fachada toda branca, na rue Saint-Benoît. Infatigáveis, refazíamos o mundo que havia sobrevivido à guerra.

Jean-Paul Sartre, a quem minha ingenuidade brasileira divertia, era o mestre pensante daqueles tempos novos que aspiravam a uma nova filosofia e candidamente acreditavam nos amanhãs cantantes.

Quando ficava muito tarde, eu alugava um quarto. O Montana não era apenas um bar para os aficionados da troca de idéias, mas igualmente um hotelzinho onde, quando apontava o amanhecer, os casais se ligavam para relações efêmeras. Toda manhã, antes de montar na minha moto para voltar a Nanterre, pedia à *concierge* a chave do quarto de banho. Eu era o único que tomava banho diariamente. Na França, naquela época, a higiene corporal era feita uma vez por semana. Mas para mim, que vinha de um país tropical, era uma necessidade de todos os dias. Ignorando esse hábito das terras quentes, a *concierge* entendeu aquilo não como um luxo tropical, mas como um tratamento médico. Por isso, fui beneficiado com uma redução do preço.

Marc Iselin e a maioria dos outros médicos não aprovavam minhas escapadas noturnas com os "existencialistas". Segundo eles, meus amigos boêmios e intelectuais formavam um universo fechado que preferia a inação das palavras à eficácia dos atos.

— É necessário que a juventude passe — repetia, indulgente, meu mestre francês quando me via, pela manhã, com a cara amarrotada.

E enquanto vestia meu uniforme branco de cirurgião, ele perguntava, para me alfinetar:

— Você está em estado de compreender e de operar, meu jovem amigo?

— Sim, professor. Estou.

Às vezes estava com os olhos ardendo, mas as idéias claras. Incessantemente, eu aprendia.

Aproveitando ao máximo o meu estágio na França, encontrei outros cirurgiões famosos, como Doufourmantel, o pai, e mais tarde seu filho, Morel Fatio, Roger Moulli e Tessier, em Suresnes, além de Tubiana, Raymond Vilain e outros de minha geração. É verdade que algumas técnicas daquele período estão ultrapassadas hoje, mas sem elas eu não teria podido ir em frente.

Aquele período parisiense, rico em descobertas, modificoume. Minha natureza imperceptivelmente foi sendo polida, em contato com a civilização francesa, que me impregnou com as regras do saber viver europeu. Foi uma época decisiva para a minha formação médica e intelectual. E, ao mesmo tempo, a oportunidade de reencontrar aquela cultura com que meus pais haviam me acalentado e familiarizado através das leituras ao pé da cama.

Capítulo 10

A Europa do pós-guerra

Meu estágio na França terminou. Tenho dois meses de inatividade antes de seguir para a Inglaterra com uma bolsa de estudos do British Council, graças à qual poderei aprender ainda mais com dois prestigiosos cirurgiões, *Sir* Harold Gillies e *Sir* Archibald McIndoe.

Vendida a moto e prontas as malas, tenho pressa de deixar Nanterre. Havia combinado há bastante tempo com dois jovens colegas, estrangeiros como eu, que iríamos percorrer a Europa após terminarmos nossos estágios.

Cruzamos o Reno, deixando para trás a desenvoltura trocista da França, que saboreia sua liberdade reencontrada depois de uma longa ocupação estrangeira. Diante de nossos olhos, a Alemanha expõe a angustiante extensão de suas ruínas. A guerra terminara seis anos antes, mas o país conserva ainda as marcas da derrota. Em Colônia, a catedral gótica — cuja construção se iniciara em 1248 e, em 1880, completava-se depois de seis séculos de esforços — eleva-se dentro de um cenário de escombros. Da universidade da cidade, onde Tomás de Aquino foi professor, não restam mais do que muralhas calcinadas.

Eu e meus amigos, que viemos de países poupados pela guerra, temos a impressão de vagar numa terra morta. Contemplamos velhos castelos-fortalezas pousados sobre falésias, espécies de fantasmas sombrios naquela paisagem lúgubre. Seguimos pela margem direita do Reno. Lembramo-nos de Loreley e de sua voz de sereia que levava os marinheiros ao naufrágio, no soberbo poema de Guillaume Apollinaire.

Ó bela Loreley, de olhos de pedras preciosas
de que mago tirastes tua feitiçaria
(...) Meu amado se foi para um país distante
façam-me pois morrer, porque nada mais amo
(...) Pelo mesmo caminho seguiram os quatro
Loreley lhes implorava e seus olhos brilhavam como astros
Cavaleiros, deixem-me subir àquela rocha mais alta
Para ver uma vez mais o meu belo castelo
E mais uma vez mirar-me nas águas do rio
Pois logo irei para o convento das virgens e das viúvas
Lá no alto o vento agitava sua cabeleira solta
E os cavaleiros gritavam Loreley, Loreley (...).[14]

---

[14] "*Oh belle Loreley aux yeux pleins de pierreries/ De quel magicien tiens-tu ta sorcellerie/ (...) Mon amant est parti pour un pays lointain/ Faites-moi donc mourir puisque je n'aime rien/ (...) Puis ils s'en allèrent sur la route tous les quatre/ la Loreley les implorait et ses yeux brillaient comme des astres/ Chevaliers laissez-moi monter sur ce rocher si haut/ Pour voir une fois encore mon beau château/ Pour me mirer une fois encore dans le feuve/ Puis j'irai au couvent des vierges et des veuves/ Là haut le vent tordait ses cheveux déroulés/ Les chevaliers criaient Loreley Loreley (...).*"

Como as sereias de Ulisses, e como a nossa Mãe d'Água, Loreley vive a cantar sobre um rochedo em meio à imensidão das águas, naquela esquina de difícil acesso no alto Reno, encantando a todos que a conhecem. Para Thomas Mann, ela sintetizava o próprio sentido da ilusão humana. Devemos procurá-la em algum momento de nossa existência para não sucumbirmos ao vazio das imposições da vida.

Ao longo de todo nosso périplo dentro da desolação, cruzamos com seres tristes e às vezes desfigurados pelos combates. Eles erram por aquele caos. Ninguém pode fazer nada para lhes devolver uma aparência humana. Nem mesmo a esperança lhes é permitida.

Nos hospitais alemães, ainda desorganizados e desaparelhados em meio às ruínas do III Reich, colegas nos confidenciam que só era possível cuidar dos casos mais urgentes. Em muitos deles, porém, percebo que não foram esquecidos os pensamentos do grande cirurgião alemão Dieffenbach, um dos precursores da cirurgia estética e reparadora. Após a guerra prussiana ele já defendia que não bastava salvar vidas, e que era preciso fazer com que as pessoas desfiguradas recuperassem uma aparência normal.

Seguimos para o norte, atrás de recordações de Catarina, a Grande, que nasceu por ali, entre Schlesing e Freiburg.

Passamos pela Suécia e vamos à Dinamarca, porque desejo visitar, em Odessa, a casa de Hans Christian Andersen, cujos contos povoaram minha infância.

Logo que cheguei e fui saudado, lembrei-me do estranho *god dag* ("bom-dia") que Canuto e outros *vikings* levaram para o idioma inglês, junto com outras 28 mil palavras. De repente, chego ao local que me leva de volta à infância: a casa de Andersen, do *Patinho feio*, do *Vento do norte*, da *Pequena sereia*.

Os objetos pessoais de Andersen, ao lado de seus personagens, criados com tamanha simplicidade e força que com eles convivemos para sempre, me proporcionaram uma viagem mágica pelo tempo. Eu, que era muito jovem, saindo da casa, senti-me velho aos vinte e poucos anos, até subitamente perceber que vivo uma juventude sem cronologia. A juventude que redescobri e recuperei naquele momento é a mesma que em outros tento encontrar — e hei de encontrar sempre, enquanto procurar.

Levado por essa alegria, desci com meus amigos para a Áustria, onde me esperavam os Lipizaner. Os cavalos dessa raça, única em todo o mundo, nascem invariavelmente pretos até adquirirem uma brancura sem par, ainda nos primeiros anos de vida. A graça e a beleza desses animais propiciam deleite insuperável a todos aqueles — jovens, velhos e crianças — que já tiveram a felicidade de vê-los dançar sob os acordes magistrais das valsas de Strauss no Spanien Reinten Schulle, em Viena. Apesar de todas as suas tentativas, Hitler jamais logrou aprisioná-los, escondidos que foram durante toda a guerra por um aristocrata vienense, pai de nossa grande amiga Dagmar, que conheci em Roma junto com Luciena Pignatelli na década de 1960, anos dourados da Cidade Eterna.

EU HAVIA ADORADO a França e fiquei louco pela Itália. Os aromas da Toscana nos envolviam. Raramente as artes e a vida estão em tanta harmonia. As colinas que coroam a cidade são tão acolhedoras como os jovens que cantam *stornellaci* florentinos bebendo vinho dourado. A guerra veio, a guerra acabou.

Precipitamo-nos para nos empanturrar, numa *trattoria* de Trastevere, de *tortellini*, *spezzatino* e *mozarelle*, saboreados com vinho branco. Fartos e alegres, estamos em condições ideais para admirar as fileiras de tetos, terraços e balcões floridos que se estendem diante de nossos olhos. Em Roma, é a estação das glicínias.

— É o mais belo país do mundo, depois do Brasil! — digo, extasiado.

Poucos povos conservaram, como os italianos, os traços de seu passado. A mulher ou o homem com quem cruzamos na rua tem a mesma face, o mesmo olhar, as mesmas expressões graves, zombeteiras ou risonhas dos personagens dos antigos afrescos. Por toda parte encontramos damas e cavalheiros de outrora.

As mulheres da Cidade Eterna me cortam a respiração e também me fazem lembrar de meu país. As romanas têm a mesma feminilidade, a mesma felinidade, a mesma sensualidade das brasileiras.

Tudo o que a humanidade concebeu de mais refinado se encontra nessa península. Ali tenho a sensação de viver diante de um quadro da Renascença.

Estava hospedado na Embaixada do Brasil quando soube, pelo embaixador Thompson Flores, que havia um convênio entre o Brasil e a Itália. Nessa mesma ocasião conheci o prof. Giancarelli, que tinha uma clínica muito bonita e bem montada. Ele tinha um grande desejo de que seu filho fosse médico, mas o rapaz só queria saber de cinema. O prof. Giancarelli, então, passou a me ver como um filho, e insistiu que eu ficasse o tempo todo operando em Roma. É claro que eu não pretendia me desligar do Brasil, então aceitei ir duas vezes por ano à Itália, para trabalhar por algumas semanas em sua clínica. Assim, nos anos seguintes, trabalhei algumas temporadas em Roma, com as facilidades cirúrgicas oferecidas pela Clínica Giancarelli e a oportunidade de colaborar decisivamente para a difusão da cirurgia plástica — contra a qual ainda havia um certo preconceito, tanto na comunidade médica quanto na população em geral.

A cirurgia plástica passou a ter tanto destaque que nessas temporadas em Roma operei praticamente todo mundo conhecido da Cidade Eterna: artistas de teatro e cinema, grandes personalidades do mundo literário e, sobretudo, a nobreza romana.

Nesse período, tive uma consciência muito clara da necessidade de difusão da boa cirurgia estética, que eu chamava de "cirurgia plástica" como um todo. E foram aqueles bons resultados que seguramente trouxeram outros e outros, pois não há nada mais importante do que "*the word of mouth*" — a pessoa que se sente bem comenta com outras pessoas. Ao mesmo tempo, eu tinha uma série de amigos interessantíssimos em Roma, que fervilhava no cinema, na música, em todas as manifestações culturais. Embora estivesse agora mais maduro e experiente, fui dominado por uma sensação parecida com a que tivera na Paris do pós-guerra.

Anos mais tarde, passei também uma temporada bem mais longa na Alemanha e pude entender melhor aquele povo, de tantas qualidades mas ainda traumatizado com a terrível experiência da guerra. Ocupada pelas forças aliadas, recuperava-se aos poucos do terrível advento do nazismo.

O choque provocado pelos acontecimentos recentes era tamanho que Thomas Mann, exilado na Califórnia, ao ser perguntado pelo paradeiro da cultura de seu país, com ironia respondeu:

— A cultura alemã está aqui na Califórnia, onde estou.

A herança cultural da Alemanha, que tanto influenciou a civilização ocidental, sempre me fascinou. Goethe, Wagner, Bach, Beethoven, Schiller, Heine e Thomas Mann transformaram em arte as aspirações mais elevadas do ser humano. A beleza e a harmonia, aliadas à forte disciplina germânica, representaram um aspecto significativo na complementação da minha formação.

Na Alemanha publiquei dois de meus livros médicos, a pedido de duas importantes editoras. O primeiro, para a Thieme Verlag, é um compêndio dedicado exclusivamente à cirurgia do pavilhão auricular, escrito durante meus períodos de trabalho no Rio e complementado, sobretudo as ilustrações, nas minhas temporadas de esqui nos Alpes suíços.

Numa dessas ocasiões, lembro que aproveitei a presença de meu filho Helcius, então com seis anos e brincando perto de onde trabalhávamos, para explicar ao desenhista a deformidade da orelha de abano. Ao ter sua orelha puxada, Helcius chegou a pensar que eu estava brigando com ele. Mas o que o deixou furioso foi ver no livro pronto, meses depois, o seu rosto desenhado com precisão, à exceção de uma orelha de abano que ele nunca teve e que fora representada com perfeição pelo ilustrador.

Anos mais tarde vivi a experiência editorial mais rica de minha vida, quando a Springer Verlag me convidou para escrever um livro-texto sobre minhas técnicas pessoais de cirurgia plástica e minha experiência profissional, tão bem guardadas nos arquivos de minha biblioteca. *Aesthetic and Plastic Surgery of Head and Body* tornou-se uma excelente oportunidade de expor todo o meu trabalho, enriquecido pelo extraordinário talento do desenhista Schnellbacher, que a editora teve a boa idéia de enviar para passar um período na minha clínica, retirando suas ilustrações dos procedimentos que acompanhava dentro do centro cirúrgico.

De início julguei muito fácil empreender a tarefa porque já havia publicado centenas de trabalhos. Ledo engano. A confecção do livro e de suas 1.800 ilustrações em aquarela acabou por se provar um longo trabalho de quatro anos, iniciado na clínica e complementado duas vezes por ano entre minhas viagens a Heidelberg e Gstaad — onde meus editores me procuravam durante as férias na estação de esqui.

Envolvendo tantos detalhes e tantos anos de trabalho, a convivência estreita com o ilustrador e o diagramador podia resultar em acréscimos ou na retirada de partes do livro — verdadeiro terror dos editores. Mas a Springer Verlag permitiu que eu participasse de cada etapa do trabalho, do começo ao fim. Foi uma das melhores experiências de toda a minha vida. Debruçado sobre a longa mesa de diagramação, descortinava a beleza do rio Neckar, embalado pela antiga canção de amor à mágica cidade: "*Ich habe mein Herz in Heidelberg verloren.*"[15]

LANÇADO SIMULTANEAMENTE em Tóquio, em Nova York e na Europa, o árduo trabalho foi recompensado. O livro foi premiado como a melhor publicação científica na Feira de Frankfurt de

[15] "Perdi meu coração em Heidelberg."

1981 e desde então é fonte de consulta em cirurgia plástica, à disposição nas bibliotecas médicas das boas universidades espalhadas pelo mundo.

Ao longo desse período, pude compreender melhor o espírito germânico, com o qual havia sempre convivido com grande naturalidade, mas para o qual nunca encontrara uma explicação geneticamente plausível. Sou amigo da ordem, da precisão, do detalhe, mas deixo-me igualmente perturbar pela imponderabilidade do sonho, ao qual sou capaz de me entregar, vivendo com alegria a procura do sentido de viver.

A Alemanha de hoje trabalha com muita ordem, mas sem excessos. Adotando o sistema inglês, a editora fechava para o almoço, quando muitas vezes saíamos para comer os melhores aspargos do mundo num restaurante pequeno, um pouco afastado da cidade. Essas curtas temporadas, intercaladas ao longo de quatro anos, foram muito marcantes. Trabalhando em Heidelberg, meu conhecimento sobre esse povo admirável se aprofundou, principalmente quando me concederam privilégios operatórios para que eu pudesse aproveitar o tempo livre na editora, atendendo minha clientela internacional.

Heidelberg tinha um excelente centro cirúrgico e um anestesista ótimo, que era também chefe do serviço de recuperação da universidade. Como nos meus tempos de Suíça, levava comigo toda a estrutura de apoio da minha clínica carioca: Jane, Judite e Balloch. Em certos momentos eu ria muito, ao perceber que chegava a ser um pouco mais rigoroso do que os germânicos para, na medida do possível, evitar as ocorrências imponderáveis, inerentes ao ato cirúrgico. Na estrutura de toda essa organização eu me sentia muito bem auxiliado e admirado, porque os alemães gostam de ser propriamente dirigidos. Na verdade, acredito que todo ser humano gosta. Quando se encontra alguém com idéias precisas, alguém que faz com que seus passos sejam bem dados, forma-se uma cadeia de proteção proveitosa para os dois lados.

A atenção com que fui cercado durante esse trabalho estendia-se ao hotel onde me hospedava. Dirigido até então pela mesma família por três gerações, o hotel era gerenciado por uma querida amiga, juntamente com a baronesa sua mãe. Graças à sua gentileza e a da sra. Vogel, outra grande amiga, fui instalado na suíte mais simpática e recebia atenção especial do *maître*, que preparava, entre outros quitutes, os melhores ovos de gaivota, delicadeza da culinária germânica. O carinho do qual era alvo transformou minhas estadas em períodos de gostoso descanso, em que as longas horas divididas entre o livro e o centro cirúrgico eram plenamente recompensadas pelo prazer e pela maneira suave com que tudo fluía, como uma orquestra bem afinada.

Mais uma vez o contato com Heidelberg, além de ter-me proporcionado saborear aspargos inesquecíveis, únicos no mundo, me fez compreender quanto nossas raízes culturais são européias. Apesar das efusões cruentas e das rivalidades perpetuadas, tudo nesse velho continente respirava passado e cultura longamente sedimentada.

Capítulo 11

Os mestres europeus

Sentado no banco de couro bege no fundo de um legendário táxi negro de Londres, percorro as ruas bordejadas de casas baixas e idênticas de tijolos vermelhos. Através da janela de vidros abaixados, o sopro de ar úmido nessa tarde de novembro obriga-me a levantar a gola do casaco. Não faz frio. Faz "úmido". Observo a multidão disciplinada e fleumática que espera em ordem os imperiais ônibus vermelhos. É o oposto das cargas impetuosas dos cariocas quando tomavam de assalto um bonde, ou quando hoje ocupam com avidez uma van.

O motorista do táxi não desperdiça palavras. Usa um boné xadrez cinza e marrom. Traga seu cigarro de fumo louro que lhe provoca violentos acessos de tosse, aos quais ele parece acostumado. De vez em quando, tira de um embrulho de papel gorduroso algumas batatas fritas que mastiga e engole, depois volta a fumar sua guimba. Somente uma vez me olhou pelo espelho retrovisor. Depois, tornei-me de todo indiferente para ele. Quando finalmente me dirige a palavra, é para anunciar com uma voz arrastada e de sotaque *cockney*:

— *That's here, Sir.*

Dou uma olhada. Estou diante de Rocksdown House, onde vou me encontrar com *Sir* Harold Gillies, meu terceiro mestre. Saio do táxi. Pago. Ignorando o valor da moeda britânica, dou ao motorista uma gorjeta miserável. Ele a embolsa e parte depois de me agradecer, impassível.

Observo a fachada branca da casa. O ritmo do meu coração se acelera. Vou encontrar aquele que, após a Primeira Guerra Mundial, estabeleceu as bases da cirurgia plástica moderna em Sidcut, na Grã-Bretanha.

Sir Harold Gillies me recebe em seu gabinete forrado de livros e de dossiês que um ronronante aquecedor a gás mal esquenta. Sua empregada nos traz chá fervente. Ele tem mais de setenta anos de idade, longas suíças brancas e uma tez rosa-chá. Observa-me com afabilidade e curiosidade, pois eu era o primeiro cidadão brasileiro que ele encontrava em toda a sua vida, segundo confessou mais tarde ao nosso querido amigo e grande cirurgião Ralph Millard, que na época terminava seu estágio com ele.

É um homem caloroso e amigável. Durante toda a nossa conversa, depois de me haver questionado sobre meu passado e meu país, conta-me que adora jogar golfe, ir ao teatro, ouvir música. Leva-me a um cômodo vizinho onde há um cavalete. Encostados à parede e sem molduras, há quadros de tons doces como a bruma inglesa.

— Gosto muito de pintar, porque é uma arte que ajuda a refletir — diz ele.

A penumbra do entardecer invade a casa. Com pesar, deixo *Sir* Harold Gillies. Caminhando sob uma chuva fina à procura de um táxi que me levará ao meu quarto mobiliado no bairro de Chelsea, constato que não falamos uma palavra sobre cirurgia.

Minha primeira noite londrina é um penoso aprendizado sobre o clima e os costumes ingleses. Qualquer pessoa que tenha estado na Grã-Bretanha nessa época me compreenderá. De hora em hora, ou quase, tenho que me levantar para introduzir moedas no contador do aquecedor que chia como uma locomotiva extenuada. Um velho ditado afirma: "Quem dorme janta." Os britânicos o transformaram em um outro, correspondente aos seus costumes: "Quem dorme esquece o frio." Sendo brasileiro, fiquei arrepiado durante toda a noite. Depois de haver empanturrado de moedas o aquecedor, enfio um pulôver e volto para a cama.

Mais tarde, digeridas as moedas, o aquecedor pára. O frio me desperta. Novamente saio da cama para alimentar o voraz aparelho e me enrosco sob os cobertores muito finos. Em meu sonho, ouço o alarido do aquecedor que soluça por falta de nutrição. É como um metralhar mal sincopado, assim: "Tacatac-tacac-tacta...ta." Ele emite um longo suspiro. E esfria. Depois de vestir peças de tricô e meias e de me enrolar no cachecol, quando chega o amanhecer me sinto como se estivesse em uma isbá, a cabana típica dos camponeses do norte da Europa e da Ásia. O aquecedor do banheiro também é guloso. Desde essa primeira manhã, compreendo que não se pode sobreviver, na Inglaterra, senão abundantemente munido de *pennies*.

Às 8h30, ainda estou gelado quando *Sir* Harold vem buscar-me com seu velho carro negro de cromos reluzentes. Ele dirige distraidamente, de um modo surrealista, conversando comigo o tempo todo.

— *My dear* Ivo, a pesquisa clínica é fruto da observação. Quanto mais se observa, mais se adquire experiência e mais se melhora. A partir daí, tem-se a chance de encontrar a "chave", isto é, aquela técnica original que ajudará a minimizar as dificuldades e trará soluções para os casos de conclusão difícil. Fora disso, não há milagre!

Rodamos rapidamente pela Kensington Road, com suas mansões de fachadas elegantes. Não muito longe, diante de nós, uma modesta barreira vermelha e branca assinala um fosso no calçamento. O professor dirige exatamente para lá. Conhecendo sua distração ao volante, estou persuadido de que encalharemos lá dentro. Fico inquieto. O buraco se aproxima. É grande, porque os operários — ausentes neste momento devido à "pausa para o chá" — fazem ali um trabalho importante. Dou uma tossida. Mas *Sir* Harold está fechado em seus pensamentos. Embora o professor não creia em milagres, só um deles pode nos salvar da queda. O buraco escancarado não está a mais de um metro. Preparo-me para empunhar o volante e modificar nossa direção quando *Sir* Harold, no último segundo, contorna brilhantemente o obstáculo. Ainda sob o efeito da emoção, digo com voz débil:

— O senhor o evitou bem na hora, *Sir*.

— O que foi, *my dear* Ivo?

Acredito em milagres. Graças à vigilância e à destreza dos outros motoristas, chegamos ilesos à clínica.

UMA PARTICULARIDADE DOS GRANDES homens, além de seu gênio, é a de formar escolas. Sócrates, Platão, Rubens, Clausewitz tiveram alunos. O homem de conhecimento sabe que o gênio solitário está fadado ao esquecimento; que, para perpetuar-se, deve difundir seu saber.

Marc Iselin, na França, e Harold Gillies, na Inglaterra, organizaram grupos de trabalho para divulgar as mais aperfeiçoadas técnicas no campo da cirurgia. Esses dois grandes mestres se especializaram em algo que não é espetacular e, portanto, não gera celebridade. Contudo, devolver a dedos seccionados sua mobilidade, restituir às articulações sua amplitude, refazer a elasticidade cutânea de um dorso de mão queimada são intervenções extremamente delicadas. Além de ser um campo de trabalho anatomicamente limitado, ali se encontram estruturas muito importantes, como nervos e tendões, que fazem com que a mão, em sua perfeição, seja o prolongamento do cérebro. É essa perfeição do gesto infinitesimal que meus mestres me ensinaram.

— Nós devemos ser mais seguros e exatos do que os relógios suíços — afirma *Sir* Harold.

Órgão sutil e complexo, a mão é a expressão motora primordial do cérebro, tendo sua magnificência marcada pela oponência do polegar, cuja ausência representaria nossa regressão em milhões de anos. A exemplo dos olhos, a mão é a nossa principal fonte de contato com o meio ambiente físico e, a exemplo da face, é uma área privilegiada na expressão da individualidade, que desafia a uma classificação ou qualquer limitação em seu estudo. Essa perfeição do gesto infinitesimal da oposição do polegar permitiu ao homem, na sua longa peregrinação, criar instrumentos, proteger-se, diferenciando-se do antropóide e provendo sua subsistência. Gesto da mão, proposição do cérebro. A mão guarda no neurônio sua inspiração.

As guerras fizeram com que *Sir* Harold Gillies evoluísse da cirurgia geral para a plástica. Pode-se julgar um homem por seu sorriso e seu olhar. O sorriso do prof. Gillies revela um grande amor pela vida. Seu olhar exprime a gravidade um pouco desabusada daqueles que viram homens gemerem e, não obstante, morrerem.

Durante a Primeira Guerra Mundial, ele se esforçou para restituir uma aparência de rosto àqueles que voltavam do *front* e cujos traços não passavam de um magma. Assim como fizera Longacre, agora é *Sir* Harold Gillies que me conta:

— Era preciso recompor narizes, orelhas, queixos. Nossa técnica era rudimentar. Tínhamos que aprender no dia-a-dia com tudo o que isso implica em termos de riscos, de fracasso... Agimos da melhor maneira que podíamos... Não podíamos muito.

E acrescenta:

— É terrível dizer isso, mas se poderia pensar que a humanidade tem necessidade da barbárie das guerras para que as ciências progridam e evoluam. Os quatro anos da Primeira Guerra me fizeram compreender que era indispensável criar uma nova cirurgia.

Sempre que se diz que ele foi um pioneiro, *Sir* Harold Gillies desmente:

— A cirurgia plástica é uma arte antiga! — diz ele, sorrindo.

Se fui surpreendido nos Estados Unidos pela informalidade e dedicação exclusiva ao trabalho e, na França, pelo *savoir vivre*, na Inglaterra aprendi que os cirurgiões não usam o título de doutor. Até John Hunter estabelecer as bases da patologia experimental, no século XVIII, o ofício era praticado pelos barbeiros, ignorados pelos doutores de então. Os que resolveram ser cirurgiões optaram por ser chamados apenas de "Mr.", depois de concluírem seus estudos no Royal College of Surgeons, em respeito à opção de John Hunter, mestre fundador do colégio real, que se vingava dos médicos que, com razão, temiam a cirurgia da época.

Durante a Segunda Guerra, auxiliado pelas equipes que formara, *Sir* Harold Gillies tornou-se a esperança dos mutilados. Entre seus colaboradores, contava com o primo, Archibald McIndoe, ex-cirurgião na Clínica Mayo. Depois de auxiliá-lo durante a guerra, McIndoe fixou-se na Inglaterra, operando no Queen Victoria Hospital, em East Greenstead. É com ele que vou prosseguir meu estágio de aperfeiçoamento.

Sir Archibald McIndoe é de origem neozelandesa e escocesa, o que lhe confere um caráter exuberante e uma natureza astuta. Vendo-o, a gente sente uma certa hesitação em colocar-se entre suas mãos. É um verdadeiro colosso de espáduas de estivador, com um pescoço de halterofilista, as mãos calosas de lenhador e um torso de barítono. Na juventude, havia praticado o *rugby* e, quando sua massa se punha em movimento, parecia varrer tudo em sua passagem. Essa aparência de mastodonte oculta um ser caloroso e generoso, que possui uma elegância inigualável no ato de operar e o dom mágico de infundir segurança em seus pacientes.

— Ser cirurgião não significa somente que se sabe elaborar o desenvolvimento de uma intervenção, nem que se pode enfrentar com uma certa calma os imponderáveis, porque se dispõe de soluções. Ser cirurgião é, antes de tudo, respeitar e se interessar por aqueles que nos buscam. Quem não pensa assim não é um cirurgião, mas um vulgar mecânico.

Assim fala Archibald McIndoe, que a rainha promoveu à distinção de *Sir*, como fez também com Harold Gillies, pelos serviços prestados à medicina de seu país.

Ele testemunhou minha primeira intervenção num nariz. Quando é ele quem faz, parece extremamente simples. No entanto, esse tipo de cirurgia tem uma particularidade que a torna temível para os iniciantes: é que se opera sob a pele. Não se vê assim o que se faz, pelo menos durante uma parte da operação, e é preciso tempo para aprender a sentir o peso dos instrumentos, para se habituar a proceder de uma maneira diferente daquela a que se acostumou em outras operações. Em suma, para o cirurgião, trata-se de sentir mais do que ver, mesmo que ele tenha todo o campo, seguramente, para observar o resultado de seu trabalho após terminá-lo.

Hoje, é uma operação que posso, em condições normais, levar a bom termo em menos de uma hora. Mas naquela manhã, suando de angústia e de emoção, trabalhei durante quase quatro horas em meu paciente de nariz protuberante e adunco! *Sir* Archibald, que me orientou cortesmente, disse-me depois, quando tomávamos um xerez em seu consultório:

— Sabe, eu era como você quando comecei.

Essa frase voltou à minha mente muitos anos depois, em Boston, quando atuei como *visiting professor* em Harvard, auxiliando o cirurgião-residente chefe, um médico de grande competência mas que, dentro do sistema americano, era obrigado a enfrentar os casos praticamente sem supervisão. Lembrei-me de como é importante a presença de um cirurgião como orientador, deixando que o outro faça de suas dificuldades um caminho para a superação. Cada geração deve ter sua aprendizagem sempre guiada por alguém, para que depois possa desenvolver sua própria habilidade criativa sem sair um momento sequer dos princípios básicos.

Ainda hoje me esforço bastante para que jovens cirurgiões, ao trabalharem comigo, consigam evitar essa angústia de iniciante que eu conheci tão bem. Penso sobretudo em meus residentes. Eles todos são jovens cirurgiões já especializados, que vêm completar sua formação no quadro de um ciclo de estudos de três anos, e é bom deixar claro que são admitidos em minha escola depois de passarem por um sistema de seleção muito severo. Quando operam, no entanto, considero indispensável que tenham sempre a seu lado um instrutor mais experiente e, quando possível, que eu mesmo esteja presente.

Sir Archibald McIndoe era modesto, sincero e capaz de reconhecer seus erros. A história que me contou ocorreu durante a guerra, no Queen Victoria Hospital, quando ele estava literalmente esmagado pela quantidade de trabalho. O caso se refere a um paciente atingido por paralisia facial, o que supõe a abertura da parte do rosto que vai desde a orelha até a base do queixo e o deslocamento da pele. O anestesista havia colocado o paciente do lado errado, ou seja, oferecendo ao bisturi do cirurgião a face não traumatizada do rosto. Assim, *Sir* Archibald executou um enxerto numa face sã. Regressando a Londres ao volante de seu carro, ele subitamente teve uma dúvida. Fez de imediato uma meia-volta e, pé na tábua, retornou à clínica, subiu rapidamente as escadas, pediu o dossiê do paciente e, tão logo confirmou suas dúvidas, preparou-se para reoperar.

— O que o senhor disse ao paciente? — pergunto-lhe.

— A verdade, *my boy*! Que outra coisa eu poderia fazer? Sabe, nossos pacientes, em geral, são capazes de compreender nossos erros, quando nós nos preocupamos com modéstia a fazê-los compreender as limitações da própria medicina, partilhando com eles a mesma emoção ao explicar a realidade de cada situação, por mais difícil que ela seja.

— E o que disse seu paciente quando soube que o erro não poderia ser reparado senão com uma nova operação?

Ele sorriu.

— *Well*! Era um homem forte. Passou da surpresa inicial a levar depois a coisa na brincadeira. Era preciso outra operação. *Sometimes the truth is the best treatment.*

Eu era jovem, habituado a conviver com pessoas que jamais hesitavam em dizer as verdades na cara, e por isso eu sofria quando ouvia médicos obsequiosos cumprimentarem McIndoe em sua presença e falar mal dele assim que virava as costas. Ingênuo, fiz o triste aprendizado das virtudes mundanas e ignorava que minha ascensão iria valer-me os mesmos desgostos mais adiante. No entanto, isso jamais poderia afetar minha confiança no ser humano.

Mas *Sir* Archibald era um sábio. Para amainar minha indignação, dizia-me:

— O sucesso sempre exasperou os tolos. Ignore as críticas e as invejas. Mantenha-se imperturbável.

RESTA-ME UMA ÚLTIMA etapa a percorrer na Grã-Bretanha, antes de cruzar o Atlântico e rever meu país. Devo ir a Oxford, onde opera o prof. Pomfret Kilner, um irlandês pequeno, ruivo e doce.

Ele fuma continuamente. Tosse como se fosse expelir os pulmões, mas continua sempre escarrando fumo. Com a máscara de cirurgião sob o queixo, tem um cigarro nos lábios quando lava as mãos. Antes de colocar as luvas, fuma ainda. É

Papai e mamãe, em Pirapora, antes de eu nascer.

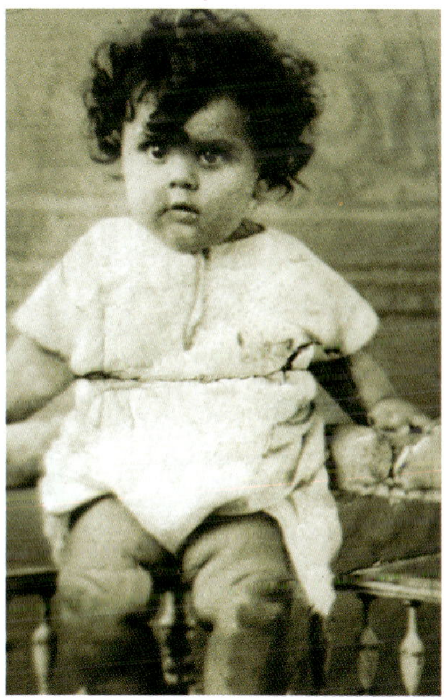

O fotógrafo reclamou, sem entender por que um menino tão grande não ficava de pé. Eu só tinha quatro meses. Nasci com seis quilos e duzentos gramas.

Caminhando com minha mãe
pelas ruas de Belo Horizonte.

Nos tempos de *footing* na praça da
Liberdade, namoradinha que
eu e Fernando Sabino disputávamos.

Com meu irmão Ivan, em Belo Horizonte.

Minha mãe, ao centro, com meus irmãos Ivan e Ivette.

Nossa equipe de natação em Belo Horizonte, campeã nacional. Entre eles, Carlos de Campos Sobrinho, o Carlito (em pé, terceiro a partir da esquerda), criador da equipe, ao lado de Sieglinda Lenk, grande atleta da época. Agachados, eu sou o segundo e Fernando é o quinto.

Muitos anos depois, no Minas Tênis Clube, ao lado de Fernando Sabino, em homenagem aos antigos atletas pelas conquistas da equipe de natação.

De motocicleta, eterna companheira desde os estudos médicos em Belo Horizonte até a pós-graduação em Paris.

Acampamento do CPOR (Centro de Preparação de Oficiais da Reserva) em Belo Horizonte.

No intervalo da Cavalaria, ao prepararmos a travessia de um rio, já como aspirante nos Dragões da Independência (Regimento Andrade Neves, Rio de Janeiro). Na foto abaixo, estou em pé, ao centro.

Momento solene de felicidade com Marilu.
E vamos levando com a mesma alegria.

No laboratório de pesquisa na clínica, recebendo a visita do prof. Longacre, da Grã-Bretanha, que havia sido meu orientador no estágio em Cincinnati (EUA), e o prof. Damien, da antiga Checoslováquia.

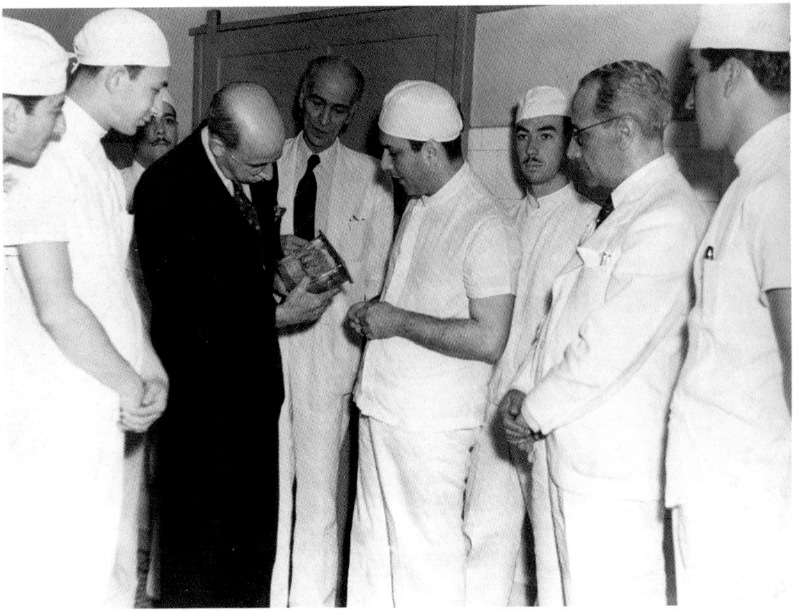

Com *Sir* Harold Gillies e equipe, na Inglaterra.

Com o pioneiro dos transplantes de coração, dr. Christian Barnard, amigo de muitos anos.

Com a irmã Apoline, enfermeira-chefe que nos ajudou a montar, com sua força extraordinária, o nosso serviço na Santa Casa da Misericórdia.

Com o presidente Juscelino Kubitschek e o grande amigo Aloísio Sales.

Recebendo os cumprimentos do presidente da República, Juscelino Kubitschek, e da primeira dama, dona Sara, quando tomei posse na Academia Nacional de Medicina.

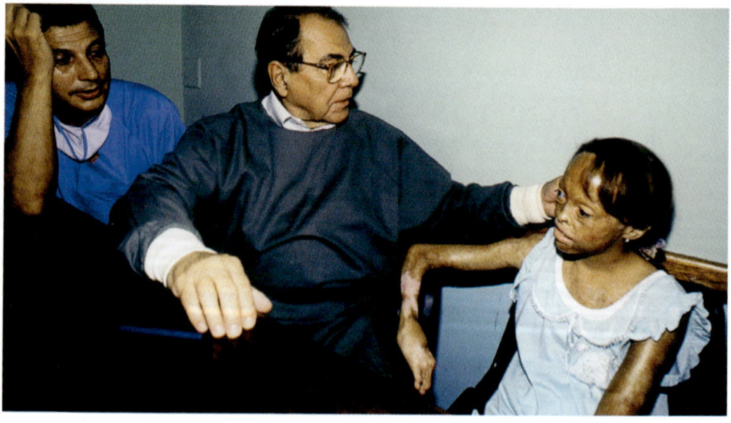

Examinando uma paciente na Santa Casa, ao lado do dr. Sérgio Carreirão.

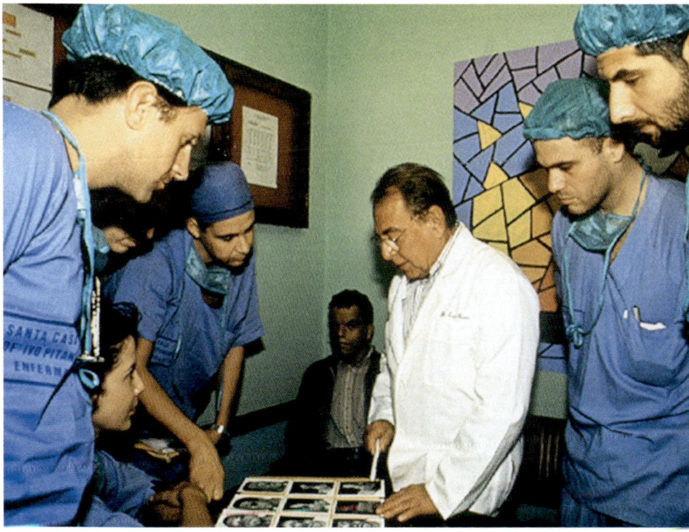

Na Santa Casa, avaliando com meus colaboradores a seqüência de um caso cirúrgico.

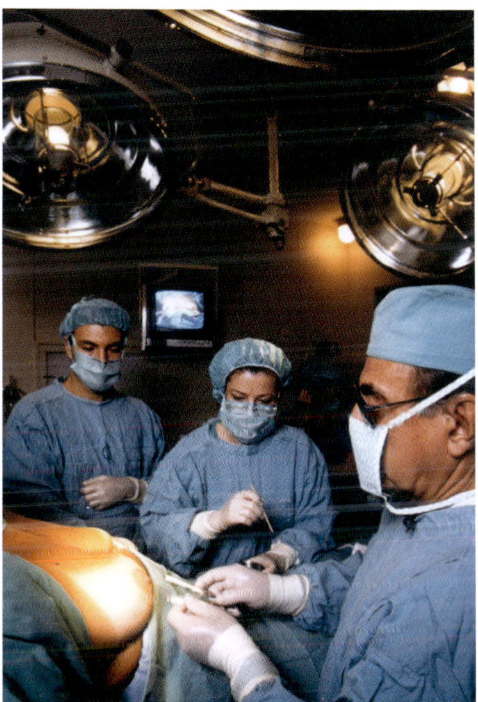

Durante ato cirúrgico na clínica, com a dra. Jane, saudosa e querida assistente.

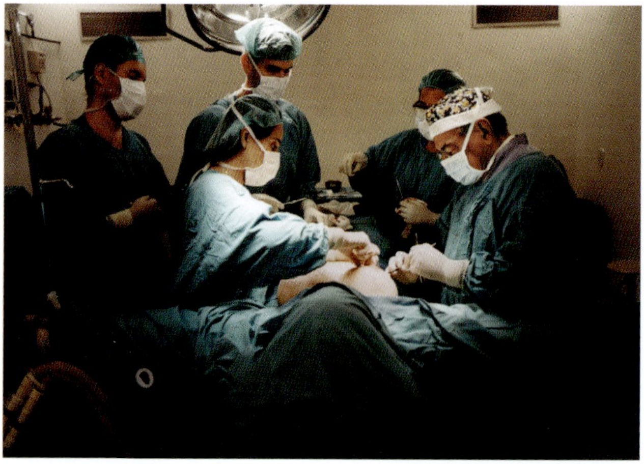

Em cirurgia na clínica, com dra. Bárbara e médicos-residentes.

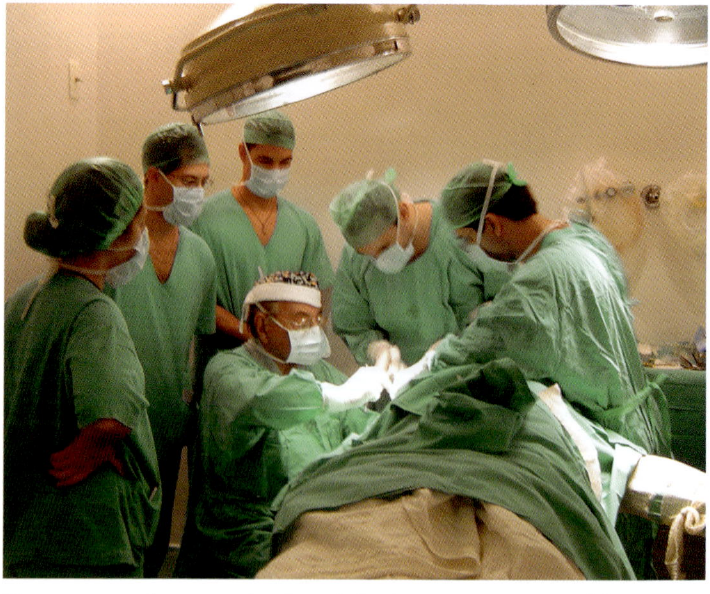

Demonstrando uma técnica cirúrgica para novos residentes.

Interagindo com meus alunos na biblioteca da clínica.

Preparando uma conferência na biblioteca da clínica.

Ao ser condecorado com a Ordem "Ouissan Alouite de l' Ordre de Commandeur", pelo rei Hassan II, no palácio de Fez, em Marrocos.

Em Berlim, ao ser agraciado com a Medalha Dieffenbach, junto ao mausoléu do grande precursor da cirurgia estética e reparadora.

Em Israel, recebendo o título de Doctor Philosophiae Honoris Causa, pela Universidade de Tel Aviv.

Recebendo da reitora da Universidade de Sorbonne, sob as vistas de Richelieu, seu fundador, o título de Chancellier des Universités de Paris.

Na China, sendo recebido pelo ministro da Educação, com outros colegas de vários países.

Na sala de fotos dos ex-presidentes da Sociedade Brasileira de Cirurgia Plástica, inauguração do meu retrato, como patrono da instituição.

Recebendo do artista Genaro de Carvalho, na presença de Jorge Amado, o colar "enfiado e lavado por Mãe Senhora", simbolo do título de ogã no terreiro de Axé Opô Afonjá.

Posse na Academia Brasileira de Letras.

Com Marilu e todos os filhos, em minha posse na ABL.

No lançamento do livro *Um jeito de ver o Rio*, com Rubem Braga, Helcius, Marilu, Gisela, Ziraldo e Pedro Henrique.

Com amigos no Carnaval carioca:
Jorge Amado à direita e o conde de Würtenberg.

"No universo da beleza": desfile da escola de samba Caprichosos de Pilares.

Com o pintor Marc Chagall e Lais Gouthier, em Paris.

Com o pintor Balthus, em seu chalé na Suíça.

Com o príncipe Charles e a princesa Diana, em acontecimento social.

Com o Dalai Lama, na Eco-92, Rio de Janeiro.

No Vaticano, ao receber do papa João Paulo II o prêmio Cultura per la Pace.

Com Chico Xavier, em Uberaba, recordando sua amizade com meu pai e recebendo, por intermédio dele, um presente espiritual naquele momento.

Com o pajé Sapaim, da tribo Camaiurá, filho do grande cacique Kutamaph e irmão de Takumã.

Fazendo ioga com o amigo Leon Eliachar, em Crans, na época em que eu operava na Suíça.

Com o piloto Niki Lauda, na ilha.

Com meu grande amigo e mestre de mergulho Pedro Correia de Araujo.

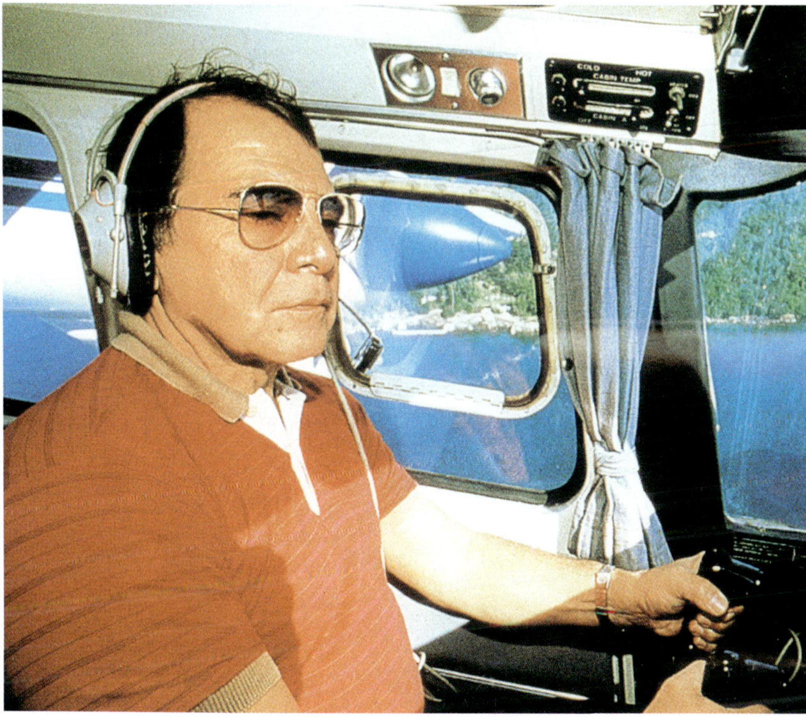

Pilotando o avião.

Temporada de esqui em Gstaad.

Esquiando com Helcius e Marilu.

Deslizando nas pistas de esqui em Gstaad;
abaixo, com Marilu.

Praticando um dos meus esportes preferidos, o tênis.

No *dojo* de caratê em minha casa na Gávea, com Marilu e o mestre Takeiuchi.

Junto à estátua de Gisela e Ivo, em nossa casa. Eles tinham exatamente esse tamanho quando serviram de modelos ao grande escultor espanhol Amayo.

Com minha adorável mãe, Maria Stael. E também com minhas queridas irmãs Jaqueline e Yedda Lúcia.

Com Marilu e todos os nossos netos.

Com Marilu e Bernardo, ao lado de um quadro de Dalí (*Os cisnes e os elefantes*) que muito amamos.

Com Gisela, depois de uma conferência em Heidelberg.

Com Helcius, em Itaipava, ao lado de Victor, meu último Wei-Dog.

somente antes de entrar na sala de operações que ele consente em se separar de seu vício: uma enfermeira fica à espreita para arrebatar-lhe a guimba.

Estou na Inglaterra há um ano. Depois de Marc Iselin, em Nanterre, Harold Gillies me transmitiu o sentido da pesquisa, a importância do ensino. Archibald McIndoe instruiu-me na técnica da cirurgia estética. Pomfret Kilner ensinou-me como operar lábios leporinos e outras malformações congênitas.

Aprendi muito com esses grandes cirurgiões. Se for possível que um dia, por minha vez, eu chegue à altura deles, sentirei uma alegria infinita. Não aquela de ser um "mestre" como uma estátua sobre um pedestal, mas sim a de formar um elo que prepare o seguinte. É a superação de sua própria obra por aqueles que o sucedem que define o progresso da humanidade.

Despeço-me de minha locadora, uma velha inglesa de cabelos brancos, rica, extravagante. Ela possuía um pequeno haras e não tinha alguém para trabalhar e montar com freqüência os seus cavalos. Durante nossas longas conversas lhe falei sobre meu passado de oficial R-2 da Cavalaria, portanto com grande conhecimento de cavalos. Na verdade, eu estava amando essa situação e louco para montá-los. Aproveitei para ajudá-la a manter seus animais em forma. Era um enorme prazer galopar por aqueles prados. Tive um prazer ainda maior quando soube que a senhoria decidira me cobrar apenas a metade do aluguel, em função do meu prazer que ela considerava trabalho: montar seus puros-sangues.

Dois anos haviam se passado desde a minha chegada à Europa. Novamente com saudades, eu voltava para minha terra.

Capítulo 12

Operando sem tréguas

Tenho pena do homem que deixou seu país natal. Ele vai à deriva no mundo como um náufrago em seu bote, no grande círculo do horizonte.

Branco ou negro, o pão feito com o trigo de sua terra natal tem para todo homem um sabor insubstituível. É preciso ter-se privado por muito tempo desse alimento para compreender até que ponto ele o revitaliza e reforça sua capacidade de resistência. Amo apaixonadamente o Brasil. Lágrimas me enchem os olhos quando, de volta ao Rio, a brisa leve e tépida, que faz passear pelo céu os aromas perturbadores de nossas florestas, acaricia-me novamente depois de uma ausência tão longa.

No aeroporto do Galeão, sou recebido por meu pai, minha mãe e Marilu.

— Como você está forte! — diz meu pai, doente e fatigado, abraçando-me com afeto acolhedor.

— Como você emagreceu! — diz minha mãe, separando-se de mim para me observar com aquele olhar inquieto e perscrutador que têm todas as mães quando vêem seu filho.

— Como você amadureceu! — define Marilu com a rapidez de julgamento que só ela tem.

Todos os três têm razão.

Ao retomar meu serviço de consultas no Hospital Geral da Santa Casa da Misericórdia, constatei imediatamente que ainda persistia a incompreensão em torno da cirurgia plástica. Todas as minhas perorações junto aos meus colegas de outras especialidades precisavam ser repetidas como uma litania.

Foi duro manter meu entusiasmo. Perguntava-me a todo momento: como é possível existirem médicos que deveriam ser abertos às novidades técnicas mas que se revelam tão limitados? Esse clima de suspeita que então me envolvia não era sem fundamento. Na época, os raros cirurgiões estéticos que trabalhavam no Rio não tinham uma formação geral, o que os colocava à parte do corpo médico docente, que considerava pouco importante esse trabalho. A cirurgia plástica era tão desconsiderada que os raros colegas, otorrinos ou cancerologistas, que nela se aventuravam não faziam nenhuma questão de divulgar isso. Proporcionar a beleza era uma arte proscrita.

Meu pai, então vivendo em seu pequeno apartamento na praia do Flamengo e não mais exercendo a medicina por causa da sua saúde, escutou atentamente quando lhe expus minhas atribulações e respondeu com sabedoria:

— O mundo médico sempre foi extremamente reservado com relação ao progresso. Não será com um monte de teorias que você vai convencê-lo, meu filho, mas sim acumulando resultados irrefutáveis. Somente então você será ouvido.

EU PRECISAVA OPERAR e persuadir. Na Santa Casa da Misericórdia, jovens cirurgiões que me haviam visto operar lábios leporinos, narizes, mãos ou fazer enxertos pediram-me que lhes ensinasse o que eu aprendera pelo mundo. Esse interesse era o primeiro acontecimento agradável que ocorria desde a minha volta ao Brasil. Estava nascendo assim a minha primeira escola. Não tinha programa nem recursos. Para ensinar, dizia a meus alunos: "Sigam-me por toda parte, observem e perguntem."

Observando e perguntando, meus residentes me seguiam por onde eu fosse. Praticando mais do que falando, circulávamos pelos diversos hospitais da cidade, procurando informar a todos sobre a importância do que professávamos, atendendo sempre aos que éramos solicitados a tratar.

Dentro do meu velho e minúsculo Austin, primeiro carro que comprei, eu e meus colaboradores seguíamos amontoados, como nômades. Trouxe-o da Inglaterra comigo, fruto da inacreditável economia de uma bolsa de estudos de pouco mais de cem dólares por mês, e servia para agilizar nossa locomoção pela cidade. O mais curioso daquele carro é que por causa dele conheci o cônsul-geral do Brasil na Inglaterra: nada menos que João Cabral, nosso grande poeta. Fizemos uma amizade muito simpática, interrompida por longos períodos em função do trabalho dele e das minhas ausências, mas revigorada por muitos outros encontros posteriores. Naquele momento, o que mais o ligou a mim não foi a minha medicina, e sim nossas longas conversas sobre touradas. Falávamos durante horas sobre Sevilha, Córdoba e todas as belezas de que uma tourada é composta para quem sabe compreender o que existe além das aparências da crueldade.

O velho Austin foi colocado nas ruas do Rio de Janeiro com um objetivo claro: ajudar a propagar minhas convicções. Com essa meta eu operava em toda parte, em vários hospitais públicos. Após um primeiro momento de incredulidade, a cada vez que me viam operar, os cirurgiões ficavam intrigados. E então eu aproveitava para difundir os ensinamentos que havia adquirido.

Dissimuladamente, infiltrava a cirurgia plástica no meio médico. E concluía minhas exposições declarando:

— O que importa não sou eu, mas a correta indicação de uma técnica e a compreensão de nossos limites. O equilíbrio entre as duas coisas permite a melhoria de nosso trabalho.

No minúsculo porta-malas do carro, colocava meus instrumentos e a Leica, uma máquina fotográfica usada, de grande luminosidade, que comprei para fotografar cada caso e formar uma documentação, como havia aprendido em Cincinnati. Com o espírito de ordem cartesiano e espartano que me impunha no viver, eu documentava individualmente a evolução de cada caso, criando um arquivo comum formado de fontes diversas. O fotógrafo circunstancial que eu fui durante anos acabou tendo o foco ampliado para além da medicina e despertando, muito mais tarde, meu interesse em traduzir em livros as belezas de Paraty, de Angra dos Reis e do Rio de Janeiro — trabalho que realizei com muito carinho e alegria, em parceria com meus queridos amigos Pedro Henrique e Ziraldo.

COM ENTUSIASMO E ENERGIA, eu e minha equipe aproveitávamos todas as oportunidades para mostrar aos médicos das mais diversas especialidades a importância e a presença multiforme da cirurgia plástica, que para mim se mostrava de modo evidente como uma especialidade interdisciplinar. Nos diferentes ramos cirúrgicos, certos casos clínicos não poderiam ser tratados até o fim sem os conhecimentos das cirurgias plástica e da mão. Meu objetivo, ao longo de todos os meus périplos nos hospitais, era demonstrar o papel complementar desses dois setores ignorados.

Assim eu argumentava incansavelmente com todos os médicos que encontrava. No domínio da endocrinologia, sobretudo nas seqüelas da obesidade, podemos interferir notadamente nas operações de contorno corporal como o peito, o abdome, os braços etc. Em oftalmologia, temos condições de remediar certas deformidades congênitas. Em otorrino, é possível agir em casos de malformações do pavilhão auricular. Em dermatologia, podemos contribuir para sanar diversas seqüelas de doenças da pele, a acne, o câncer da epiderme ou o hemangioma. Em ginecologia, a cirurgia plástica pode fazer a correção da deformidade do abdome das mulheres multíparas e, às vezes em associação com operações feitas pelo cirurgião ginecologista, fazer a cirurgia reparadora do seio e outras. Em urologia, o cirurgião plástico pode se associar ao cirurgião urologista e, mais tarde, ao cirurgião de crianças, para realizar o tratamento de diferentes deformidades congênitas nesse domínio.

Na reumatologia, na cardiologia e em outras especialidades clínicas, a cirurgia plástica pode ser usada para sanar conseqüências secundárias da hipertrofia mamária, como, por exemplo, problemas de postura, circulação e respiração. Devido à alta incidência dessa deformidade, sempre julgamos seu tratamento de grande importância social, representando ao longo dos anos um constante desafio.

Além dos problemas clínicos, a deformidade do seio guarda forte componente simbólico para as mulheres. Signo da feminilidade, representa mesmo a característica primordial da identidade feminina. Essa carga simbólica gera também alterações psicossociais nas pacientes portadoras de amastia e hipomastia, além das causadas por mastectomia para o tratamento do câncer ou trauma, levando muitas vezes à não-aceitação de sua própria imagem. A desarmonia entre a forma idealizada e a provocada pela deformidade pode ocasionar problemas psicológicos, dificultando o convívio social.

Dentro desse campo, a seqüela da obesidade representa uma indicação praticamente obrigatória para reconduzir o paciente a sua auto-estima. São operações variadas, algumas associadas, outras isoladas, sempre em conjunto com a medicina interna, esperando que o paciente esteja num momento propício para ser operado. É claro que o contorno corporal conta hoje com o auxílio da lipoaspiração e, quando bem indicada, sobretudo em gorduras localizadas, traz um benefício enorme a toda cirurgia do contorno corporal.

A mentalidade coletiva é responsável por muitos preconceitos, estabelecendo uma relação direta entre o nível intelectual de um indivíduo e a deformidade da qual é portador. Nada mais aflitivo do que se deparar com um adulto que passou a vida sofrendo por um *handicap* do qual poderia ter-se livrado em tempo útil — o portador de uma anomalia congênita ou adquirida sofre desde muito jovem.

Ao corrigir o trauma, é extremamente gratificante testemunhar o reencontro consigo mesmo da pessoa que havia sido marginalizada como menos participante da sociedade, menos inteligente ou mesmo passando por oligofrênico sendo inteligente. O regozijo das mais íntimas emoções do indivíduo, a transformação de seu sorriso, a vontade e a capacidade de participar enfim reunidas e tornadas realidade representam a culminância mesmo de minhas convicções.

Opero sem trégua. Desvelo todos os meus segredos. Explico. Corro de um hospital para outro. Jamais estou fatigado, porque amo o que faço. Na Santa Casa da Misericórdia, duas mulheres cuidam de mim com carinho maternal. Uma, frágil e voluntária, é uma religiosa, irmã Apoline, que trata do bom andamento de meu serviço e dirige as enfermeiras.

Quando a fadiga marca meu rosto, ela me diz, à guisa de encorajamento:

— Vá em paz, doutor. Quando o senhor morrer, irá direto para o Paraíso!

A outra, uma ruiva de olhos de porcelana, caráter rude e resmungão, é Rose Mary Balloch, filha de mãe suíça e pai escocês, que me ajuda em tudo. Encarrega-se das correspondências, das consultas e da organização das operações. Prepara meu café e lê minha sorte nas cartas.

Quando vê o menor traço de desânimo em meu rosto, ela diz:

— Seu horóscopo é claro: sua luta terá bom resultado.

— Ah, bom. E quando?

— Daqui a dez anos. Ou mil.

Só me resta esperar.

Meus esforços de persuasão têm um alvo: a reunificação de todas as nossas possibilidades de intervenção nas diferentes disciplinas operatórias sob a bandeira da cirurgia plástica.

Minha equipe e eu começamos a ser conhecidos e respeitados. Mas ainda estávamos longe do fim. Não digo da vitória, pois ela não é mais do que uma etapa e, sobretudo, freqüentemente é efêmera. Continuamos a sulcar a cidade, emaranhados dentro do meu pequeno carro, do qual nos arrancamos esgotados. Passamos de um bloco operatório a outro. Entretanto, não diminuímos nossas intervenções na Santa Casa da Misericórdia, e também no serviço de urgências do Pronto-Socorro. Nós nos esfalfamos por querer tudo fazer para difundir nossa verdade.

— De tanto bancar o Cristo e seus apóstolos dos tempos modernos para evangelizar todo mundo, o senhor dilapida suas energias sem conseguir milagres! — resmungava Rose Mary quando eu desabava à noite no sofá oscilante do hospital.

Já era tempo de tomar uma decisão com firmeza. Não sendo diretor do hospital do Pronto-Socorro, minha intenção era consagrar-me essencialmente à minha especialidade na Santa Casa.

O diretor, um homem matreiro, após refletir um pouco, fez-me uma proposta: com a condição de que eu assegurasse como cirurgião-geral meus plantões nos serviços de urgência, ele me confiaria a responsabilidade de um outro serviço de queimados e me daria o direito de praticar a cirurgia plástica.

— Assim todo mundo ficará satisfeito — concluiu com um sorriso manhoso.

Aceitei.

— Ele logrou o senhor! — comentou Rose Mary com bom humor.

Mais uma vez minha assistente tinha razão. Com efeito, começava para nós um período penoso. Meus colaboradores e eu tínhamos cara de papel machê. Engolíamos café o dia inteiro. Empanturrávamo-nos de vitaminas.

Quando irmã Apoline cruzava comigo nos corredores do hospital, ela me dizia, com pena:

— Você está mais pálido do que um doente. Consulte um médico...

É que, além das intervenções cotidianas — apendicites, peritonites, hérnias, fraturas, envenenamentos alimentares, lavagens de estômago, costelas quebradas, acidentados do trabalho, enfim, a rotina das urgências —, meu serviço de queimados me deprimia.

Não dispunha de recurso algum para agir eficazmente. Debatia-me para conseguir enfermeiras, ajudantes de enfermeiras, medicamentos, instrumentos. Mas cada vez que protestava veementemente, respondiam-me:

— Não temos verbas para os queimados.

Os dias se alongavam, morosos, estafantes. Cochilávamos entre dois atendimentos, duas consultas, dois chamados de rua. Os velhos corredores eram cheios do entrechocar dos vasos que as serventes transportavam nos carrinhos, do rangido das rodas das macas, do arrastar dos chinelos dos convalescentes que perambulavam sem ter o que fazer, dos freqüentes chamados, gritos ou gemidos dos pacientes recém-chegados.

Eu telefonava a Marilu, a quem mal tinha tempo de ver e que me fazia muita falta. Classificava as fotos das diferentes fases operatórias e redigia notas sobre os diferentes casos. Anoitecia. Eu jantava. A noite avançava. E então, enquanto o hospital dormia, eu e meus colaboradores aproveitamos a trégua para mergulhar na cirurgia plástica.

Até a aurora, então, operávamos lábios leporinos e outras deformidades congênitas, reestruturávamos um rosto com cartilagens de costela, implantávamos lóbulos em orelha, recolávamos pálpebras, colocávamos fragmentos de pele em mãos queimadas. Nenhum de nós se poupava em sua tarefa.

Amanhecia. O último operado já havia sido reconduzido ao quarto e, subitamente, no silêncio, nos olhávamos. Com os olhos vermelhos, estávamos embrutecidos pela fadiga, mas contentes.

A alma em paz, íamos dormir por algumas horas. Como o dia já nascera, não nos despedíamos um do outro dizendo "boa-noite", nem mesmo "bom-dia". A forma empregada era "até já".

— Com essas caras cinzentas, esses jalecos e calças brancos, vocês parecem fantasmas. Aliás, nesse ritmo, vocês vão acabar mesmo virando fantasmas — resmungava Rose Mary.

Eu não a ouvia. Mas a cada dia aumentava a minha raiva contra a administração hospitalar em meu país.

— Não sou um serviço, mas um "depósito" de queimados!

No gabinete de mobiliário maciço e sombrio, onde um ventilador arcaico ronronava, eu protestava, junto com meu jovem assistente, Cláudio Rabelo, perante o diretor. Era necessário explicar mais uma vez que um queimado em estado grave é um doente que precisa de todo um conjunto de cuidados, de pessoal, de material. E que não se cura um queimado fazendo espertezas médicas.

— Você tem razão de se queixar. Mas se para você falta equipamento, para mim falta dinheiro — respondia meu chefe, sempre com o mesmo argumento.

Tento a sorte em outro lugar. No Hospital Pedro Ernesto, um anexo da nova Faculdade de Medicina. Encorajaram-me a criar ali um serviço de queimados.

Disponho de um espaço enorme. Tudo é novo e imaculado. Quarenta leitos, mas nada de infra-estrutura para trabalhar realmente.

Com uma ira crescente, resolvo lançar-me de assalto aos funcionários do Ministério da Saúde para obter verbas. Enquanto meus pacientes sofrem e reclamam cuidados, meço com meus passos, miseravelmente, as salas de espera das autoridades da saúde na esperança de encontrar um dia um responsável competente.

Para que minhas tentativas pudessem dar resultados, seria necessário que eu tivesse condições de lutar contra a administração, mas eu não pertencia a nenhum clã político. Nessas circunstâncias, vejo-me perdendo as batalhas antes de começá-las, em face da poderosa cumplicidade que reina entre os burocratas.

Esse gênero de compromisso não faz parte do meu caráter. Para me amansar, oferecem-me o título de diretor do serviço de queimados. Aceito o serviço, mas pouco tempo depois resolvo pedir demissão, ao ver que aquilo tudo era apenas uma fachada, sem aparelhagem nem pessoal adequados para funcionar a contento. Era um serviço político e não um trabalho real. Chamo de serviço político esse tipo de posição, com bastante visibilidade e importância aparente, mas sem a infra-estrutura necessária para um bom atendimento. Nada pior para o tratamento de um queimado do que fingir que se vai tratá-lo, sem que haja condições para isso.

— E agora, o que vai fazer? — pergunta-me Rose Mary, que me escoltou ao longo de toda essa lamentável experiência.

— Continuaremos com o mesmo entusiasmo, à espera de dias melhores.

EU E MINHA PEQUENA EQUIPE nos desdobrávamos no tratamento de cada paciente. Recebíamos doentes de vários serviços em toda a gama da cirurgia plástica. Sobretudo aqueles casos difíceis, úlceras, grandes edemas, e mesmo nos casos de pouco tratamento nos empenhávamos da mesma forma, procurando fazer o que fosse possível.

O serviço era modesto, mas real. Nosso amor por esse trabalho não se acomodaria a um serviço de fachada. Eu revivia as experiências do início de carreira no Hospital Pronto-Socorro.

Talvez percebendo a sinceridade dessa decisão, o diretor da Santa Casa mostrava-se bastante compreensivo com relação a mim. Apesar de uma aparente indiferença, consentiu sem hesitar quando lhe pedi que fossem encaminhados ao meu serviço aqueles que sofriam seqüelas de queimaduras e todas as outras deformidades que demandassem cirurgia reparadora. Para mim, isto era um passo à frente.

Alguns dias mais tarde, os médicos de outros hospitais do Rio começaram a perceber que a seqüela de queimadura era muitas vezes um desafio maior e que a cirurgia plástica exercida por nós oferecia possibilidades que eles ainda não conheciam. Assim, passaram a mandar pacientes para o nosso serviço da Santa Casa. Esses pacientes não eram queimados agudos; aliás, na Santa Casa nunca tivemos nenhum paciente em tais condições.

Contrariamente ao que se acredita, o perigo da queimadura não se relaciona sempre com a sua extensão, mas com o fato de que ela tenha ou não atingido a parte da pele que garante o equilíbrio eletrolítico. Do mesmo modo, a dor não é sempre proporcional à gravidade da queimadura: as mais profundas são freqüentemente as menos dolorosas, devido à destruição dos terminais nervosos na região atingida.

No trabalho do dia-a-dia, percebi que é possível obter resultados espetaculares com um queimado que tenha sido atingido superficialmente, mesmo que as regiões afetadas sejam muito extensas. Desde que seja bem tratado, bem hidratado, que se cuide de assegurar a recuperação dos fluidos perdidos — e, é claro, de mitigar-lhe a dor —, ele pode curar-se tão bem que não ficará sequer com cicatrizes.

Por outro lado, uma vítima de queimaduras profundas, que muitas vezes apresenta um aspecto menos impressionante e que, sob o efeito do choque ou da destruição de seus terminais nervosos, parece não sofrer, conservará cicatrizes para sempre, ainda que esteja nas mãos do melhor cirurgião do mundo. Além disso, ela será quase infalivelmente exposta a seqüelas, cuja gravidade depende do tratamento inicial ao qual tenha sido submetida quando de sua entrada no hospital.

Embora trabalhando ainda com recursos precários, ficava cada vez mais evidente para mim que um serviço de grandes queimados precisa dispor de grandes recursos e que, nesse domínio, a profilaxia desempenha um papel fundamental. Hoje em dia, a maioria dos países do mundo dispõe de excelentes serviços especializados onde se trabalha em equipe e numa coordenação perfeita, de maneira a poder assegurar imediatamente a essa categoria de pacientes os cuidados intensivos que seu estado reclama. Em outras palavras, algumas evidências, que na época eu achava às vezes ser o único a captar, foram depois assimiladas pelo mundo.

Enquanto isso, eu via diariamente uma multidão ansiosa e esperançosa enfileirar-se pelos corredores da Santa Casa. Nos horários de consulta, o número de pacientes era cada vez maior. Eram casos de deformações congênitas, como lábio leporino ou falta de uma orelha, e muitos pacientes a quem a miséria havia proporcionado, na primeira infância, uma série de deformidades graves, que não se vêem muito em países mais adiantados. Havia aqueles que de fato não podiam mais estender um braço por causa de uma queimadura que havia encolhido a pele. E aqueles que tinham queimaduras nos rostos, outros que haviam perdido as sobrancelhas, outros ainda cuja mão fora bloqueada por um tendão seccionado. Todos esperavam. Nossas filas eram um verdadeiro pátio dos milagres. Recebíamos toda a gama de deformidades que a cirurgia plástica trata. Isso acontecia antes de existirem outros serviços de cirurgia plástica no país. Hoje não acontece mais dessa forma porque muitos pacientes são tratados em seus locais de origem.

Continuamos na Santa Casa recebendo todos aqueles pacientes e, como resultado de nossa persistência, o tempo do pão sem manteiga e da incompreensão começava a chegar ao fim.

Diante da crescente leva de pacientes, a direção da Santa Casa decidiu ampliar o espaço do meu serviço e confiou-me um espaço imenso no hospital. Mas era um espaço vazio, desprovido de leitos, enfermeiras, medicamentos, laboratórios, salas de cirurgia, equipamentos. No entanto, longe de me desencorajar, compreendi que tinha a oportunidade, afinal, de poder organizar esse serviço e essa escola de cirurgia plástica que eu tanto desejava.

Marilu, sempre me dando força para superar desafios como este, assistiu ao nascimento da 38ª Enfermaria da Santa Casa da Misericórdia. Tivemos que construir e ampliar esse espaço, onde falta tudo. Ao contrário de outros povos, o brasileiro não tem o hábito de doar — fato que mais tarde constatei, quando por mais de dez anos presidi o Museu de Arte Moderna. Por isso, o que conseguíamos era irrisório, apesar da ajuda de Marilu, que com nossos amigos nos ajudava promovendo algumas festas beneficentes, ou talvez por não ter eu, em minha formação, aprendido a pedir. A batalha por recursos era uma constante.

Apesar de todas as dificuldades, aos poucos conseguimos equipar e modernizar o serviço, criando condições de atendimento, se não ideais, pelo menos compatíveis com sua importância. Não para os queimados agudos, que necessitavam, como ainda necessitam, de apoio e compreensão da esfera oficial, do governo. Mas a cirurgia plástica, no seu aspecto artesanal, já oferecia, dentro de instalações modestas, condições de atendimento de bom nível.

A experiência de vários anos trabalhando com recursos precários, sempre buscando criar condições para levar adiante o nosso compromisso, tinha me ensinado a não ficar esperando por verbas do governo. Mas a demanda não parava de crescer, e acabei me decidindo a explorar o terreno para desenterrar, eu mesmo, um orçamento que permitisse a continuidade e o aperfeiçoamento do nosso serviço.

Às vezes, a solução para nossos problemas está sob nossos olhos, mas não a vemos, tão cegos ficamos com nossas dificuldades.

É o meu caso. No Rio, onde não me beneficiava de qualquer relacionamento nem de qualquer apoio, pensei em tudo menos na única pessoa capaz de me ajudar.

Essa pessoa era nada menos que o presidente da República Juscelino Kubitschek. Natural de Diamantina, como minha mãe, era um velho amigo da família.

Quando o vi pela primeira vez em minha vida, eu era criança e ele estava rodeado de beija-flores. Foi na casa de Júlio Soares, grande médico de Belo Horizonte, que por amar esses pequenos pássaros tornou-se mais tarde grande amigo de Augusto Ruschi. Lembro-me até hoje da conversa amena, do clima alegre e harmonioso daquela tarde mineira. Essa imagem, da minha primeira infância, será para sempre a mais forte entre tantas recordações que trago de Juscelino. Desde aquele momento, percebi em seu amor pela vida e pela natureza um certo sentido estético, o mesmo que eu já tinha aprendido a ver nos olhos de meus pais.

Foi colega de meu pai, trabalharam juntos quando ele era médico, e foi também grande amigo de minha mãe. Uma amizade fortemente ligada à atmosfera de Diamantina, onde se cultuava uma amizade mais pura e provinciana, que tanta falta faz nos dias de hoje.

Com muita naturalidade JK falava de Diamantina e do mundo. Seu caráter visionário, sonhador, ele trouxe do espírito diamantinense, que eu conhecia em minha mãe. Seu sentido humanístico tinha a força da alma que desenvolveu como médico e que fez com que a compaixão humana fizesse parte da sua vida.

Quando você escolhe uma profissão, existe dentro de você uma coisa mais profunda que o conduz a isso. O exercício da medicina nos faz desenvolver uma das mais importantes qualidades humanas: a compaixão. A convivência de Juscelino com o ser humano em sofrimento, que fez parte da sua formação de médico, deu-lhe uma grande sensibilidade humana, uma profunda compreensão do mundo à sua volta e uma compaixão que nasceu exatamente da capacidade de sentir e compreender. Essa força foi enriquecida por sua formação humanística, sempre convivendo com a emoção e a sensibilidade. O médico e o humanista se misturaram intimamente, no momento em que ele levou aquele conhecimento para a prática.

Este lado da nobreza e da beleza da profissão ele nunca perdeu. Ao lidar com a política, com as pessoas e com a vida em geral, nunca deixou de exercer a compaixão e o humanismo. Quando, já adulto, me reaproximei dele, conversávamos como médicos, como colegas, no sentido da profundidade humana da medicina, emprestando graça e leveza ao tema. Jovial e culto, recitava Baudelaire e Rimbaud, poetas que também tinha aprendido a admirar nos seus tempos de estudante em Paris.

Após meu retorno ao Rio, várias vezes ele tinha me dado a honra de me convidar para jantar no palácio de onde dirigia o país.

Juscelino não era uma pessoa como as outras. E por isso ainda falo dele com emoção. Tinha uma força criativa enorme e usava essa força de modo simples, tranqüilo, sem apego aos valores materiais. Seu gesto, muito conhecido, de tirar o sapato por debaixo da mesa, mostrava esse aspecto de sua personalidade, de muita simplicidade aliada a uma elegância natural. Com seus cabelos bem cuidados, sangue checo e índio nas veias, foi uma personalidade brincalhona e cultivada, criticada mas resoluta, capaz de ir sempre até o fim em seus objetivos. Seu rosto mostrava tanto a força quanto a bondade, transmitindo muita segurança.

Por diversas vezes eu o acompanhei, sentado ao seu lado, no helicóptero que o levava a sobrevoar a região onde ele decidira fazer surgir Brasília, quando o traçado da cidade ainda estava sendo demarcado e não existia nada construído — somente o Catetinho, um barraco de madeira que fazia as vezes de palácio, e o seu entusiasmo, extraordinariamente contagiante. Brasília foi realmente um sonho. Sentiu que em seu destino estava a construção de uma nova capital e conseguiu mobilizar toda a nação. Não era um mero capricho do chefe de Estado nem uma vaidade de político ávido por gravar seu nome na posteridade. Kubitschek foi o primeiro a intuir as imensas riquezas da nação. Ele criou um estado de emoção coletiva e com isso conseguiu dar unidade ao Brasil.

Não se deixou dominar pelo poder. Sabia manter a autoridade sem perder a simplicidade. O poder faz com que a pessoa se isole, mas ele não se deixava isolar porque era sensível, cultivava amizades fora do circuito do poder. Sempre que nos encontrávamos ele perguntava, preocupado, sobre a saúde de meu pai, "o homem mais distraído e mais generoso que conhecera em sua vida", segundo sua própria expressão.

Ele gostava muito de pessoas mais simples, que tinham entusiasmo pela vida, e eu representava o entusiasmo que ele sempre teve pela medicina. Encontrava em mim uma pessoa mais jovem, que não tinha nenhum interesse político nem financeiro, apenas um interesse puro de amizade, por isso ficava muito próximo de nós. Tinha uma deferência muito especial comigo e com Marilu. Lembro-me sempre com emoção, entre tantas outras recordações, de quando ouvimos Nat King Cole tocando piano, durante uma de nossas visitas ao amigo JK no Palácio Laranjeiras.

Em todos os seus gestos existia a compreensão do outro. Mesmo quando foi cassado, afastado da vida pública, manteve essa compreensão, uma capacidade de perdão maior do que a das pessoas comuns. Logo após sua cassação, eu o visitei em Nova York e em Paris, numa fase muito difícil. E quando finalmente voltou ao Brasil, veio me trazer pessoalmente seu livro sobre Brasília. Escrevia muito bem, e entregou-me o livro com uma dedicatória linda.

Foi um visionário com noção da realidade. Pressentiu o que podia ser feito dentro das condições de sua época e realizou o que quase todos julgavam impossível. Tinha um destino que o precedeu e a esse destino se incorporou. O destino de um realizador que, aos poucos, por meio do exercício da medicina, foi aumentando sua compreensão do outro e sentindo que, para realmente alcançar a sua missão, ele deveria tomar o caminho da política. Não tinha o perfil político de uma raposa sagaz, mas tinha a força do sonho. A política para ele não foi uma ambição pessoal. Sua ambição era o poder de realizar e não o poder pelo poder. Por isso, quando surgiu em todo o Brasil a figura simpática do Nonô, como mamãe dizia, com uma força que tomou conta de todos os brasileiros, minha mãe achava muito natural, porque era aquela força telúrica de Diamantina.

BRASÍLIA AINDA NÃO EXISTIA, e grande parte das recordações acima não tinha acontecido ainda. Mas toda a história de Juscelino até então, sua rara sensibilidade e sua origem mineira, não me deixavam dúvidas. É ele que vou procurar, só ele pode me ajudar.

Naturalmente, comunico minha intenção aos meus colaboradores. No dia em que me apronto para encontrar o presidente, eles estão emocionados. Todos apertam-me calorosamente a mão e dizem:

— Boa sorte!

Em meu carro todo polido, dirijo-me ao Palácio do Catete, então sede da Presidência. Na cabeça, ensaio o que vou dizer a Juscelino. Um porteiro me atende. Uma secretária precede-me até o gabinete e bate à porta. Esperamos. Ela se abre. Entro. O presidente está sentado atrás de sua mesa monumental. Levanta-se e vem sorrindo ao meu encontro. Aperta-me a mão vigorosamente. Manda servir dois cafés, sem os quais não se pode começar uma conversa séria em nosso país. Apesar da solenidade do lugar, Juscelino não quer dar ao nosso encontro um caráter protocolar e, assim, convida-me a sentar perto dele, num sofá, como entre amigos.

— Isso vai dar certo — dissera-me, confiante, a irmã Apoline, nossa enfermeira-chefe na Santa Casa.

Com o presidente, tenho apenas que me exprimir com toda a sinceridade, pois é um homem de grande coração.

— Muito bem, Ivo, que posso fazer por você?

— Caro presidente — digo-lhe —, todos sabem que o senhor quer construir Brasília para que a nação tenha a grande capital que ela merece. Quanto a mim, naturalmente guardando as proporções, queria montar o serviço de cirurgia plástica de que o país precisa, dispor de meios que me permitam acolher os pacientes, operar, criar uma grande escola para formar cirurgiões nesta nova disciplina.

— Ivo, em que consiste essa disciplina?

Explico. Resumidamente. De forma clara. Ele compreende logo. Uma hora depois, despeço-me do presidente. Disposto a me ajudar, ele telefonou ao Ministério da Educação e Saúde para que este me destinasse uma subvenção. Agradeço efusivamente. Acredito ter resolvido o problema.

Na época, ignorava que mesmo um presidente é impotente diante de seus canais administrativos. Durante anos, graças à habilidade demoníaca dos funcionários, tive a impressão de perder a razão. Durante anos, lutei para obter o que me era devido. Com efeito, descubro, no curso de minhas peregrinações, que cada serviço do Ministério da Saúde amputa — em seu proveito — uma boa parte de minha dotação. Mas o pouco que me restava era suficiente para construir a primeira parede daquela obra, dando-me coragem para continuar em meus esforços para transformar a enfermaria num serviço adequado, trabalho que continuamos até hoje com a colaboração de Sérgio Carreirão, Ramil, Edgar e tantos outros que se uniram no mesmo ideal de partilhar o pouco que sabemos para servir aos que precisam.

Capítulo 13

A missão de ensinar

Sempre gostei de transmitir meus conhecimentos e aprender com os dos outros — uma espécie de missão que continuo levando adiante. Sinto que ensinar, criar uma escola, difundir o que aprendemos é responsabilidade inerente a quem acredita deter algum saber. Nada é mais revigorante para o conhecimento do que transmiti-lo.

Nas várias universidades americanas — Miami, Indianápolis, UCLA, Houston, Harvard —, assim como no Canadá, na Europa e na Ásia, alguns fatos foram especialmente marcantes para meu aprendizado da missão de ensinar. No Massachusetts General Hospital, na Universidade de Harvard, onde passei uma semana como *visiting professor*, tive a oportunidade de sentir de perto o quanto pode ser apreciado o aspecto pessoal do corpo-a-corpo da atividade docente. Enquanto o residente-chefe pensou que eu fosse operar um paciente, disse-lhe que operaríamos juntos. Esse sistema é muito importante porque confere uma certa humildade, tanto para quem ensina quanto para quem aprende. Nesse corpo-a-corpo está a verdade do conhecimento, que é fruto da experiência vivida, inspirado na satisfação e alegria de partilharmos com o paciente aquela expectativa sofrida, que nos dá a oportunidade de transformá-la em realidade suave e agradável. Era assim que trabalhávamos e ainda trabalhamos tanto na clínica quanto na Santa Casa, junto com os queridos colegas que colaboraram e colaboram conosco.

É essencial ouvir e sentir a limitação do outro, as mínimas dúvidas daquele que está aprendendo, para ir acrescentando sempre que possível aquela pequena pérola que complementa o raciocínio, gerada ao longo de vários anos de sofrimento. A inspiração, fruto de tanto trabalho, de tanto suor e, sobretudo, de tanta modéstia diante daquilo que não podíamos realizar, faz surgir a criatividade. É importante, também, não fazer da experiência uma repetição de erros, e sim transformar a dificuldade em força e inspiração.

É preciso repensar todos esses dias passados, momentos calmos e contidos para que, então, possamos chegar à reflexão de algo e ser diferentes daquilo que fazíamos, em vez de inventarmos sobre o já criado. Enfim, termos uma filosofia segura de que aquilo que professamos é a nossa verdade e assim a estamos transmitindo.

Paralelamente ao desenvolvimento da 38ª Enfermaria na Santa Casa, a Escola de Pós-Graduação da Pontifícia Universidade Católica convida-me a participar de um concurso, no qual meus títulos me levaram à chefia do Departamento de Cirurgia Plástica.

Como professor, cabia-me criar o próprio Departamento de Cirurgia Plástica, o que foi realizado com grande alegria, partilhada pela Santa Casa. O serviço da 38ª Enfermaria, sob minha chefia, estabeleceu um convênio com a PUC e, mais tarde, com a Universidade Carlos Chagas, criando o primeiro curso de pós-graduação em cirurgia plástica associado à residência cirúrgica.

Acredito que, nesse momento, a clínica nos auxiliava por estar também incorporada ao Departamento de Cirurgia Plástica, criando um aspecto inédito no ensino: a parte privada junto com a parte universitária e a parte de hospital geral, neste caso a Santa Casa. Nesta tríade, a clínica, mais bem equipada e modernamente preparada para a pesquisa, facilita o ensino em maior profundidade.

O curso estabeleceu desde o início um requisito para que os residentes ou candidatos à residência fossem já cirurgiões com pelo menos dois anos de cirurgia geral. Dois anos de vivência na especialidade para que pudessem, compreendendo em maior extensão a patologia cirúrgica, aprender a cirurgia plástica, que nada mais é do que um ramo nobre da cirurgia geral.

Esse espírito fez com que a competência daqueles que nos procuraram, tanto do Brasil quanto de mais de quarenta países, já treinados e formados, nos estimulassem desde o início, indagando-nos e obrigando-nos sempre a progredir. Além disso, acompanhavam de perto a necessidade que nós sentíamos de formar uma escola com uma filosofia própria, em que nossas técnicas, ou aquelas que adotássemos, fossem postas de tal forma que os pacientes a serem operados pelos residentes já no terceiro ano de formação tivessem os mesmos benefícios que se cuidados pelas nossas próprias mãos.

Essa filosofia deu à nossa Enfermaria da Santa Casa — e ao residente do terceiro ano — a oportunidade de, junto comigo e todos os instrutores, atender a população carente do Rio. Foi também fundamental para que se percebesse a profundidade social da cirurgia plástica e a extensão maior daquele trabalho. Uma classe que sentia e sente, como todas as outras, a necessidade de estar em paz com sua própria imagem tinha agora uma oportunidade de se reencontrar.

Entre todos os meus estágios, constatei que o sistema americano de "residentes" — hoje é freqüente e usual, mas na época não era adotado ainda em todos os departamentos de cirurgia — é, de longe, o melhor. Introduzo-o na escola em formação, mas associando à parte prática uma grande carga teórica. É preciso agora encontrar uma fórmula de equilíbrio entre os métodos americanos, europeus e brasileiros. Estabelece-se um programa que harmoniza esse sonho com a nossa realidade.

Enfim, culminando meus esforços, consegui fazer com que fosse respeitada a cirurgia estética. A partir daí, ela deixa a obscuridade e ganha a certidão de nascimento em todos os grupos sociais.

Com a criação da escola, o ensino da cirurgia plástica ganha nova dimensão. Se outrora fui obrigado a sair de meu país para me aperfeiçoar, agora finalmente meu ideal vem sendo cumprido. Já são várias décadas de ensino como professor de pós-graduação na PUC e no Instituto Carlos Chagas, recebendo alunos de todo o Brasil, de todo o mundo, com a intenção de que cada um deles, voltando ao seu local de origem, atenda a população e crie um centro de ensino da especialidade.

Esse idealismo continua a me perseguir mesmo agora. Hoje parece ontem. Sinto a mesma vontade e o mesmo entusiasmo com meus novos alunos de hoje, especialistas de amanhã, que levarão nossa filosofia e nossos conhecimentos aos pontos mais diversos do Brasil e do mundo, atendendo ao desejo inerente do ser humano de estar em paz com sua imagem.

A escola e meus alunos, meus pacientes e as operações, minhas atividades na Santa Casa e no Pronto-Socorro, a leitura de obras médicas — tarefa que me imponho —, as conferências que faço em todo o país, a clientela privada que recebo em meu consultório, em resumo, todas as minhas atividades deixam-me pouco tempo livre.

Por minha vez, como meu pai, é preciso sacrificar minha vida familiar. À noitinha, quando reencontro Marilu, estou exausto. Tarde da noite, preparo meus dossiês, meus cursos, meus relatórios. Além disso, como a maioria dos casos de cirurgia reparadora conduz à cirurgia estética, torna-se evidente que ainda tenho muito o que aprender sobre esta última.

Assim, não somente me obrigo a fazer estágios de aperfeiçoamento com colegas de outras partes do mundo, como participo de congressos médicos para trocar idéias, aperfeiçoar procedimentos conhecidos e descobrir novas técnicas. As viagens engolem o pouco de tempo livre que me sobra.

No início do nosso casamento, aproveitávamos as constantes viagens que eu realizava para assistir a conferências e acompanhar os avanços da minha especialidade para ficarmos juntos. No Rio, correndo pelos hospitais da cidade, mal me sobrava tempo para vê-la. Foi durante uma excursão de conferências na Alemanha que nasceu meu primeiro filho, Ivo, em Munique.

Anos mais tarde, em um teste na escola, pediram à minha filha, Gisela, que desenhasse o seu pai. Ela me desenhou com uma mala na mão.

Correndo entre dois hospitais e viajando com freqüência, percebo então que sou, para minha família, como um fantasma que consente, às vezes, em freqüentar sua casa. É uma rotina ainda extenuante. Não durmo mais do que quatro ou cinco horas por noite. Aprendo a me recuperar durante pequenas cochiladas e a relaxar ouvindo música clássica, mas sei que essa vida de mouro da medicina não pode durar muito tempo impunemente. Cedo ou tarde, o organismo se vinga por ter sido tão solicitado.

O tempo que tenho para Marilu, Ivinho, Gisela e Helcius (Bernardo ainda não havia nascido) é mínimo. É preciso que a vocação para a medicina seja tão forte por parte dos filhos e da mulher quanto por parte do marido, caso contrário é impossível tolerar nossa rotina. Chegamos em casa quase sempre muito tarde, cansados e tensos. É uma vida de sacrifício que se impõe também aos outros.

Foi então que um acontecimento fez com que eu me decidisse a reorganizar minhas atividades profissionais.

Era um fim de tarde de outono, creio. Minhas consultas na Santa Casa da Misericórdia mal haviam terminado. De olhos cerrados, estou cochilando sentado à minha mesa quando o telefone toca. Resmungando, de mau humor, atendo. É o dr. Mário de Almeida, um amigo, anestesista no Hospital dos Estrangeiros. Com uma voz muito excitada, ele me anuncia:

— Ivo, acabam de nos trazer uma garota de 12 anos. Está queimada até o último grau. Seu caso é desesperador. Você quer vir?

— Já vou, Mário.

A adolescente é polonesa, filha de um imigrante. Mora na casa de seu tio, um ex-herói da Royal Air Force que está vivendo no Rio. Por uma razão que desconheço, houve uma explosão no apartamento. Os bombeiros a arrancaram dos escombros com o corpo todo queimado. Ela está moribunda quando a transportam para o Hospital dos Estrangeiros, um estabelecimento dirigido por britânicos e que dispõe de infra-estrutura e equipamentos melhores do que os outros.

Terminado meu exame, sei que nem tudo está perdido. Ainda há uma chance de salvá-la. Conheço as técnicas a serem empregadas. Disponho de instalações perfeitas. Dirijo uma equipe cirúrgica preparada para esse tipo de intervenção.

— É necessário fazer enxertos com toda a urgência.

Para isso, precisávamos de muita pele, e a pele sintética ainda não era empregada correntemente como enxerto homólogo. Cada minuto é vital. Para ganhar tempo, penso em retirar pedaços de epiderme dos cadáveres acumulados no Instituto Médico-Legal. A administração se opõe a isso. O que fazer? Tenho uma idéia.

— Ligue para o Exército da Salvação.

Passam-me o telefone. Depois de explicar as circunstâncias ao responsável por essa organização, peço-lhe que lance um apelo à sua tropa: precisamos de doadores de pele.

— Conte conosco!

Depois de desligar o telefone, digo àqueles que me cercam e que, como eu, sabem que a salvação da pequena polonesa depende agora da caridade humana:

— Só nos resta esperar...

Nossa espera é breve. Ainda não passara uma hora quando os primeiros voluntários chegam ao hospital. E depois, durante toda a tarde, outros não cessam de se apresentar. São pessoas corajosas. Pois se a doação de sangue é rápida e indolor, a doação de pele, além de certo sofrimento, exige que permaneçam no hospital até a completa cicatrização.

Podemos executar uma série de enxertos homólogos — espécie de curativo biológico, o mais eficaz na época — na menina. O tratamento para salvá-la exige muito tempo. É necessário refazer-lhe o rosto, devolver-lhe a mobilidade dos braços e das pernas. São operações que exigem muito cuidado e vigilância constante.

Com meus assistentes e enfermeiras, acampamos quase ininterruptamente no Hospital dos Estrangeiros. Tenho outros pacientes e alguns deles atingidos seriamente. Não tenho o direito de abandoná-los. Graças à compreensão dos dirigentes do Hospital dos Estrangeiros, autorizam-me a levá-los para lá. Somente sete meses mais tarde a pequena queimada fica curada.

Entretanto, isso não é um milagre. É, mais simplesmente, a vitória da esperança, do saber, da obstinação de um punhado de médicos e também dos imponderáveis da medicina. Pois já aconteceu que casos semelhantes, tratados com mais recursos, tenham resultado em fracassos.

Naquele momento parei para examinar minha vida. Passava o tempo correndo de um hospital para outro, e parecia-me que não retirava de minha experiência tudo o que tinha direito de esperar. O trabalho acadêmico, a redação de artigos, o trabalho em biblioteca para meus alunos, tudo deveria ser feito nos próprios lugares onde ocorriam a acolhida dos pacientes, as operações, os exames e os controles pós-operatórios. Esse conjunto, essa célula da qual eu me sentia pronto para ser o motor, era a clínica que eu precisava fundar para incorporá-la ao sistema de ensino e continuar a cuidar de meus pacientes.

Eu devia ir adiante. Apesar dos prazeres, aquele incessante vaivém um dia teria de acabar. Com minha clínica no Rio equipada de forma a proporcionar os melhores cuidados aos doentes e com as facilidades de transporte e de comunicação, essas operações fora do meu conforto tornaram-se pouco interessantes.

Minha clínica carioca gira em torno do meu trabalho, do ensino dos residentes e *fellows*, e do conforto dos meus pacientes. Os setores de secretariado, ensino e biblioteca funcionam o ano inteiro. Quando chego, posso trabalhar muito concentrado, com muita ordem, muita disciplina. E com muita eficiência, porque trabalho com pessoas descansadas, já que viajo tanto.

A CLÍNICA VERSA sobre uma outra espécie de tempo, aquele que passa sem que estejamos percebendo. Pois o tempo, ao passar, tem uma densidade maior se cada minuto, cada segundo, for vivido com intensidade. E essa densidade, se o seu valor é maior, se sua qualidade é diferente, faz com que nós não notemos. Tudo é tão rápido que, de repente, anos e anos se passam sem que nós tenhamos sentido. E as referências vão desaparecendo e deixando um vazio ainda maior, mas continuam a alimentar em nós a ilusão de que precisamos prosseguir num entusiasmo febril, que representa o sentido permanente da ilusão humana. Mais que isso, esse entusiasmo é a consciência da nossa brevidade, do pouco tempo que nós temos, e a gratificante constatação de que alguma coisa de útil está sendo feita deste pouco tempo que nos foi concedido. Isso faz com que a vida se prolongue.

Se meus minutos são tão programados cotidianamente, não é somente porque as pessoas que garantem todos os serviços da clínica dependem de mim, mas também porque mantenho meus contatos com a Santa Casa da Misericórdia. Com efeito, continuo a percorrer os longos corredores brancos e os pátios luminosos onde naqueles tempos pioneiros sussurravam as vestes brancas das irmãs de caridade.

Desde então, minha existência se desenrola 12 horas por dia na clínica. Ali, o trabalho se articula em torno do centro cirúrgico, onde opero, do consultório, onde recebo meus pacientes, ou da biblioteca, onde estudo, dou minhas aulas, preparo minhas conferências e participo da elaboração do *Bulletin*, uma revista científica que lancei, juntamente com a *Revista Brasileira de Cirurgia Plástica*, em português e inglês, para estimular a pesquisa médica.

Mantenho uma rotina intensa. Acordo todos os dias às seis horas da manhã, leio os jornais, pratico durante meia hora algum dos meus esportes preferidos — natação, caratê ou tênis — e rumo em direção à clínica ou à Santa Casa. Aproveito o trajeto para ditar minhas cartas, aulas, conferências e instruções, que entrego à minha grande e especial colaboradora Luzia, encarregada de distribuir as tarefas entre os demais. Todas as manhãs opero, dedicando a parte da tarde ao atendimento no consultório, onde minha colaboradora Jane, que nos deixou tão cedo, imprimiu uma marca de qualidade e carinho no atendimento aos pacientes, fazendo com que cada momento fosse um encontro de amizade e de profunda compreensão mútua. Hoje, eu conto muito com os meus novos colaboradores nesse atendimento, e principalmente com a minha filha Gisela, médica psicoterapeuta, que assumiu com graça e extraordinária competência a direção da clínica, além de prestar um atendimento psicoterapêutico preventivo, amenizando qualquer trauma cirúrgico.

Ao longo desses anos, consolidei na clínica uma verdadeira universidade sem fronteiras, um ambiente propício ao aprofundamento do estudo da especialidade. Inteiramente isolada do atendimento clínico, a biblioteca conta com um banco de dados e uma extensa bibliografia, abrangendo periódicos, teses, monografias e livros especializados. Na videoteca, o acervo completo de todas as intervenções já realizadas está disponível e catalogado de forma a ser facilmente consultado e analisado. Câmeras de vídeo instaladas no centro cirúrgico transmitem diretamente para o auditório as intervenções realizadas, mostrando os detalhes de cada etapa dos procedimentos aos médicos estrangeiros, colegas, visitantes e alunos.

Sonho acalentado desde o início de minha formação, a integração dos fundamentos teóricos e práticos da cirurgia plástica num único centro de estudos, unido à Santa Casa e à clínica, funciona como uma espécie de catalisador. A partir desse núcleo são irradiados novos conhecimentos numa sucessão já mais moderna, classificados por blocos que acompanharam a evolução da própria especialidade, em programas organizados em conjunto com as diversas subespecialidades e bem estruturados, com a colaboração de todo o corpo docente.

Recentemente descerramos uma placa comemorativa dessa longa e gratificante trajetória na 38ª Enfermaria na Santa Casa da Misericórdia. Foram anos cheios de alegria, de encanto pela convivência com aqueles que me trouxeram muito, recebendo o que eu pude lhes dar. Cheios da alegria de enriquecer o conhecimento de outros, de colaborar na sua formação e de ajudá-los a compreender em profundidade a responsabilidade do saber e do dever imposto por esse conhecimento: transmiti-lo. E fazendo com dignidade esse trabalho de ensinar, difundindo sempre, juntamente com o saber científico, o valor humano do convívio verdadeiro.

A escola criou um forte laço de união entre seus integrantes, oriundos dos recantos mais variados e distantes do país e do mundo. E esse traço de união e de respeito ao outro, um sentido de respeito à autoridade do conhecimento, valorizada pelo convívio e pela qualidade —, um espírito que todos procuraram exaltar, junto de meu constante entusiasmo.

A Associação dos Ex-Alunos do Prof. Ivo Pitanguy — Aexpi, como eles a chamam carinhosamente — se reúne a cada ano num encontro e a cada dois anos, num congresso. Já nos reunimos em vários países, cada ocasião constituindo um verdadeiro evento.

Em cada uma dessas reuniões impera o espírito de cordialidade e de respeito à evolução de cada um. As idéias sendo trocadas de forma profunda como em todo congresso médico, mas impregnadas por uma cordialidade diferente, como uma família que se reúne para contar seus casos, suas histórias, mas também para falar de suas dificuldades, emprestar e pedir emprestado ao outro seus conhecimentos.

Os encontros têm ocorrido em muitos locais, em muitos países. Como em Berlim (então Oriental), que comemorava 750 anos de sua fundação, onde vivemos uma experiência extraordinária. A escola foi recebida com honrarias dignas de chefe de Estado. Pela primeira vez, Berlim, ainda dividida pelo muro àquela altura já coberto por inscrições de protesto, abrigava um encontro internacional de cirurgia plástica. Um evento carregado de sentimento familiar de nossa *alumni societa*, organizado com toda ordem e entusiasmo pelo nosso discípulo Peter Pohl, que reuniu cerca de quatrocentos ex-alunos, provenientes dos mais diversos países.

A força da Prússia, feita de contrastes e de amor à arte e à beleza, ainda permanecia adormecida, embora prestes a renascer em toda a sua pujança. A sensação de opressão provocada pela onipresença daquela divisão criada pela ignomínia dos homens nos tornava solidários contra aquele ultraje à liberdade. A desolação invocava em todos nós o desejo de ecoar John Kennedy e dizer — como ele o fizera pouco depois da construção da muralha:

— *Ich bin berliner.*[16]

Ao receber as chaves da cidade, perguntaram-me se usava a *Légion d'Honneur* naquela ocasião com uma intenção crítica. Não havia me detido sobre a questão. Mas, de fato, entre todas as condecorações, ela se destaca por sua simplicidade e pela força de sua origem. Outorgada pela primeira vez por Napoleão, a comenda foi criada para enaltecer o espírito altruísta dos homens que, por suas realizações, buscaram elevar a convivência entre os povos.

Durante a ocasião, com o característico rigor prussiano, a Orquestra Filarmônica de Berlim tocou em homenagem à nossa escola, convidando-nos em seguida a visitar seu rico acervo de instrumentos musicais antigos, que inclui os que pertenceram ao imperador Frederico II, o Grande — ele mesmo um músico amador, além de profundo admirador de Voltaire e Bach.

A sala lembrou-me da ocasião em que o imperador convidou Johann Sebastian Bach, então com mais de sessenta anos, a tocar para ele e sua corte. Quando o concerto teve início, o imperador solicitou uma fuga, sendo agraciado não com uma, mas com oito, compostas pelo gênio naquele exato momento. E, para surpresa geral da corte, ao terminar o último movimento, tocou todas novamente, da última até a primeira, mas agora de trás para diante (*crab-fuit*). Esse concerto ocorrera logo depois da passagem de Voltaire pela cidade, no mesmo local e momento em que nascia Dieffenbach.

---

[16] Eu sou berlinense.

Respirávamos agora o ar de uma Berlim sem muralhas, já reintegrada a esse mundo em que vivemos. Um mundo novo, onde o futuro ainda é incerto diante das diferentes reações de grupos e etnias distintas, mas onde a queda do muro exala liberdade.

Voltei a Berlim um ano após a viagem que havia feito com os ex-alunos, dessa vez para uma homenagem a Dieffenbach, pelo bicentenário de seu nascimento. Dezessete cirurgiões de várias partes do mundo foram convidados para falar e cada um abordou um aspecto diferente da obra desse grande precursor. Inspirado pelas dificuldades que ele em seu tempo atravessou, focalizei a vida do homem que, por seu empenho e dedicação, passou sua existência inteira na tentativa de superar os limites impostos pelos conhecimentos já estabelecidos, reconhecendo o direito da recuperação estética além da obrigatória recuperação física. Ele sofreu com paixão pelos mutilados e procurou minorar a dor daqueles que se recuperavam das feridas mas que continuavam com suas deformidades — comentei durante minha palestra, que tive o prazer de apresentar em alemão.

Todo o transcorrer desse evento em Berlim, no qual fui agraciado com uma comenda especial, a Medalha Dieffenbach, mostrou-se especialmente tocante para mim. Uma das cerimônias mais bonitas e emocionantes foi realizada junto ao mausoléu do pioneiro. Acompanhados por uma pequena orquestra de câmara que tocava o *Réquiem* de Mozart, todos cantamos em coro. E o frio de oito graus negativos não abatia a quem estava imbuído pelo espírito da eterna busca da harmonia e da beleza, que havia inspirado o grande compositor. Assim me senti também, naturalmente ajudado por um bom copo de vinho quente.

Capítulo 14

O incêndio do circo

Jamais me lamento. Não me encolerizo. Não choro mais. Se chego a rir, é freqüentemente de mim mesmo. Não me levo a sério. Marilu, que me viu amadurecer, afirma que sufoquei minha natureza originalmente exuberante para camuflar meus sentimentos e minha sensibilidade. Ela me conhece bem.

De fato, eu mudei. Não por causa da notoriedade. Foram todas as emoções vividas ao lado de meus pacientes que sorrateiramente provocaram a metamorfose. Ao recordar meu passado, é fácil encontrar o momento preciso em que essa transformação teve início.

A experiência que marcou mais fortemente a minha vida foi o tratamento das vítimas do incêndio do Gran Circo Norte-Americano, ocorrido no dia 17 de dezembro de 1961, em Niterói.

O que presenciei naquele dia superou os mais terríveis pesadelos. Uma multidão de 2.500 pessoas — na sua maioria crianças — sucumbiu ao fogo e à falta de atendimento adequado às gigantescas proporções do desastre. O dramático saldo registrou cerca de quinhentos mortos e outras tantas vítimas irremediavelmente desfiguradas.

Lembro-me como se fosse hoje. Estava indo para a Santa Casa quando ouvi pelo rádio do carro a notícia da tragédia. Desviei meu roteiro, tomei a barca e, junto com Odir Aldeia, Adolfo, Ronaldo, Ramil e outros colegas que já se encontravam em Niterói, comecei a organizar um pequeno time que pudesse nos ajudar, naquele ambiente de desespero que se apossou da cidade. Era preciso controlar a multidão, dar ordem ao caos, reabrir o Hospital Antônio Pedro, que estava fechado por uma greve dos funcionários, e criar um sistema de atendimento a todos aqueles queimados.

Enquanto cuidava dos primeiros socorros, fiquei impressionado com o caso de um menino de 11 anos. Havia surgido subitamente da espessa fumaça que formava uma muralha em torno do capitel em chamas. Estava gravemente queimado em 80% do corpo, mas parecia indiferente a seus sofrimentos. Com as roupas em farrapos, sua única preocupação era olhar todos os outros feridos como se procurasse alguém.

— Quem você está procurando? — pergunta-lhe uma enfermeira.

— Meu amigo...

Seus lábios tremem... tamanho o pavor que havia sentido antes de poder escapar da fornalha. Com o olhar alucinado, ele procura seu amigo entre os queimados. E depois grita:

— Ele continua lá no fogo!

Sem que ninguém possa interferir, tão fulminante é sua decisão, o menino se arremete na direção do inferno.

— Volte!

— Fique aqui!

— Desista!

Os apelos são inúteis. A pequena silhueta é novamente tragada pela armadilha de fumaça. Petrificados, estamos convencidos de que ele não escapará mais. De repente, as pessoas começam a gritar e correr. Urrando de terror, um elefante que arrasta em seu dorso panos incandescentes do circo, rasga uma passagem entre as chamas. Aproveitando-se do buraco, espectadores conseguem escapar.

— Olhem! O menino está ali... ali!

Uma enfermeira é a primeira a vê-lo e se precipita em sua direção para socorrê-lo. Ele caminha penosamente. Está no fim de suas forças. Mas carrega seu amigo quase desmaiado. Em seu rosto fino, inchado pelas queimaduras, seus olhos brilham loucamente com um indizível orgulho. Seu amigo está salvo.

A intrepidez e a abnegação desse menino marcaram-me para sempre. Arriscar a vida pelo outro é o mais nobre ato de um ser humano. O jovem herói chama-se Pablo. Livre de seu fardo vivo, ele cai a nossos pés. Lembro-me também desse momento exato. Enquanto eu e um assistente o instalamos cuidadosamente sobre uma maca, olho o céu que o incêndio avermelha. E juro que vamos salvá-lo.

Pablo está moribundo. As chances de mantê-lo vivo são quase inexistentes. Durante mais de seis meses nós nos revezamos à sua cabeceira, prodigalizando-lhe os cuidados que nos são possíveis. Dispomos de cerca de trinta mil centímetros cúbicos de pele liofilizada, doados pelo Hospital Bethesda. É a reserva destinada aos feridos da Marinha dos Estados Unidos.

Para salvar Pablo e tantos outros meninos, os enxertos liofilizados, substituídos progressivamente por auto-enxertos que agem como curativos biológicos, ajudam-nos bastante. Entre todos os nossos pacientes, Pablo conserva uma dignidade que chama nossa atenção, e seguimos a lenta evolução de seu estado como se fôssemos seus parentes. Devido às queimaduras de terceiro grau, seu derma está destruído. As chagas profundas não permitem mais regenerar a pele: ocasionam perda de humores, de linfa e de sangue. Muitos de nossos queimados morrem. Um lençol branco recobre seus corpos martirizados.

Pablo sobreviverá? Nós o alimentamos com produtos dietéticos destinados a substituir os sais minerais que seu organismo perdeu. E depois, muito tempo mais tarde, ao longo do terceiro mês, tendo seu estado geral progredido, podemos praticar naquele corpo frágil e supliciado, depois dos enxertos homólogos em que é empregada a pele liofilizada, os enxertos autógenos, utilizando as zonas onde a pele ainda está intata.

Terra de crendices, de superstições e de fé, o Brasil é sensível aos signos e aos presságios. Certa manhã, uma religiosa vem ao meu encontro com seus passos miúdos, toda exaltada. Mãos juntas como para uma prece, ela me anuncia:

— Pablo vai sobreviver, doutor.

— De onde vem essa sua certeza, irmã?

— Venha ver comigo...

Eu a sigo até o pequeno quarto onde se encontra o menino. Muito docemente, a religiosa entreabre a porta. Coloca um dedo sobre os lábios e cochicha:

— Olhe.

Sobre o parapeito da janela, como a contemplar Pablo adormecido, uma pomba branca permanece imóvel.

— Deus a enviou para anunciar a sua cura! — murmura a religiosa.

Deus ou nossos cuidados? Ou Deus e nossos cuidados? Pablo se cura. Cresce. Seu corpo guarda as cicatrizes do passado, amainadas pelo tempo.

AINDA HOJE SOAM em meus ouvidos os gemidos e os lamentos das vítimas. Dirigia o Serviço de Cirurgia Reparadora da Santa Casa da Misericórdia, a 38ª Enfermaria, onde fui obrigado a reduzir os atendimentos ao mínimo. Transferi todo o meu grupo para estruturar o serviço do Hospital Antônio Pedro e atender as vítimas. No início, contamos com a colaboração de vários colegas e de voluntários de todos os extratos sociais.

Foi de inestimável valor a doação de 33 mil centímetros cúbicos de pele seca feita pelo Hospital Bethesda (Washington), utilizada como enxerto homogêneo pela primeira vez na América do Sul. A solidariedade de outros países foi muito importante nesse primeiro momento, destacando-se, ainda, a atuação de um grupo de colegas argentinos liderados por Fortunato Benaim, que por quase uma semana nos prestou valiosa contribuição.

Recebemos também inúmeras outras demonstrações de abnegação e solidariedade por parte da população, que acorreu trazendo consigo o que considerava ser de algum préstimo, como caminhões cheios de folhas de bananeira, bálsamos, preces. Mas, passado o pânico inicial, o conhecimento já adquirido, nossa persistência e o empenho dos que conosco continuaram por longos meses se provaram essenciais para a recuperação dos pacientes.

Resultados como os obtidos durante a tragédia do Gran Circo em Niterói, mais do que palavras, permitiriam reconhecer em profundidade o valor da luta pela valorização da cirurgia plástica. As experiências pelas quais passei durante o tempo em que palmilhei os becos das favelas cariocas e, durante minha estada em outros países, observando combatentes mutilados e de rostos desfeitos, evidenciavam que o sofrimento é o mesmo em todas as latitudes e hemisférios onde o trauma, ou a natureza, se apresenta de maneira violenta ou injusta.

Vivemos uma época de trauma permanente. Se a guerra o traz em concentração maior, a secessão do nosso dia-a-dia na violência urbana cria tantos mutilados como a guerra declarada em território oficial. Triste fim: trauma e destruição. Mas a esta se sucede a reconstrução. O ser humano deveria prescindir da destruição para a reconstrução, embora isso implique renegar um pouco da história real de um ser, cuja parte cortical insiste em destruir o equilíbrio sustentatório do sistema límbico, protetor das espécies.

LEMBRO QUE APROVEITEI aquele momento para reler *Don Quixote de la Mancha*, livro que todos conhecem mas poucos tiveram a ventura de ler por inteiro. Naquele momento tão especial, pude compartilhar intimamente do humor, dos sonhos e dos anseios resgatados por Cervantes em seu profundo conhecimento da alma humana.

Um certo quixotismo — aliado ao bom senso de Sancho Pança — me persegue a vida inteira. Na parede do meu consultório guardo um cavaleiro cervantesco, que me foi presenteado por Salvador Dalí. Na tela, o cavalo mantém a pata retida, enquanto a lança na mão do cavaleiro, que aponta para o infinito (no caso a própria letra "P", de Pitanguy, na dedicatória), representa a vontade de realizar, a determinação. Não uma determinação excessiva, mas a vontade firme e permanente de sempre seguir em frente, ir à luta. A espada não investe, guardando uma força contida.

A medicina tem necessidade do saber sempre renovado, e também de muita segurança no fazer. Quando se precisa tratar um número maior de pacientes, não basta o médico: é fundamental o apoio bem-estruturado de uma organização. Naqueles dias que se seguiram ao incêndio do circo em Niterói, quem sabe poderíamos ter salvado mais vidas se tivéssemos uma organização melhor e, sobretudo, conhecimentos mais amplos. Mas tínhamos apenas nossa boa vontade.

Capítulo 15

O resgate da auto-imagem

Sempre gostei de bailes à fantasia. A gente se disfarça, dança, bebe, ri, namora, esquece as preocupações por uma noite... E foi numa dessas noites, nos idos dos anos 1950, no Rio de Janeiro, que eu e alguns amigos tínhamos sido convidados para uma festa a que deveríamos comparecer fantasiados de pirata. Uma roupa que me agrada bastante.

Amontoados em meu pequeno Austin, vamos cantando rumo à festa. De repente, numa encruzilhada, vejo um homem que me deixa estupefato. Ou, mais precisamente, é seu nariz que me deixa atônito. Jamais, em nenhuma parte do mundo, eu havia tido a oportunidade de ver um apêndice nasal tão gigantesco. Um pico, um cabo, uma península teriam me impressionado menos. Em resumo, uma monstruosidade nasal, de fazer inveja ao célebre personagem Cyrano de Bergerac.

Esquecendo por alguns instantes a festa que nos espera, quero falar com o homem a qualquer preço. Consigo alcançá-lo e o chamo. Ele dá uma rápida olhadela e acelera o passo. Eu o ultrapasso. Ele anda mais depressa ainda. Novamente o alcanço. Ele começa a correr. Teimoso, tento mais uma vez alcançá-lo e salto do carro na frente dele antes que fuja de novo.

— Meu senhor, não tenha medo. Desejo unicamente falar de seu nariz. O senhor tem uma deformidade que eu posso corrigir. Isso é um rinofima!

Confuso, o desconhecido tenta repetir:

— Ri... no... o quê?

— Rinofima.

Ele então repete, destacando as sílabas:

— Ri-no-fi-ma?

— É claro. Isso salta aos olhos...

— Mas o que é isso?

— Bem, em medicina, é assim que se designa um nariz que foi crescendo pela proliferação dos folículos, e que faz lembrar a tromba de um elefante.

— E o que é que você tem com isso? — pergunta-me com agressividade.

— Eu sou um cirurgião.

— Ah, é mesmo? — diz ele, olhando-me de alto a baixo.

Eu até me esquecera de minha fantasia de pirata. Esquecera-me da banda sobre o olho e o lenço vermelho enrolado em torno da cabeça. O homem está visivelmente intrigado. Mas percebo em seu olhar que ele se pergunta se estou falando a verdade.

— Escute, nao ligue para minha roupa. Esta noite estou de folga. Meu nome é Pitanguy. Opero no Hospital da Santa Casa da Misericórdia. Venha me ver, se quiser. Eu poderia melhorar seu nariz.

— É mesmo?

— Certamente. É uma operação sem complicações.

— Pitanguy, você disse? — repete ele, ainda desconfiado.

— Isso mesmo.

— Bem, vou pensar...

Após um último olhar desconfiado para minha roupa, o sujeito se afasta. Foi somente depois de vários meses que ele apareceu na Santa Casa. Percebi imediatamente sua figura entre a multidão de doentes que aguardava consulta.

Deixou-se operar. E sua vida, disse-me ele mais tarde, mudou instantaneamente.

QUANDO JOVEM, eu me entusiasmava facilmente e não conseguia deixar de perscrutar com o olho de cirurgião todas as pessoas com quem cruzava na rua. Se me deparava com um pobre afligido por uma deformidade flagrante, eu perdia toda reserva. Depois criei juízo, como se diz. Não me apresso mais a agarrar um passante para operá-lo, esteja ele desejando ou não a intervenção.

Episódios como esse, do homem com rinofima abordado na rua, dificilmente voltariam a acontecer comigo, mas a operação do nariz não deixou de ser uma de minhas preferidas. É que o nariz é a parte do corpo cuja modificação comporta maiores componentes psicossomáticos. Localizado no centro do rosto, ele atrai os olhares. Quer seja muito comprido, adunco, aquilino, grego, arrebitado, volumoso, espesso, achatado ou pontudo, é sempre notado. A prova é que quando se pede a descrição de um indivíduo, geralmente é pelo nariz que se começa.

A rinoplastia é sempre um desafio, de certa forma agradável porque representa a criação de uma escultura, em que o cirurgião, artesanalmente, vai acrescentando ou retirando até restabelecer a harmonia mediante o delicado trabalho realizado no fulcro da face. Trata-se de uma arte, visto que não existe um único nariz que obedeça a dados matemáticos, assim como não existem dois seres humanos iguais no mundo. A linha, a curva, a espessura e o comprimento devem harmonizar-se com o rosto e o caráter do paciente.

Não há um protótipo nasal universal, e é isso que torna o seu esculpir tão fascinante. Trata-se, antes de tudo, de procurar que o resultado seja o mais natural possível. Participei de congressos cujo objetivo era o de estudar os diferentes modelos de nariz segundo as raças, a fim de conhecer as características do nariz grego, indo-europeu, asiático, negróide ou semita para conseguir reestruturá-los. Em cada caso, ele deve ser moldado dentro dos traços de sua raça, pois é uma heresia dar, por exemplo, a um asiático o apêndice nasal de um europeu. No Brasil, tornou-se muito comum a cirurgia em narizes negróides, devido à mestiçagem entre as etnias de origem européia e a população negra trazida ao país no tempo do tráfico de escravos. Nesses casos, há uma estrutura nasal geralmente mais forte e, portanto, mais difícil de se modificar. Aprendemos a suavizar as formas, sempre respeitando as características étnicas, e aperfeiçoamos uma técnica para estreitar as narinas e afinar as pontas. A operação do nariz, para os pacientes, beira a magia. Com efeito, o procedimento não deixa qualquer cicatriz.

Muitas vezes já me perguntaram se existe um "nariz Pitanguy". Sempre respondi:

— Sim, quatro. São os narizes de meus filhos Ivo, Gisela, Helcius e Bernardo.

Na verdade, quando alguém vem me consultar, minha principal preocupação é a de encontrar a forma que devo esculpir para que o paciente tenha um nariz que seja bem seu, que corresponda ao seu caráter. Em resumo, que pareça natural. Para conseguir imaginá-lo, eu dou um espelho ao paciente para que ele se olhe. E o faço falar: conforme suas expressões e emoções, o nariz adquire em dado momento o verdadeiro contexto anatômico e psicológico do paciente. Pois faz parte do psiquismo do indivíduo.

Sentimo-nos particularmente satisfeitos quando fazemos um bom trabalho num nariz. Em pouco tempo, e reduzindo apenas alguns milímetros daquilo que é chamado zombeteiramente de "promontório", oferecemos felicidade e segurança para toda uma vida. Para isso, é indispensável que o entendimento entre o paciente e o médico seja total. Cada um dos dois tem suas idéias próprias. O ponto de vista do paciente é o único que conta. Tudo o que posso fazer, em caso de desacordo, é recusar-me a operar.

O cirurgião, enfim, deve desconfiar dos modismos. No curso de minha longa carreira, à medida que as gerações se sucediam, freqüentemente me pediram que fabricasse narizes como aqueles, naturais, de estrelas e de pessoas que estavam em moda. Recusei-me, sempre categórico, porque dar um nariz que não corresponda à pessoa que o terá é perder uma ocasião de ajudá-la verdadeiramente. Isso não impede que o cirurgião examine com cuidado as fotografias que, às vezes, os pacientes levam-lhe para mostrar o nariz que desejam. O problema é que, inconscientemente, o paciente quer também tudo o que acompanha aquele nariz.

A JOVEM MULHER ENTROU em meu consultório há cerca de cinco anos. Vinha do exterior. Seu rosto era de um oval perfeito. Seus olhos, de um azul profundo. Seu queixo, graciosamente fino, talvez um pouco pequeno. Seu nariz, horrível: comprido, mas sobretudo recoberto por protuberâncias que o faziam parecer um tubérculo.

Um nariz tão feio num rosto tão equilibrado é realmente uma lástima.

— Já fui operada uma vez — conta-me a visitante —, mas a intervenção foi um fracasso. Estou mais feia agora do que antes.

Ouço-a falar. E sinto que, dominada pela emoção, ela vai chorar. Vejo as lágrimas aflorarem em seus olhos e depois deslizarem sobre seu rosto. Ela prossegue:

— Doutor, tenho 24 anos de idade. Eu queria tanto ter uma vida normal! Por que a natureza me condenou a esse sofrimento e a uma solidão tão grande? Doutor, se o senhor soubesse como é penoso ser sozinha...

Ela chora. Pega um pequeno lenço. Enxuga os olhos. Funga. Tem uma perturbadora tristeza de criança.

— Doutor, o senhor poderá me ajudar?

— Sim.

Levanto-me e me aproximo dela. Tomo seu queixo na palma de minha mão e ergo seu rosto. Observo-a e a imagino com o nariz reparado. Ela está radiante.

Uma segunda ou terceira operação é mais delicada que a primeira. O sucesso pode não ser total. A reputação do cirurgião está em jogo, mas ele não deve se furtar à operação: um ser humano sofre. Sua tarefa é particularmente delicada. A paciente está traumatizada pelo fracasso recente. Psicologicamente, não está preparada para compreender que os resultados serão limitados.

Pode levar mais de um ano para os tecidos reencontrarem sua forma. Operar antes disso pode ser um desastre e o cirurgião não deve ceder, por emoção, à pressa da paciente. Deve ajudá-la a esperar, explicando-lhe os motivos, transmitindo-lhe segurança durante o tempo necessário para que os tecidos voltem ao normal e mostrando-lhe os progressos alcançados, por menores que sejam.

Uma semana depois da operação, o nariz encontrou sua forma. Quando foi retirado o pequeno molde de gesso, a paciente observa meus olhos. A desinchação prosseguirá por algumas semanas. Minha paciente o sabe. E a satisfação que ela demonstra, ao ver meu olhar de aprovação, representa um momento partilhado de felicidade indescritível.

Há pouco tempo operei uma senhora alemã de 84 anos, que me procurou para corrigir o nariz. Era de fato muito grande. Procedemos aos exames com uma série de cuidados extras, em decorrência de sua idade. Percebendo toda aquela preocupação, que envolvia até mesmo um psicólogo, ela me chamou:

— Senhor, convivi com esse nariz durante 84 anos, toda a minha família tem narizes parecidos, mas não quero ser enterrada com ele. Portanto, o senhor decida, mas para mim é um caso bastante simples.

Aquela lucidez, aquela consciência de si mesma, não deixava margem para qualquer hesitação. Operei-a e ela foi embora muito feliz. Possivelmente ganhou mais alguns anos de vida graças à alegria que lhe foi proporcionada.

Pascal, já no século XVII, conjecturava:

— Se o nariz de Cleópatra tivesse sido mais curto, toda a face da Terra teria mudado.

Apesar de considerada a mais bela entre as mulheres do antigo Egito, é de supor que não lhe agradasse o tamanho de seu proverbial apêndice nasal. Essa inadequação talvez explique em parte a pouca atenção que dedicava ao próprio reino e aos seus súditos, não hesitando em abandonar seus domínios para seguir César até a distante Roma, sem esquecer que por ela Marco Antônio deixou para trás seu reino, sua mulher e seus filhos, para ser abandonado pouco depois e levado ao suicídio pela bela e irrequieta rainha. O fascinante em tudo isso é que Augusto César não gostava do nariz de Cleópatra, enquanto Marco Antônio apaixonou-se por ela.

Cleópatra é, de fato, uma personagem proverbial. Lembro-me das palavras de Pedro Calmon — reitor da Universidade do Brasil quando o Rio de Janeiro era ainda a capital federal — em relação a mim e à minha especialidade.

Convidado por Hugo Pinheiro Guimarães e Carlos Chagas, queridos mestres e amigos, então diretores da Universidade do Brasil, ministrei um curso de atualização em cirurgia plástica na minha própria clínica, que já contava com um pequeno anfiteatro. Evento histórico, por ter sido o primeiro que a Universidade do Brasil organizou fora de seus domínios. Usei a clínica, numa tentativa de demonstrar a possibilidade de uma entidade particular contribuir para a difusão do ensino e suprir as carências inevitáveis das universidades. Tentava criar uma universidade sem fronteiras, desejo que perdura até hoje.

A experiência correu muito bem, contando com a presença dos diretores da universidade e também de Pedro Calmon, que encerrou o curso parafraseando Pascal:

— Se Ivo fosse nascido copta, na época de Ptolomeu, teria sido cirurgião, dando a Cleópatra os recursos para que ela seduzisse César. E toda essa nossa civilização, que resplandeceu do Tibre até nós, estaria mergulhada nas profundas águas do Nilo.

É claro que não podemos medir com precisão a influência do tamanho do nariz sobre as atitudes de Cleópatra. Mas não há dúvida de que uma simples cicatriz, uma orelha de abano, um sinal externo qualquer, pode vir a perturbar a harmonia do ser humano. E se for possível à ciência corrigir uma deformidade de origem genética ou traumática, não pode haver justificativa plausível que impeça uma intervenção capaz de levar ao indivíduo a sensação de bem-estar consigo mesmo, indispensável à sua integração harmoniosa e produtiva com seus pares.

A IMAGEM QUE CADA UM tem de si mesmo nem sempre corresponde à realidade.

"Espelho, espelho meu, existe alguém mais bonita do que eu?" Para desespero da Rainha Má, a pergunta recorrente recebia sempre resposta afirmativa. Corroída pela inveja, não hesitou em condenar a preferida do espelho, sua enteada Branca de Neve, ao exílio e à pobreza.

Não lhe bastava ser bela. Era preciso ser a mais perfeita em todo o seu reino. Nada menos do que isso lhe seria satisfatório.

Operar é fácil. Depois de tantos anos de cirurgia, refazer um nariz, uma mama e tantas outras operações me demandam menos tempo. Mas é preciso saber resistir à facilidade. Lembro-me de um homem próximo dos cinqüenta anos cujo rosto mal estava marcado e que ocupava um importante posto de direção. Ele queria um *lifting*. Perguntei-lhe o motivo. Com sinceridade, explicou-me:

— Em minha empresa, querem rejuvenescer o quadro de pessoal. Tenho medo que minhas rugas me custem o cargo, doutor.

Compreendi a ansiedade daquela pessoa que o tempo e nossa sociedade ameaçavam. Mas julguei que não devia fazer a operação pois o que ele estava procurando eu não poderia oferecer. O poder não é medido necessariamente pelas rugas e pela flacidez que a gravidade nos impõe ao longo do tempo.

Com delicadeza, procurei transmitir-lhe um conselho:

— Não vale a pena tentar manter seu emprego usando o subterfúgio de algumas rugas a menos. Ao contrário, as rugas podem ser vistas como um ponto altamente favorável. Podem ser uma prova de sua experiência e de sua capacidade.

Enquanto lhe falava isso, lembrei-me de um quadro de Salvador Dalí, em que ele apresenta um rei sem corpo, simbolizado apenas pela coroa. A força do poder não está na dimensão estrutural, não está no corpo do rei. A posse de uma coroa depende principalmente da nossa capacidade de sustentá-la.

NATURALMENTE, estrelas que começam a envelhecer vêm a mim para que eu lhes devolva o brilho de seus vinte anos. Dizia-se de Michelangelo, a propósito de suas obras inacabadas, que elas possuíam uma força que parecia querer escapar do mármore para ganhar vida. Conosco é o inverso. Tentamos harmonizar uma alma com sua forma. Costumo explicar-lhes:

— Para uma grande atriz como você, que interpretou tantos papéis principais quando jovem, existem papéis maravilhosos em cada etapa da vida. Posso devolver a juventude ao seu rosto, mas não ao seu coração. Em minha opinião, você dá atualmente muita importância àquilo que posso fazer por você. Antes de começar qualquer coisa, é preciso se preparar e, principalmente, medir suas limitações. Somente quando você estiver pronta é que poderei realmente lhe ser útil.

É verdade que, para estabelecer um contraste, poderia lembrar o caso de uma outra estrela, uma celebridade dos anos 1930 que, depois de vários *liftings* que a haviam satisfeito interiormente, desejava, aos 76 anos de idade, uma última operação de rejuvenescimento. Veio ver-me com essa intenção, afirmando que não queria entregar-se a outras mãos que não as minhas.

De onde lhe veio esse último capricho de se operar? Sete anos antes, portanto às vésperas dos setenta anos, ela começou a praticar o mergulho submarino e recebera, então, em pleno coração o choque de uma beleza da qual jamais suspeitara que existisse: aquela do fundo do mar, ou, quem sabe, a dos jovens mergulhadores.

Depois de trabalhar algum tempo como atriz, havia se tornado diretora de cinema: Leni Riefenstahl, a mais significativa e controversa cineasta alemã. Filmou os Jogos Olímpicos de 1936, em Berlim, usando técnicas inovadoras que influenciariam para sempre o registro de imagens esportivas. Personagem polêmica por sua atuação ligada ao regime nazista, acusação que negou até o fim da vida, ela recomeçou depois da guerra, passando a dedicar-se inteiramente à arte da fotografia. Depois dos setenta anos de idade começou a fazer filmagens subaquáticas, captando imagens de uma forma que ninguém antes havia filmado. Faleceu na Baviera, com 101 anos de idade, sempre mantendo vivas a alegria e a criatividade.

Certa vez me disse que trinta anos antes ela havia feito um curso de mergulho. E com uma risada me contou que, na ocasião, já tinha o dobro da idade do mais velho do grupo.

"Quem encontra uma vez a beleza absoluta está condenado a morrer ou então a renascer", diz o escritor alemão Thomas Mann. Aquela estrela dos anos 1930, sem conseguir provar aos produtores de cinema que continuava sendo uma grande profissional, havia escolhido renascer.

Todo ser humano tem o direito de ser feliz, de estar bem com a sua imagem e de se esforçar por melhorá-la. Mas cada um de nós tem um biotipo, uma conformação óssea e estruturas diferentes. É preciso, portanto, aprender a ser feliz dentro de nossa própria estrutura, de nossa constituição. Sentir-se bem consigo mesmo sem a necessidade de ser o outro, da melhor forma possível. E, acima de tudo, valorizar a sensação de beleza que o espírito nos proporciona, consciente de que o corpo transporta algo mais sublime do que apenas a si mesmo.

A busca desse equilíbrio lembra-me de um exemplo em que a coragem caminha junto com o coração. Não se tratava de uma atriz nem de uma celebridade. Era a paciente ideal, ou seja, aquela que está em harmonia consigo mesma. Eu a havia operado seis anos antes, e seu marido, que não a largava, encantara-se tanto quanto ela com os resultados daquele *lifting*. Vejo a então voltar, sempre acompanhada de seu marido. Tem agora 68 anos, e fico sabendo que ela deseja aquilo que chamamos, no jargão profissional, de um "refrescamento".

Eu me espanto, considerando-a muito bem como está, e tento dissuadi-la.

— Doutor, eu me sentia tão bem depois da operação que adotei um menino — diz-me ela. — Então, agora não é mais para mim nem para meu marido que desejo esse *lifting*, é para esse filho.

— Nesse caso, é melhor que renuncie a essa idéia — respondo-lhe —, porque isso é uma coisa que se deve fazer estritamente para si e para ninguém mais.

Ela acabou por me convencer, explicando que jamais tivera um filho e aquele que adotara arriscava-se a sofrer gozações de seus colegas. Ela queria evitar que fizessem, em relação a ele, comparações muito cruéis entre as outras mães e ela própria.

Às vezes o objetivo não está claro na aparência para o paciente, mas ele pode estar tendo um comportamento irreal em face do médico, procurando sublimar outras dificuldades dentro do tratamento físico. Evidentemente, quando sentimos que isso ocorre não devemos operar. Mas existem casos ainda mais complexos, como o de uma indiana que há alguns anos me procurou.

Uma moça corpulenta, de 22 anos, simpática, acompanhada do pai, um senhor elegante, chefe de uma grande família, homem de recursos, próspero comerciante de Bombaim, mas extenuado de seguir a filha, que apresentava um problema muito complexo. Tratava-se, segundo ela, de uma ferida no abdome que não cicatrizava nunca. A jovem, que perdera muito peso, havia se submetido a uma cirurgia de abdome, em Hong Kong. A operação correu aparentemente bem, mas depois a cicatriz se abriu.

Junto com o pai, procurou uma série de clínicas pelo mundo afora. Estiveram em boas clínicas na Inglaterra e em vários outros países, até que, tendo ouvido falar em meu nome, vieram ao Rio de Janeiro procurar-me. Ao entrevistá-los, tudo parecia relativamente simples. Examinei-a minuciosamente. Havia uma cicatriz no abdome, que estava discretamente aberta, e resolvemos interná-la por alguns dias. Clinicamente, era simples.

Operei-a, tudo correu muito bem, mas para minha surpresa a cicatriz tornou a se abrir uma semana depois. O pai estava desesperado.

De repente, tive uma idéia. Na minha experiência antiga de pronto-socorro, eu tinha visto pessoas que às vezes se automutilavam. A indiferença da menina indiana e os sorrisos que às vezes ela dava me fizeram desconfiar:

"Quem sabe esta menina por algum motivo estaria provocando, ela mesma, a abertura da cicatriz? Vamos ver o que se pode fazer", pensei.

Na época eu tinha um assistente, entre meus residentes, chamado Garcia, que se propôs a ficar atrás da cortina do quarto com uma pequena máquina fotográfica na mão, para ver se realmente ela estava fazendo alguma coisa.

A paciente estava tranqüilamente no quarto, e o rapaz, já fatigado atrás da cortina, quase cochilando, quando de repente notou alguma coisa que o manteve desperto. Ela discretamente levantou o curativo, expôs a ferida que estava cicatrizada e colocou o dedo para abri-la. Nesse momento ele tirou a fotografia. Assustada, ela levantou o dedo sujo de sangue. O residente então tirou outra foto.

A partir desse momento, a atitude da paciente mudou, pois ela reconheceu diante de si mesma que estava fazendo aquilo para conquistar o amor do pai. Amava-o demasiadamente, mas o via pouco porque o bom homem, tendo numerosos filhos, partilhava seu afeto entre todos. Ela sofria com isso. Tinha ciúmes das irmãs e dos irmãos, que, na sua percepção de menina carente, monopolizavam o pai que ela idolatrava. Então encontrou aquela estranha maneira — manter-se sempre sob cuidados médicos, impedindo a cicatrização de seus sofrimentos — para ter o pai só para ela. E ele, sempre muito carinhoso e muito bom, de fato sentia-se obrigado a acompanhá-la.

Uma vez que o fenômeno foi reconhecido, tivemos então a oportunidade, com o auxílio psicoterapêutico, de convencê-la a se recuperar totalmente. E ela passou até a prestar serviços na clínica durante mais de um mês, ajudando na parte da enfermagem, enquanto o pai, contentíssimo, pôde voltar ao seu país. Mais tarde, ela também regressou, completamente curada, muito mais pelas atenções do seu trabalho voluntário do que pela perícia de qualquer bisturi.

Outro episódio marcante foi o de uma senhora norte-americana que veio consultar-me certa tarde por causa de seus seios, muito volumosos.

— O que quer que eu faça? — perguntei-lhe, deslumbrado por aquela abundância.

— Doutor, dou-lhe toda a liberdade para agir a seu modo...

Examinando-a, comentei com ela o quanto devia ser incômodo para sua coluna o peso daqueles seios. Indiscutivelmente, glândulas mamárias tão opulentas deviam provocar sofrimento em seu caminhar e até mesmo em sua respiração. Portanto, faríamos com que seus seios voltassem a proporções mais equilibradas.

Depois de me ouvir atentamente, um pouco espantada ela me disse:

— Mas, doutor, eu não quero tirar! Eu quero é aumentar meus seios ainda mais!

Esse episódio me mostrou concretamente a responsabilidade de um cirurgião plástico em manter o bom senso para não transgredir sua visão de estética e não pôr em risco a saúde do paciente. Um seio tem padrões de gabarito. Seu peso oscila entre 150 e 180 gramas, segundo os critérios europeus, e entre 200 e 300 gramas, conforme o gosto americano, sobretudo o de Hollywood. Aquela paciente, carregando verdadeiras balas de canhão no tórax, ultrapassava muito esse peso e queria aumentar ainda mais esse desequilíbrio.

Pensando em tudo isso e pesando as conseqüências da minha decisão, respondi:

— Minha senhora, pelo amor de Deus, aumentar eu não acho nada recomendável. E diminuir, a senhora não quer. Então não vamos operar.

— Então está certo. Não vamos operar — respondeu ela.

Tempos depois, ela percebeu que eu tinha razão.

ESSAS HISTÓRIAS MOSTRAM até que ponto o diálogo e o entendimento entre o cirurgião e seu paciente são necessários. O êxito da operação, tanto no plano físico quanto no psicológico, depende em grande parte desses fatores. De um lado como de outro, deve-se usar a mais total franqueza. E jamais podemos impor uma intervenção cirúrgica que não tenha a concordância das duas partes.

Ao longo dos anos ficou cada vez mais forte em mim a convicção de que os momentos de contato com o paciente são de enorme importância, porque permitem avaliar não só os anseios, mas também a própria compreensão do paciente em relação ao tratamento e ao cirurgião. Uma teia de cumplicidade há que ser tecida entre os dois, para que haja total clareza do que será feito e do resultado que se pode alcançar. É importante que isso seja bem compreendido na interação com o paciente, para que, dentro das possibilidades reais, ele tenha a satisfação de sentir-se em paz com sua própria imagem.

E a franqueza do médico deve se apoiar numa modéstia genuína. De fato, o cirurgião plástico precisa fazer seu paciente compreender, por exemplo, que ele não é capaz de uma cicatrização melhor do que outro médico, pois não é ele quem faz a cicatrização, e sim o corpo do paciente. Tudo aquilo em que pode se empenhar, sendo um bom cirurgião, é fazer as cicatrizes nos vincos naturais, de modo que fiquem menos visíveis, e criar em torno de seu paciente as condições ideais de cicatrização. Quais são essas condições ideais? No período pós-operatório, o essencial é esperar a maturação do tecido colágeno, que vai dar à cicatriz seu aspecto definitivo. Isso vale para todos os casos, mas particularmente para aqueles pacientes que tenham tendência a produzir cicatrizes hipertróficas. E isso às vezes leva tempo. A cicatriz começará por tornar-se um pouco mais vermelha, depois um pouco mais espessa, e será preciso passar pelo menos um ano, quando não dois, para que ela praticamente desapareça. Mas, novamente, mesmo que as condições iniciais de cicatrização tenham sido ótimas, tudo dependerá, em última análise, da qualidade do tecido conjuntivo do indivíduo. É preciso discutir sobre isso antes da operação, com a maior clareza e honestidade possíveis.

O rosto de cada um de nós é, com freqüência, um reflexo do universo interior, vivido e sofrido. Modificar a aparência poderia até ser uma forma de subverter a alma. O que nós procuramos, através de uma compreensão das nossas possibilidades e limitações, é fazer com que o equilíbrio se estabeleça. Harmonizando mais uma face, por exemplo, tentamos complementar com delicadeza a obra do Criador sem alterar a sua estrutura básica, a não ser em casos de deformidades estruturais.

Seria um erro pensar que só o momento da operação é verdadeiramente importante. O primeiro encontro com o paciente é igualmente pleno de conseqüências. Quando ele chega, espera do médico a solução de todos os seus tormentos. Ele fica nervoso, pouco à vontade, inquieto e às vezes envergonhado, dependendo do caso patológico que apresente. O papel do médico é o de ouvir, dar segurança, argumentar. Uma intervenção somente pode ser efetuada em condições psicológicas favoráveis. Antes de ser operado, é indispensável que o paciente tenha compreendido perfeitamente quais são os poderes do médico, a fim de não experimentar terríveis decepções após a intervenção.

Exceto nos casos cruciais, esforço-me freqüentemente para dissuadir meus pacientes de modificarem suas feições. Costumo explicar a mulheres e homens que desejam um *lifting*, por exemplo, que nada é mais belo e fascinante do que um rosto com rugas. As rugas, em minha opinião, são indispensáveis à dignidade de um rosto. Mas quando aquele que vem me procurar sofre por estar marcado pelo tempo, numa atitude pouco realista, procuro mostrar até que ponto posso ajudá-lo nesse momento difícil. Busco transmitir-lhe a certeza de que, aceitando a sua própria imagem, ele poderá sentir-se mais seguro, e tudo ficará mais fácil.

É importante que exista um sentido realista do que nós possamos ser ou possamos dar. Este deve ser um momento de total verdade e clareza, em que precisamos dar ao paciente a certeza de que a medicina vai lhe fazer sentir-se mais seguro, aceitar melhor a sua própria imagem. É curioso que um problema desse tipo seja normalmente percebido e valorizado muito mais pela própria pessoa do que pelos outros. Muitos nem notam, ou não dão importância. Tento fazer o paciente compreender que muito pode ser feito, mas não se deve buscar na cirurgia plástica as soluções de outros problemas, que às vezes estão simbolicamente representados numa pequena ruga ou num pequeno traço.

A história da arte nos provou que a beleza pura não é estática. Se o fosse, seria como uma máscara mortuária, em oposição ao movimento e, portanto, oposta à própria vida. A verdadeira beleza é interior, e é somente esta que torna as pessoas radiosas. A cirurgia plástica, em minha concepção, deve limitar-se unicamente a tornar normal aquilo que não o é. Num determinado conjunto, é normal aquilo que não se nota.

"Não te pergunto qual é a tua raça, tua nacionalidade ou tua religião, mas qual é o teu sofrimento", dizia Louis Pasteur. A frase do grande sábio exprime, com toda a clareza e simplicidade, o amor sincero que o médico deve ao seu próximo, que está em sofrimento físico ou moral.

Nus, diante do médico, o homem ou a mulher não guardam qualquer resquício de origem social ou geográfica. São apenas seres que sofrem em sua carne ou espírito.

"É difícil manter-se imperador na presença do médico. O olho de Hermógenes não vê em mim mais do que um triste amálgama de linfa e de sangue", ressente-se o imperador Adriano, no romance de Marguerite Yourcenar.[17] Na frente de seu médico, o rei não encontrava lugar para seu cetro. Estava nu, exposto em sua essência.

A ETIMOLOGIA DO VERBO "consultar" remonta ao latim *consultare*, que significa deliberar em conjunto. Isso é essencial na relação médico-paciente. Para que seja possível o estabelecimento de uma confiança mútua, sem o que qualquer coisa não passa de processo fortuito e aleatório, o médico deve estar atento não apenas em diagnosticar o mal. Cabe a ele, antes de tudo, vencer os temores, os pudores, as reticências. Desde o primeiro contato é importante a formação do mágico elo da confiança com aquele que o procura.

Não há diagnóstico preciso sem o estabelecimento de uma intimidade em que a empatia do médico permita a avaliação das origens, não raro psicológicas, do mal que aflige o indivíduo. Cirurgia reparadora ou estética, o sofrimento do paciente

[17] *Memórias de Adriano* (*Mémoires d'Adrien*).

é interior ou exterior. Os momentos de contato do cirurgião com o paciente são de enorme importância porque pressupõem uma variação, não só nos anseios do paciente como na própria compreensão do problema pelos dois. O paciente tem o cirurgião, e vice-versa. É uma teia de cumplicidade que vai se tecer entre nós, para que eu possa avaliar o que ele espera de mim e o que lhe posso dar. É muito importante que, na interação com o paciente, eu lhe possa transmitir o que se pode realmente fazer, e que isso seja bem compreendido, para que ele tenha, dentro das nossas limitações, uma resultante feliz, que é o bem-estar de sentir-se em paz com sua própria imagem.

Se não consigo criar um laço invisível de afinidade e compreensão, não devo arriscar-me a operá-lo. É indispensável procurar saber se minha intervenção será capaz de modificar favoravelmente sua existência. Caso contrário, o ato cirúrgico não trará suficientes benefícios.

Não são poucos os que se iludem com a crença de que a cirurgia plástica pode restituir a harmonia conjugal perdida, especialmente quando essa harmonia foi quebrada pela troca do cônjuge por um parceiro mais jovem. Homens e mulheres acreditam às vezes que a simples eliminação de excessos de gorduras ou de rugas tenha o poder mágico de atrair novamente o seu par.

Ao deparar-me com essa expectativa, em tudo e por tudo irrealista, sinto que, antes de operar, um melhor esclarecimento ou preparo é necessário. A cirurgia plástica não é magia nem é impregnada por qualquer elixir do amor. Seria uma impostura levar o paciente a acreditar que um rosto ou uma silhueta rejuvenescidos possam devolver a paz a um lar, ou possam levar um executivo à conquista de uma posição almejada.

Em contrapartida, no domínio da cirurgia estética, nada posso impor, e isso é normal. Posso apenas sugerir. Jamais devo tentar adivinhar. Devo sempre ouvir.

Edith Piaf, que eu conhecera quando de uma viagem a Paris, contou-me como, depois de uma gafe, teve um desentendimento com uma de suas melhores amigas:

— Eu estava em meu camarim no ABC, um *music-hall* que não existe mais — disse-me Piaf —, quando ela entrou. Fazia muito tempo que não nos víamos. Após as efusões costumeiras nesses reencontros, minha amiga girou lentamente diante de mim e perguntou: "Edith, você não acha que alguma coisa em mim mudou?" Eu estava embaraçada. Não via nada de diferente nela. Minha amiga continuava girando como um pião. Observei-a mais uma vez. E, finalmente, julgando ter encontrado a novidade, gritei: "Você está esperando um bebê?" "Não!", respondeu-me glacialmente minha amiga. "Eu fiz uma plástica no nariz." E foi embora em seguida, furiosa.

Lembro-me dessa história como uma espécie de advertência, sempre oportuna. Ela mostra, antes de mais nada, que as pessoas são muito menos observadoras do que acreditamos. E que uma cirurgia não é feita nem para o médico nem para qualquer outra pessoa, mas para o próprio paciente. Ele, sim, é o motivo e o objetivo, pessoal e intransferível, do trabalho do cirurgião.

Mas é bom que o paciente não siga o exemplo daquela famosa norte-americana que operei pouco antes de certo Carnaval. Logo que saiu da clínica, ela iniciou um colóquio íntimo com um Don Juan um tanto brutal que, para acrescentar uma nota ligeiramente sádica à distração dos dois, resolveu puxar-lhe os cabelos. O problema foi que as suturas, ainda não perfeitamente assentadas, não resistiram a esse tratamento estranho. Ocorreu então uma hemorragia de grandes proporções.

Mulher diligente, a norte-americana correu de volta à clínica, escoltada por seu companheiro. Eu os surpreendi ali, enquanto um assistente se apressava em recosturá-la, ela sem dizer uma palavra, ele pasmo, desatinado, sentindo-se visivelmente culpado, mas sem encontrar o motivo de sua falta: é que a norte-americana fizera questão de não lhe confessar que acabara de se submeter a uma operação de rejuvenescimento e preferia manter seu segredo até o fim.

As almas são como um caleidoscópio: produzem combinações infinitas de misérias e grandezas. Cada um de nós tem seus tormentos e suas insatisfações sem poder sempre suportá-los. Esse é o caso daqueles que são classificados entre os "dismorfofóbicos", indivíduos que, mais do que rejeitar suas próprias imagens, sentem um ódio exacerbado contra seus traços, que julgam imperfeitos. Como curá-los, já que se comprazem morbidamente com seu estado? Como restaurar-lhes um traço ou outro, uma vez que são aparentemente normais?

O único caso de dismorfofobia que tive de tratar exigiu-me bastante tempo antes que pudesse livrar-me dele. Era uma mulher cujo rosto estava razoavelmente enrugado. Ela queria um *lifting*. Eu a atendi. Depois exigiu uma operação das mamas. Novamente a satisfiz. Em seguida, reclamou uma intervenção no ventre e nas coxas. Uma vez mais a operei. Eu e meus assistentes nos perguntávamos quando ela consentiria em deixar a clínica, porque, na verdade, não víamos mais nada que ainda pudéssemos melhorar. Ela, no entanto, encontrou. Quando a visitei em seu quarto, queixou-se:

— Que infelicidade, doutor, ter pés tão grandes como os meus!

Nem sempre é possível operar. Lembro-me detalhadamente de documentos fotográficos mostrando as tatuagens artísticas que figuravam no torso, nas espáduas e nos braços do rei da Dinamarca. Eram desenhos muito bonitos, dignos de figurar numa pele real. Contemplando-os, convenci-me de que ninguém poderia fazer nada melhor. Mas eu estava errado.

Atendi certa vez em meu consultório homem de porte atlético, brasileiro, fanático por futebol. Enquanto ele se despia, eu o observava espantado: todo o seu corpo era tatuado, da cabeça aos pés, com escudos dos clubes mais famosos do mundo: o Arsenal de Londres, o Internazionale de Milão, o Ajax de Amsterdã, o Bayern de Munique, o Real Madrid, o Dínamo de Moscou, o Rapid de Viena, o Independiente de Buenos Aires, o Santos e vários outros...

— Doutor — disse-me ele —, como eu me casei, queria que o senhor retirasse todas as minhas tatuagens.

Uma missão impossível. Para satisfazê-lo, seria necessário trocar praticamente toda a sua pele. Pensativo, eu me perguntava como anunciar-lhe minha incapacidade sem que ele sofresse, em conseqüência, um complexo de anormalidade. Examinando-o cuidadosamente, observei que restava uma pequena área de pele virgem exatamente sobre o lugar do coração. Imediatamente, perguntei-lhe, inspirado:

— Sua mulher também ama o futebol?

— Sim, doutor: é uma fã delirante.

— Ela torce por algum clube?

— É claro, o Flamengo.

— Escute, tenho uma sugestão para você. Em vez de retirar todas as suas belas tatuagens, por que não acrescenta como prova de amor, aí onde bate seu coração, o escudo com as cores do clube pelo qual ela torce?

O homem me olhou, confuso. E depois sorriu, cheio de segurança.

— É uma excelente idéia, doutor.

Se não pudermos corrigir uma deformidade ou atenuar as marcas mais profundas do tempo, existe ainda a obrigação de guardarmos a esperança, transmitindo ao próximo um pouco de força e alegria de viver, bem-estar, harmonia, paz íntima com o mundo que o cerca. Acima de tudo, devemos assegurar o direito à esperança, buscando a estrela cadente, aquela que cai sempre adiante e a qual sempre seguimos na ilusão de atingir.

Diariamente vejo entrar em meu consultório pessoas preocupadas com os traços inevitáveis da aproximação do crepúsculo de sua vida. São mulheres e homens de todas as idades que buscam a magia de Fausto.

Quando o velho senhor, sozinho em sua biblioteca e cercado por tantos conhecimentos e sabedoria acumulados ao longo dos anos, de repente parou e sentiu que diante da Verdade, que tanto perseguira e jamais alcançara, a juventude que perdera era tão importante que ele faria qualquer coisa, até mesmo trocar tudo o que aprendera, para tê-la de volta. Nesse momento de profunda interação com a natureza, Fausto percebe que a troca sugerida por Mefistófeles já não lhe basta. A magia da poção oferecida não lhe traria de volta a juventude total e plena, fonte — agora ele sabia — do verdadeiro aprendizado.

O sentido fáustico da juventude eterna, tão bem detalhado por Goethe em mais de 12 mil versos, é insuperável em sua beleza.

Mas, obviamente, não tenho como impedir o curso do processo vital. Não tenho a poção mágica que seu criado Wagner lhe serviu. Tudo o que posso oferecer é o retorno à serenidade interior — o que não é pouco. Essa serenidade, afinal, sempre acaba por transparecer no exterior do ser humano.

São cada vez mais numerosos aqueles que nos procuram. Por um lado porque hoje ninguém ignora que, graças aos progressos da cirurgia, a operação de rejuvenescimento é simples, rápida, isenta de complicações ou de seqüelas. E, por outro lado, porque a evolução dos costumes, tal como é popularizada pelos veículos de comunicação de massa, permite que o homem tenha hoje um tipo de comportamento que lhe era vedado antes.

Em outras palavras, creio que os homens sempre tiveram uma obscura inveja de fazer coisas que eram consideradas reservadas às mulheres, e como não é bom para ninguém alimentar desejos obscuros, está aberto tanto aos homens quanto às mulheres o caminho de uma nova liberdade que só pode ser vantajosa para as relações de um e de outro sexo, na medida em que torna mais fácil para cada um o relacionamento consigo mesmo e com os outros.

A elevação do número de cirurgias de rejuvenescimento realizadas nos homens deve ser creditada à convergência de diversos fatores. A própria condição da mulher, mensurada na forma mais ampla do que ela representa em nossa sociedade, contribui para a evolução dos costumes, por meio da transmissão ou da vivência desse pensamento pela própria comunidade. No fundo, todos respeitam a opinião de sua comunidade, que não é feita a partir do pensamento individual, mas sim da influência de cada pessoa sobre os que a cercam. A formação desse espírito de comunidade é que permite ao indivíduo sair daquela redoma implantada por seu círculo mais íntimo, inclusive os próprios familiares, em busca de horizontes mais satisfatórios para o seu bem-estar.

Nosso mundo é um gigantesco palco sobre o qual todos nós interpretamos grandes ou pequenos papéis, admiráveis, monótonos ou desprezíveis. Atores e espectadores ao mesmo tempo, quer sejamos grandiloqüentes ou taciturnos, quer sejamos críticos ou indulgentes, nossa preocupação é a de parecermos belos e permanentemente jovens.

Muita gente pensa que as pessoas do *show business* ou as personagens da moda constituem a maioria de minha clientela. Mas a realidade é bem outra. Meus clientes, de modo geral, são pessoas comuns, gente do dia-a-dia, aquelas com quem cruzamos nas ruas, nas lojas, nos lugares públicos e que têm os problemas de todo o mundo ou os de cada um.

Sim, é verdade, chefes de Estado, personalidades das artes ou da política, celebridades do *show business* muitas vezes me procuraram, e não creio que tenham se arrependido da confiança com que me honraram. Mas respondi a essa confiança com a mesma que dediquei aos outros. Nossas conversas, antes da operação, em nada foram diferentes. E não é preciso dizer que as personalidades não se beneficiaram mais, com um tratamento diferenciado, no que se refere ao meu trabalho de cirurgião propriamente dito: minha atenção e meu fervor foram aqueles que eu julgo dever a qualquer paciente.

Ao corrigir uma deformidade ou atenuar os vincos do tempo, restabelecendo o equilíbrio na passagem da juventude à maturidade, ou mesmo da maturidade à senilidade, sinto que estou dando a alguém um elemento a mais para que, aceitando seu processo contínuo de abandonar esse mundo, o faça em paz com a própria imagem. Não para os outros, não para a fonte de Narciso, mas para si mesmo, para toda essa parte condescendente do ego que o possibilitou conviver até ali com sua imagem, de tal forma que as hosanas que vamos encontrar estarão ligadas à nossa conceituação de harmonia da parte anímica com o corpo, em perfeita paz. Em suma, nossa convivência com a beleza em toda a sua amplitude, que é o ser humano em sua essência.

A cada dia, os homens se preocupam mais. As rugas até lhes servem para aumentar a força de expressão de sua fisionomia, mas eles percebem que o abatimento da linha do contorno do rosto não só os envelhece, como lhes rouba a expressão de força e vigor.

Fui procurado certa ocasião por um poderoso chefe de Estado, que me descreveu sua angústia, lembrando que o rei Lear, disfarçado de mendigo e misturado em meio ao seu povo, fora reconhecido pelo duque de Gloucester em função da autoridade que emanava de suas feições, mesmo debaixo de andrajos. Era essa autoridade que o governante sentia esvair-se junto com o contorno do seu rosto. Analisando seus traços, percebi a necessidade de refazer a linha do queixo, para adicionar maior autoridade e determinação às suas feições. Ao comunicar-lhe minha decisão, ele me respondeu de forma surpreendente:

— Determinação. Isso é o que nunca temos o suficiente.

A incidência de queixo duplo é muito comum a partir de certa idade, subtraindo a imagem de energia e vitalidade de um rosto. Certo dia fui procurado por um músico americano, um dos maiores saxofonistas de todos os tempos. A intensidade de sua vocação contribuíra para acelerar a evolução natural do processo biológico de seu organismo. Preocupado em preservar em toda a sua integridade a musculatura do pescoço de forma a não prejudicar sua arte, não hesitou em fazer uma demonstração prática na biblioteca para acalmar seus temores, brindando-nos com uma apresentação particular. Durante meia hora, a clínica inteira parou, hipnotizada pelo talento inigualável daquele artista. Era Stan Getz, que tão cedo nos deixou.

TENHO DIANTE DE MIM uma paciente que, com voz frágil, me fala de seu sofrimento causado pela aparência envelhecida. Seu rosto, de tantas rugas, lembra um papel amassado. A pele que o recobre tem esse tom pardacento típico dos rabugentos. As pálpebras, caídas, atenuam um olhar que exprime somente decepção e ressentimento. As pregas que cercam sua boca são as marcas de uma mulher que perdeu o hábito do riso. Os maxilares crispam-se nervosamente.

Durante vinte anos ela foi a mulher de um diretor de teatro. A jovem atriz que o roubou dela mal tinha vinte anos de idade. Se ao longo de toda sua vida conjugal ela aprendera a fechar os olhos às aventuras do marido, não conseguiu segurar o choque emocional do divórcio.

"Que alívio!", lançou em sua cara o marido no momento oficial e irrevogável da ruptura. O tom vingativo da mulher dissimula mal a sua angústia. A tristeza, o abandono, a traição e a solidão a derrubaram. Outrora, em sua juventude, ela sacrificara por ele a sua carreira de artista, que os críticos previam como resplandecente. E este a sacrificara agora por outra.

A mágoa e o despeito a dominaram. Sua vontade desapareceu, levada pelo desespero. As crises de depressão se sucediam.

Em poucos meses seu físico degradou-se lamentavelmente. Ela parece muito velha. Inconsolável.

Durante o tempo de seu casamento, não era uma mulher rica e ociosa. Tendo renunciado à vida de artista, tornou-se cenógrafa. Não tem mais vontade de fazer coisa alguma, no entanto é uma mulher brilhante, que perdeu a autoconfiança quando se viu abandonada pelo homem a quem amava e admirava. Está convencida de que, na sua idade, nada mais tem a esperar da existência.

Ela me diz que seu psiquiatra a aconselhou que me procurasse para uma consulta.

— Ele acha que minha agressividade, que amedronta e afasta as pessoas quando apareço, pode vir do fato de que me sinto velha e feia.

— É uma opinião — respondi.

— Sinceramente, o senhor acha que um *lifting* pode me fazer mais atraente? Parecerei mais jovem, mas não é o bisturi que vai melhorar o meu humor. E além disso...

— E além disso...?

— Bem, eu me pergunto se meus amigos não vão zombar de mim depois que o senhor tiver "esticado" minha pele...

— Escute. A experiência prova que as rugas a menos num rosto desenrugam o caráter. Compreenda-me bem: toda cirurgia implica uma colaboração entre o médico e o paciente. Eu tenho o poder de rejuvenescê-la. Cabe exclusivamente a você querer se aproveitar de sua nova juventude. A operação pode restituir-lhe mais confiança em si própria. Mas, além disso, é preciso que você queira usar essa confiança. Você sofreu dificuldades para superar certos problemas. Deve encarar a operação como um dos meios para passar uma borracha sobre esse passado que a desiludiu. A intervenção só pode ser benéfica se você quiser redescobrir uma outra vida. É necessário que você jamais se renegue. É necessário sempre se assumir. Sua felicidade não depende de minha ciência, mas de sua própria vontade.

— Muito bem — responde-me ela após um momento de reflexão. — Quero ser operada logo.

Nós a operamos. Ela está convencida de que não lhe farei um rosto de boneca de celulóide, mas que apenas a livrarei do peso dos anos. Nada mais do que isso. Entre as mulheres de 35 a 45 anos — se levarem uma vida saudável, esportiva, equilibrada —, a aparência física difere pouco. Há uma simples acentuação daquilo que chamo de "rugas da vida e da felicidade". São rugas diferentes daquelas esculpidas pelas tristezas. Rugas que tornam mais perturbadoras e atraentes as mulheres de quarenta anos do que as mulheres bastante jovens de pele lisa, pois revelam uma harmoniosa sensualidade.

Quando minha paciente, após a intervenção, examina-se num espelho, exclama:

— Doutor, o senhor me fez um "rosto doce"!

Eu rio.

— Minha querida, eu não lhe talhei um rosto doce. Este é o seu rosto. É assim que você é, mas você tinha se esquecido...

To lift é um verbo inglês que significa "erguer, levantar". Para fazê-lo, o cirurgião dispõe hoje de um arsenal técnico e terapêutico infinitamente mais rico do que no passado, daí a necessidade de que ele domine melhor do que nunca sua escolha e sua decisão.

O bom senso e a experiência têm, sem contestação, seu papel a desempenhar nessa tarefa. Eles nos guiarão nessa escolha, nessa decisão, permitindo-nos apreender ao máximo as condições físicas do paciente.

Mas, de minha parte, direi de bom grado que nada substitui aqui a empatia, ou seja, esse estado de espírito muito particular que a linguagem popular dos franceses traduz tão bem com a expressão "*comprendre l'autre de l'intérieur*". É graças à empatia que seremos conduzidos a optar, diante de cada caso que se apresente, pelo tipo de operação mais adequado, não somente em função dos meios de que dispomos hoje, mas sobretudo das possibilidades intrínsecas da pessoa que iremos operar. Isso inclui muitos outros fatores além dos parâmetros físicos que a idade nos desvela.

Um homem de quarenta anos pode ter rugas de expressão que em nada o envelhecem, enquanto uma pessoa de trinta anos pode ter a aparência prematuramente envelhecida com as mesmas rugas. Outra pessoa ainda, aos cinqüenta anos ou menos, poderá apresentar um aspecto exageradamente fatigado não por causa de suas rugas, mas porque os contornos de seu rosto se revelam abatidos.

Diante de tal ou qual paciente, o cirurgião poderá julgar necessário, por ocasião de um *lifting,* remodelar um nariz um pouco flácido, modificar o contorno do queixo, retificar uma arcada superciliar que desequilibra a face, retocar um lábio que a idade tornou muito fino etc. Como ensinavam meus mestres numa época em que os recursos eram muito mais limitados do que hoje, e como tento ensinar a meus alunos: é preciso sempre ter presente no espírito que um paciente é um indivíduo único e que não há dois indivíduos iguais. Esta verdade deve comandar primordialmente o comportamento do médico.

Reerguer a pele de um rosto, desenrugando-a, é como voltar no tempo e reencontrar uma imagem que se desbotou. Mas, contrariamente às demais intervenções plásticas que buscam um bem-estar fisiológico — o que é o caso das operações do seio, do ventre etc. —, o *lifting* age apenas sobre a aparência e não sobre a função. "Faz-se" mais jovem. Mas não se é mais jovem. Seu efeito é surpreendente, mas se a pessoa sofre das vértebras ou de reumatismo, por exemplo, não se pode exigir de um *lifting* que ele cure esses problemas. Se a pessoa perdeu a flexibilidade, não são as rugas a menos que devolverão a esbeltez.

Os psicólogos concordam em admitir que o *lifting* traz, antes de tudo, uma alegria de viver interior e uma nova segurança. Isso já é um sucesso bastante ponderável. Muitas razões, verdadeiras ou falsas, incitam as pessoas a procurar rejuvenescer o rosto. Existem aquelas que se vêem com feições arruinadas e em desarmonia com um organismo ainda pleno de vivacidade. Existem as que, ao se aproximarem de seu fim, desejam morrer deixando uma imagem sedutora. Existem as que procuram atender a um desejo de seus filhos, entristecidos por verem seus pais excessivamente enrugados. Há também aquelas que, tendo redescoberto por acaso um retrato tirado quando eram jovens, não podem suportar o enrugamento provocado pelos anos.

Há o receio de parecer velho. E o medo de envelhecer. Poucos seres são moralmente aguerridos para enfrentar seu declínio. Poucos seres, igualmente, aprenderam a viver com a perspectiva da morte. Ninguém descobriu ainda o meio de interromper o processo que destrói biologicamente as células. Graças a seus progressos, a medicina simplesmente conseguiu prolongar a vitalidade, mas a partir dos quarenta anos a pele começa a tornar-se muito distendida por um esqueleto que o tempo encolheu.

É CURIOSO ESSE RELACIONAMENTO do ser humano com o seu sofrimento e a sua imagem. Lembro-me de um senhor que me procurou. Portador de uma artrite reumatóide que quase o impedia de esticar a cabeça para trás, rejubilou-se ao perceber que, em seu rosto, as agruras do tempo haviam sido atenuadas. Não melhorou do reumatismo, mas melhorou seu mundo. Criou forças para que o mal ocupasse um espaço menor em sua vida.

Mais dramática foi a visita que recebi, na Suíça, de uma senhora de extraordinária beleza, acompanhada por seu clínico. Portadora do mal de Hodgkin, sabia da pequena expectativa de vida que ainda lhe restava. Mas a qualidade de vida que procurava fez com que o desejo de remover as bolsas que circundavam os olhos convencesse seu médico não só a acompanhá-la, como até mesmo a aconselhá-la a realizar a cirurgia. Seis meses depois ela voltou, dessa vez apenas para me visitar. Gratificado, percebi como ela se mostrava feliz. Não curada da moléstia, mas impregnada de uma nova esperança por ter reencontrado uma satisfação íntima, um reequilíbrio que permitia a seu espírito enfrentar a espada de Dâmocles que pendia sobre sua cabeça.

Muitas vezes julgamos bela uma pessoa que, analisada friamente à luz das proporções, não o seria, mas cuja personalidade se exterioriza iluminando suas feições e anulando o sentido ideal puramente estético e formal. O contrário também não é raro. Pessoas dotadas de traços irrepreensíveis podem passar despercebidas, ou podem ser consideradas feias, seja por carecerem de uma personalidade marcante, por não saberem trazer à tona a vida que guardam dentro de si mesmas, seja por não possuírem uma riqueza interior que transpareça no semblante.

"Só os superficiais não julgam pelas aparências", postulava Oscar Wilde.

A cirurgia plástica teve o grande mérito de lutar vitoriosamente em três frentes: os seios, o ventre e os quadris. Já notaram o número de adolescentes que não tiram as camisetas nas praias, mesmo quando faz muito calor? Sabe-se que um número impressionante de mulheres é, desde a puberdade, atingido por hipertrofia mamária? A operação não é indispensável somente por razões estéticas. Ela o é, essencialmente, de um ponto de vista funcional. Seios muito pesados ameaçam perigosamente a coluna vertebral.

Experimentamos muitas dificuldades para fazer com que isso fosse admitido. Até o dia em que pude mostrar um exemplo convincente.

Estava no Sul para fazer uma série de conferências sobre cirurgia plástica. Durante minha estada, a universidade que me acolhia festejava seu centenário. Houve muitos discursos. Depois, fogos de artifício. Em seguida, entrega de diplomas. Finalmente, um desfile. Instalado na tribuna oficial, estou cercado de veneráveis confrades. A banda desfila sob nossos olhos, tendo à frente o tocador de bumbo.

— Observem bem este homem — digo a meus vizinhos, cirurgiões como eu.

No começo da cerimônia, o músico mantém-se bem aprumado. Depois, à medida que a fadiga o domina, sua posição se modifica. O peso do grande tambor obriga-o a reerguer exageradamente o alto do seu torso, enquanto os rins se curvam para fazer o contrapeso, a fim de que possa sustentar o instrumento. É a mesma atitude característica provocada pela hipertrofia mamária. A partir de então, sempre evoco o músico desse desfile, comparando-o às fases da vida: a juventude, a maturidade e a velhice. Cada uma delas contribui para deteriorar a coluna vertebral de uma mulher que tem os seios muito pesados.

Por todos os meios — conferências, reuniões, congressos, artigos — eu me esforço em explicar como é necessário operar a hipertrofia mamária desde quando ela se manifesta numa jovem, antes que seu estado se agrave. A experiência provou que uma coluna vertebral desviada, desde a adolescência, por um peito muito desenvolvido, apresentará aos quarenta anos sintomas de deformação que serão notados somente aos sessenta. Fazendo-se a intervenção cirúrgica tardiamente, traz-se uma melhoria, mas certamente não a cura. As dores dorsais, inicialmente tênues e passageiras, vão aumentar e persistir. Esses incômodos podem acabar provocando uma artrose da coluna vertebral.

À medida que a experiência se acumula, constato que a hipertrofia mamária não afeta somente a coluna vertebral. Ela pode alterar o funcionamento de diversos órgãos, originando problemas no aparelho respiratório ou no sistema cardiovascular. A cirurgia do seio, portanto, não é unicamente uma disciplina cuja finalidade é estética. Ela preserva a saúde.

CONFESSO, DE BOM GRADO, aliás, que nem sempre tenho a última palavra com as mulheres. A prova disso está na maneira vigorosa com que uma delas forçou-me a conceber uma técnica para operar o culote. Até então, simplesmente não pensava nisso. Eis que, há uns 15 anos, entra um dia em meu consultório uma mulher de aspecto encantador, mas cujos quadris eram volumosos como os de um hotentote.

— Doutor, mesmo que a operação deixe cicatrizes, peço que faça o impossível e me livre dessa coisa ridícula. Tenho confiança no senhor.

Eu queria ajudá-la de alguma maneira, mas pensava que se tivesse de lhe deixar cicatrizes que a impedissem para sempre de vestir um maiô, o êxito não seria completo. Entrevi uma solução: a utilização das pregas em curvas. A cicatriz deveria ficar escondida, notadamente na linha de junção da coxa com a nádega. Após alguns exercícios práticos em cadáveres, propus essa solução à minha paciente. Lembro-me de quando lhe desenhei o esquema. Ela concordou em participar de uma "estréia".

Tudo correu bem, graças a um terreno muito favorável, devo dizer. Na época, comentou-se muito esse sucesso, sem que fossem conhecidas todas as circunstâncias, o que originou cruéis decepções para outras mulheres enfeadas pela mesma deformidade mas que não apresentavam um "terreno" tão bom. Incitou-se a praticar a operação nos casos menos indicados. Os resultados foram menos felizes, o que não invalida o princípio para os casos selecionados.

O que recomendar, então, para se lutar contra a celulite? O exercício e uma boa dieta, naturalmente. Mas, sobretudo, aprender a ter uma justa percepção de si e de seu corpo, de modo a acomodar no melhor nível essa imagem com aquela que os outros têm de nós.

Vejo muitas vezes entrarem em meu consultório mulheres que acho muito bonitas, ainda que suas silhuetas não correspondam inteiramente aos cânones da moda atual: elas têm a cintura fina, o peito cheio, os quadris arredondados e, a uma vista de olhos, seus ossos são bastante espessos. Eu as aconselho a fazerem ginástica e a se alimentarem racionalmente para evitarem engordar. Mas, na medida do possível, empenho-me principalmente em lhes abrir os olhos:

— Minha senhora — digo nesses casos —, você sempre será um pouco rechonchuda, faça o que fizer, mas isso não a impede de ser elegante nem de ser encantadora. Portanto, admita logo de uma vez por todas que você é uma mulher muito bonita. E não tente mais se parecer com as modelos de capa de revista. Tente apenas se parecer com você mesma.

Ao visitar pacientes de outra natureza, principalmente os vitimados por seqüelas extremadas, mal saídos do torpor da anestesia, encontramos apenas seres ansiosos ou abatidos, que suportam menos os sofrimentos infligidos. Durante meus tempos de cirurgia geral, na Santa Casa da Misericórdia e no Pronto-Socorro, ouvia muitos gemidos e lamentos. Apesar de seus traços ainda inchados e dos incômodos pós-operatórios, ao me debruçar à cabeceira dos pacientes que voluntariamente procuravam a cirurgia para corrigir ou melhorar sua imagem, via pessoas mais contentes, menos ansiosas. Com mais coragem, força e alegria para enfrentar o mundo, dentro de um círculo menos hermético, mais abertos à vida, como se alargassem o círculo de giz que o tempo lhes traçara.

Existe um raro consenso em torno desse tipo de cirurgia. Para todos os profissionais ligados à saúde física e mental, ela traz, antes de tudo, uma alegria de viver e uma renovada segurança interna, que por si só constituem motivação ponderável.

A coragem nem sempre consiste em enfrentar a morte. Coragem é a capacidade de suportar o sofrimento e a perspectiva de morrer. Há pouco mais de seis anos, uma jovem e um homem chegaram de ambulância à clínica, ambos em estado lastimável. A mulher tinha as pernas e os braços gravemente queimados. O homem, seu marido, descendente da família real, estava com o couro cabeludo meio arrancado e um de seus olhos pendia sobre a face. Eles haviam sobrevivido a um desastre aéreo.

O príncipe e a princesa, recém-casados, haviam partido em viagem de lua-de-mel a bordo de um pequeno avião particular. O drama se desenrolou quando o aparelho sobrevoava a Jamaica. Uma densa cerração, das que ocorrem freqüentemente nessa parte das Caraíbas, tirou toda a visibilidade do piloto. Era uma região montanhosa. O piloto sabia que havia duas gargantas entre os picos. Uma permitia que se atravessasse a cadeia montanhosa. A outra terminava num beco sem saída formado por falésias. Devido à névoa, ele entrou pela segunda garganta. Alguns minutos mais tarde, houve o choque e a queda.

Eudes, o príncipe, foi o primeiro a recobrar os sentidos. Seu corpo estava coberto de sangue. O couro cabeludo, dependurado sobre seus olhos, o cegava. Penosamente, ele o colocou no lugar. O avião começava a se incendiar. Apesar da dor, o príncipe, consciente do perigo, empenhou-se com desesperada energia em retirar sua jovem mulher e o piloto da carlinga, arrastando-os para o mais longe possível. Pouco depois, o tanque de gasolina do avião explodiu.

A chuva tropical começou a cair em grossos pingos. Por sorte, naquele canto do vale havia uma cabana. Com o que lhe restava das forças, o ferido levou para lá seus companheiros. Por sorte, igualmente, havia um pequeno curso d'água nas proximidades. Eudes agradeceu aos céus: sabia que deveria fazer sua mulher beber o máximo possível de água. Torrenciais, as tempestades se sucediam. Mais uma vez, o príncipe agradeceu aos céus. Eles haviam caído numa plantação clandestina de maconha e, sem dúvida alguma, se fossem descobertos pelos que a exploravam, seriam trucidados. Mas chovia e os plantadores tinham ido embora. Apesar de tudo, os três sobreviventes permaneciam estendidos.

Antes de se tornar oficial da Marinha, Eudes havia passado uma temporada com uma tribo indígena de Mato Grosso, cujo chefe o acolhera como a um filho, partilhando com ele sua cabana, ensinando-lhe a arte de preparar armadilhas para caça e a de pescar com um simples pau de ponta afiada. No momento de sua partida, o velho lhe dera um conselho:

— Para permanecer vivo, um homem deve ter sempre um pouco de corda, uma faca e um pedaço de vidro.

O príncipe aceitara tão bem o conselho do chefe indígena que, depois, tomava sempre o cuidado de se munir desses três objetos, evitando, na medida do possível, separar-se deles. Dizem que mesmo numa recepção oficial ele trazia no bolso de seu uniforme ou de seu terno uma cordinha, um canivete e um espelho. Ele os levava quando houve o desastre.

Durante três dias ele se empenhou em fazer sua mulher, cuja saúde piorava, beber água. Além disso, colocou uma tala no piloto. Em certos momentos, os três infelizes ouviam aviões passarem no céu. Depois o barulho dos motores desaparecia. O prazo normal das buscas iria terminar. No terceiro dia, a chuva parou de repente, e o sol irrompeu. Embora enfraquecido, Eudes se pôs a escalar uma colina. Do alto, ele esperava, graças aos sinais emitidos com seu espelho, atrair a atenção dos aviões que sobrevoavam a região.

Depois de muitos esforços e decepções, um avião que passava a baixa altitude percebeu os sinais. Em código Morse, o príncipe assinalou sua posição. O avião fez sinal com as asas para comunicar que havia captado a mensagem. E foi embora. Depois de juntar-se novamente aos seus companheiros de infortúnio, Eudes anunciou-lhes que seriam salvos. De fato, algumas horas mais tarde, helicópteros apareceram para buscá-los. Durante todo o tempo do desaparecimento dessas pessoas admiradas pelos brasileiros, quando já se perdia a esperança de revê-las vivas, a inquietude de suas famílias fora compartilhada por todos.

Não deveria nossa paciência, às vezes quase perdida, estar à altura da coragem e do valor demonstrados pelos sobreviventes?

Sua recuperação e sua cura exigiram muito tempo. Mas estávamos convencidos de que seria possível apagar de suas vidas a lembrança aterrorizante daquele desastre. Consegui recuperar para o príncipe o bom equilíbrio de seu rosto. Quanto a sua esposa, profundamente queimada e muito traumatizada, foram necessários vários meses, antes que ela recuperasse o gosto de viver. Ela sofreu. Mas nunca se queixou. A esperança, que não a abandonara, foi recompensada. Algum tempo depois, voltou a viver normalmente.

Eis, portanto, duas pessoas que reencontraram a fisionomia que possuíam antes de um acidente muito grave. Ora, esse retorno à normalidade seria inimaginável há poucas dezenas de anos, quando as cirurgias reparadora e estética eram disciplinas inexperientes e negligenciadas.

Essas aventuras testemunham que o ser humano, seja qual for sua origem social, permanece igual no sofrimento. E também que a esperança representa uma força que nenhuma técnica e nenhum medicamento podem igualar.

Quando me perguntam qual deve ser a maior qualidade do cirurgião, minha resposta não varia: a decisão. Todavia, é preciso não se confundir a respeito disso: o espírito de decisão pode ser, numa certa medida, um dom natural, mas ele exige, no contexto, um grande conhecimento do ser humano, da técnica e uma experiência médica nas devidas proporções. Uma experiência que, de preferência, não seja fruto de uma acumulação de erros, mas que nos induza a tirar partido da extensa gama de ambigüidades que somos obrigados a enfrentar no exercício da profissão.

Não existem duas situações médicas iguais e há poucas que não comportem sua porção de ambigüidades, sempre inesperadas, sempre inéditas. É isso que aprendemos, ao longo de nossa carreira, com cada novo paciente.

Com as crianças, tive apenas um caso de consciência no momento de tomar uma decisão. Foi em Cincinnati. Tratava-se de um menino que sofria de uma crise aguda de apendicite. Seus pais recusavam-se a deixar que ele fosse operado. Era uma criança pertencente à seita religiosa Christian Science, a qual professa que, sendo todos os seus adeptos filhos de Deus, não têm qualquer necessidade de socorro da medicina ou dos médicos: o céu proverá a cura.

Em vão, tento explicar que o Todo-Poderoso, sem dúvida alguma, pode fazer milagres, mas que, num caso de apendicite aguda, há o risco de que Ele intervenha tarde demais. Apesar da ansiedade, o pai e a mãe agarraram-se à sua fé. O tempo passa. O estado da criança piora. Quando me convenço de que nada dissuadirá aqueles teimosos fiéis, decido-me: apesar da oposição violenta e das vituperações veementes que proferem contra mim, ordeno que seu filho seja levado ao hospital, onde é operado e salvo na última hora.

Somente então a mãe me procura. Com uma voz comovida, ela me cochicha:

— Você nos impôs uma vontade contrária à nossa religião. Mas salvou meu filho. Por isso lhe agradeço.

O dr. Cooley, um de meus amigos e grande cardiologista em Houston, passou por uma situação ainda pior. Ele devia operar um adepto da seita cristã Testemunhas de Jeová. Por fidelidade a um trecho da Bíblia que diz "não beberás o sangue de teu vizinho", os seguidores dessa seita recusam qualquer transfusão de sangue. Inutilmente Cooley procurou convencer a família. Quando compreendeu, ele também, que todos seus argumentos de nada serviriam, ele resignou-se, tendo salvado a criança, felizmente, nessas condições difíceis.

Com relação a casos semelhantes, o prof. Leonídio Ribeiro, meu colega na Academia Nacional de Medicina, apresentou um trabalho que tive a honra de comentar e que teve como resultado uma lei que confere ao médico o direito de arbítrio. Se um paciente tem necessidade de sangue mas o recusa por razões religiosas, nossa legislação nos permite praticar a transfusão ou tomar outras providências que possam contribuir para salvar uma vida.

Um caso desses ocorreu recentemente em São Paulo. Um leucêmico era testemunha-de-jeová. Não aceitava a transfusão. O cirurgião a praticou sem dizer ao paciente que se tratava de sangue. E salvou-lhe a vida.

Capítulo 16

Ninguém é profeta em sua terra

"Não há profeta sem honra senão em sua própria pátria, entre seus parentes, e na sua casa",[18] disse Jesus, ao voltar de Nazaré, depois de percorrer outras terras difundindo seus ensinamentos e se deparar com o ceticismo de seus conterrâneos.

À incompreensão inicial que cercava minha especialidade, quando voltei ao Brasil depois das temporadas de aperfeiçoamento no exterior, contrapus minha dedicação e meu empenho, procurando reverter a sina de não ser profeta na terra natal. Um verdadeiro milagre, especialmente neste país, onde a tendência é a de valorizar tudo o que vem de fora em detrimento dos nossos próprios valores.

Do sentimento de orgulho e vaidade, creio que fui poupado. Continuo, por sorte, na mesma trilha, achando que ainda falta muito a percorrer.

---

[18] Marcos, 6:4.

Todos nós temos um certo pudor em falar sobre nossas próprias lutas. Esse pudor é uma espécie de necessidade própria do ser humano, ao contrário do alarde da falsa realização e de vitórias fortuitas obtidas de forma oblíqua. As conquistas adquiridas por intermédio do próprio esforço resistem mais às críticas, porque encontram o organismo fortalecido pelas inúmeras ocasiões em que a luta por um ideal foi a única força a mantê-lo vivo.

O ser que pensa e produz sabe que não produziu o suficiente. E julga que o que fez é uma parte do muito que poderá ainda fazer, mantendo aceso seu entusiasmo, no sentido mesmo do original grego *enthousiasmós*,[19] que denota a exaltação gerada por uma ação realizada sob forte inspiração. Um entusiasmo que se recicla em si mesmo, verdadeira fonte de energia para quem luta, para quem procura.

NA DÉCADA DE 1940, ao se formar em Cambridge, Jomo Kenyatta — fundador dos Mau-Mau e primeiro presidente do Quênia — escolheu como tema de sua tese um estudo sobre a tribo dos quicuios, que, junto com os massais e outras tribos menores, dominavam essa extraordinária região da África. Durante a apresentação de seu trabalho, Kenyatta fez questão de salientar:

— Agradeço aos meus amigos, mas, sobretudo, aos meus inimigos. Sem eles, não teria encontrado o confiante estímulo para empreender a minha obra.

[19] Ter Deus (*Theós* > *Thous* > *tus*) dentro de si (*En-*). Estar arrebatado por forte inspiração divina.

Quando recebo uma homenagem, sinto que representa um reconhecimento ao constante esforço de transmitir minha experiência sem preconceito de grupos, sem prejulgamentos, difundindo meus conhecimentos onde existe vontade de aprender. Todas as ações e gestos são importantes. Inclusive por parte daqueles que, embora sem o saber, me estimularam com sua indiferença ou incompreensão.

Paralelamente ao reconhecimento do que professo, a missão que tenho procurado desempenhar foi transformando meu nome quase em sinônimo de cirurgia plástica, quase mesmo um adjetivo ou um substantivo. Um verbo, "pitanguizar" uma cidade, no sentido de empreender benfeitorias, como foi empregado pelo jornalista Villas-Bôas Corrêa. Ou embelezando o ser humano, como foi dito na poesia e na prosa de Vinicius de Moraes, Carlos Drummond de Andrade, Rubem Braga e outros.

Meu entusiasmo em formar uma escola tem sido recompensado ao longo dos anos pela qualidade daqueles que treinei em todo o mundo. Qualidade essa que representa, como legado, a continuidade verdadeira e mesmo a socialização da especialidade, possibilitando o acesso da cirurgia à população por meio dos discípulos formados em nossa escola e que hoje se espalham pelo Brasil e por outros países. Uma recompensa ao esforço de quem quis preparar outras pessoas dentro de uma filosofia de experiência vivida, na compreensão do outro, no anseio de minorar seu sofrimento, na esperança de identificá-los aos seus.

Para as cidades mais longínquas onde estive proferindo conferências numa labuta incansável, centenas de vezes carreguei meus diapositivos de aeroporto em aeroporto, descansando sobre as nuvens como se deslizasse de uma para outra sobre um tapete mágico. Esse é o meu caminho, vendo as cidades através das transparências dos *slides* que preparava, aproveitando a luz que entrava pelas janelas, vislumbrando o panorama antes de colocá-los no carrossel do projetor. Hoje, Francisco e Luzia simplificaram a tarefa, transformando-a numa etapa agradavelmente rica, quando preparo com eles as conferências na biblioteca e projeto os *slides* no anfiteatro, com mais conforto, embora com menos paisagem. Mas estas ficam para as viagens, agora mais tranqüilas, já que agora basta levar comigo um pequeno e prático CD no qual estão gravados centenas de *slides* e filmes.

Às vezes me vejo envolvido em situações inusitadas pelo uso indevido do meu nome. Muitos dizem, para tristeza de meus verdadeiros discípulos, que foram meus alunos quando não o foram. Inventam de tudo, até que não opero mais. Já estou habituado. Um dia recebi uma carta de Téssie, grande colega francês, feliz por estar escrevendo a mim e não uma carta de pêsames à minha família, a quem se preparava para endereçar depois de ter sido difundida indevidamente a notícia de minha morte.

Certa feita, nossa amiga Laís Gouthier me ligou de Paris bastante confusa.

— Ivo, você está mesmo no Rio?

— Claro. Você não está ligando para a minha clínica?

— É que duas amigas, aqui de Paris, disseram que você está por aqui. Uma delas já havia sido operada, e a outra está com cirurgia marcada. Como você sempre me telefona quando chega e desta vez não ligou, fiquei na dúvida. Mas cheguei a achar indelicado de sua parte.

— Eu é que não estou entendendo nada do que está acontecendo...

— Pois elas juram que você está em Paris. Vou correndo avisá-las, especialmente a que ainda não se operou.

De fato, a amiga de Laís desmarcou a cirurgia em Paris e veio operar-se comigo no Rio. Já recuperada, não se furtou a comentar com graça e uma pitada de ironia:

— Gostei muito de você, a operação está ótima. Mas o outro Pitanguy, em Paris, até que era bem charmoso.

Como já dizia meu pai, vigarista sem charme morre de fome...

Por essa mesma época, havia uma senhora que freqüentava o cabeleireiro mais famoso de Paris. Fazendo-se passar por madame Pitanguy, jamais pagou uma única conta, como contou-me mais tarde, um pouco frustrado, mestre Alexandre, que na época ainda não conhecia pessoalmente minha mulher.

Ardil semelhante foi usado por uma jovem no México. Fazendo-se passar por minha filha, chegou a marcar um *lifting* em Guadalajara. Durante a consulta, o médico me telefonou, para me participar a honra de poder recebê-la e operá-la. O absurdo é que na época Gisela estava em nossa casa no Rio e tinha apenas 14 anos, idade completamente inapropriada para tal intervenção. Não satisfeita, a moça foi ainda mais longe. Trocando dólares a preço diferente do praticado no câmbio local, despertou a suspeita do *concierge* do hotel, que ficou surpreso com a vantagem obtida. Na dúvida, ele me ligou para se certificar da autenticidade do dinheiro já trocado.

— Pela minha filha eu garanto. Só que ela está neste momento ao meu lado, no Rio — disse, sentindo que avisava tarde demais.

Fatos como esses são curiosos e até mesmo inevitáveis quando alguém se transforma em pessoa pública. Já recebi telefonemas de pessoas que garantiam ter saído comigo, jantado e se divertido. Uma delas, uma jovem aparentemente bem-educada, telefonou de Paris com tanta intimidade que perguntei como era essa pessoa que a encantara, fazendo-se passar por mim.

— É jovem, cerca de 35 anos, muito simpático, e usa barba.

— O rapaz foi muito lisonjeiro comigo porque, na sua juventude, ainda não assumiu sua própria identidade e a minha está lhe servindo — respondi à moça, informando-lhe que nem sequer uso barba. — É uma pena que eu não possa regredir no tempo para fazer-lhe companhia.

Existem, porém, casos mais graves, como o de um senhor argentino que veio à clínica para acompanhar o caso de uma amiga sua, recém-chegada de Bruxelas. Muito elegante em seu terno de *tweed*, embora agasalhado demais para o nosso parcimonioso inverno, dizendo-se neurologista e recomendado por um colega portenho, pediu-me, numa gentileza de colega para colega, uma revisão nos honorários da paciente.

Encaminhei-o à minha secretária, Teresa, para um preço de cortesia, como faço habitualmente nessas situações, e permiti que assistisse à cirurgia, como pedira.

Horas depois ele volta a bordo de um Torino, na época um carro argentino sofisticado, e marca encontro com uma de minhas assistentes, que ficara encantada com o novo parceiro, compromisso ao qual jamais compareceu.

Naquele mesmo dia, passado o efeito da anestesia, visitei a paciente, que estava muito bem. Mas sua mãe me olhou de forma estranha. Tão estranha quanto o diálogo que se seguiu. Perguntou se aquele senhor me entregara o presente que ela trouxera da Bélgica para mim. Respondi que sim e até descrevi em detalhes o objeto, para que não pairasse qualquer dúvida.

Voltando a vê-la no dia seguinte, ela me perguntou:

— Aquele senhor lhe falou sobre os honorários?

— Encaminhei-o à minha secretária, que cuida desses assuntos.

— Pois ela disse que não recebeu nada. Estou tão confusa que nem sei o que dizer. Já procurei me informar no consulado, mas ninguém sabe de quem se trata. Meu marido, a quem ele se referiu como grande amigo, tampouco o conhece. Tenho a impressão de que fui vítima de um aventureiro.

Tratava-se de um escroque profissional. O vigarista joga sempre com a confiança do outro e muitas vezes com uma certa desonestidade da própria vítima, que dele se torna um pouco cúmplice. De alguma maneira ele havia conhecido a família da paciente, ou sabido de sua ida à clínica. E estudou com precisão a forma de se apresentar a mim, para melhor usufruir das circunstâncias. A mãe da paciente, que já havia combinado toda a questão das despesas antes de chegar, foi convencida por ele de que conseguiria um preço menor, o que seria contrário à boa ética, na medida em que já estava tudo previamente arranjado. Evidentemente ele disse que faria o pagamento em seu nome, mas guardou o dinheiro e sumiu sem deixar rastro. Lembrou-me do clássico golpe em que o vigarista mostra um bilhete de loteria dizendo estar premiado e consegue vendê-lo por um preço bem inferior ao valor do prêmio, deixando a vítima a ver navios e sem ter a quem recorrer.

ACONTECIMENTOS COMO ESSES são inevitáveis. E a dar relevância a eles, prefiro lembrar os momentos altamente gratificantes que o dia-a-dia da vida vem me proporcionando. Os mesmos Estados Unidos que um dia receberam de braços abertos o jovem estudante ávido por novos conhecimentos propiciaram mais tarde alguns desses momentos, que me trouxeram muita alegria. Quando meu grande mestre Longacre recebeu um grupo de cirurgiões para um simpósio sobre "deformidades da infância", recebi do prefeito da cidade o título de Cidadão Honorário de Cincinnati. Um gesto de grande significado para mim, por ser aquela a cidade onde fiz minha formação inicial.

Receber as chaves de Paris, de Berlim, de Nice, de Florença e de tantas outras cidades notáveis, que em meus sonhos e em minha procura representavam e continuam representando a fonte de inspiração, são honrarias que aquecem o ego e proporcionam a gratificante sensação de que nossa missão não é totalmente incompreendida.

Enquanto me preparava para receber o título de *Philosophiae Doctor Honoris Causa* que a Universidade de Tel-Aviv me outorgou, senti-me subitamente inspirado pela absoluta falta de vegetação no alto do pico Les Diablerete, a três mil metros de altura, no Oberland Bernois. Fui invadido por uma sensação semelhante a que devem ter sentido os antigos judeus em seu primeiro encontro com Jerusalém — antes de torná-la tão verde, tão coberta de flores e frutos — diante daquela terra difícil e inóspita, mas que soube retribuir o esforço do homem.

Tomado pela inspiração inicial, procurei um papel onde pudesse traçar um esboço do meu discurso. Estava num pequeno restaurante no alto das montanhas e vi vários menus grandes sobre a mesa. Peguei um, mas não foi suficiente. Perguntei ao garçom se ele poderia me ceder outro.

— Desculpe, mas o menu é só para quem come.

— Mas estou longe de casa. Diablerete fica a 12 quilômetros de Gstaad — supliquei.

— Só se o senhor comer mais.

Não me fiz de rogado. Entrei várias vezes na fila para pegar um novo prato, fazendo jus a outros tantos menus para neles escrever o discurso.

No final, minha mesa estava cheia de *bratwurst* — aquela salsicha deliciosa e branca, feita de vitela — e de papéis. Fiquei na dúvida sobre o que era maior: a fome, a tentação ou a vontade de preencher o menu com meu pequeno discurso. Acabei usando todos os cadernos.

E quando Helcius chegou com nosso amigo Roman Polanski, com quem esquiava, surpreendi-os com minha delicadeza inesperada, anunciando alegremente:

— Já estou com o prato de vocês.

Os atos mais delicados sempre acontecem de maneira imprevisível.

Antes da cerimônia na Universidade de Tel-Aviv, realizei uma demonstração, transmitida ao vivo pela televisão, de minha técnica de cirurgia de mama, onde opero com a paciente semi-sentada.

Como ela era um pouco flácida, o jovem anestesista de barba hirsuta e a aparência dos filhos da Bessarábia não conseguia posicioná-la de forma ideal. Impaciente, e desconhecendo a fina sensibilidade do microfone que carregava na lapela, exclamei para mim mesmo, em português:

— Que diabo! Será que não consegue colocar a paciente na posição correta?

— Doutorzinho — respondeu-me em português claro e sem qualquer sombra de sotaque —, estou fazendo uma força danada, mas está difícil, ela não tem forma. Dê uma chance, sou de seu país, venho de Santa Catarina.

A operação correu muito bem e o restante do diálogo com meu compatriota anestesista foi acompanhado por todo o país. Fiquei impressionado, na ocasião, com a qualidade do sistema de comunicação em Israel. Assim que encerrei a demonstração, participei de um debate ao vivo, realizado por meio de telões instalados na biblioteca localizada no segundo andar da instituição e ligados a todo o país. Israel me impressionou profundamente, como a todo visitante, pela força de vontade, pela qualidade de trabalho e pela inteligência de seus habitantes.

MAS NENHUMA OUTRA homenagem me trouxe emoção tão intensa quanto o desfile da escola de samba Caprichosos de Pilares, no Carnaval carioca de 1999. Até porque o Carnaval está associado em minha vida, desde os tempos de infância, a fortes sensações de alegria e liberdade.

Nos antigos Carnavais de Belo Horizonte, participava de blocos e brincava muito, vivenciando momentos de alegria total. Nos "gritos de Carnaval", em meio a "batalhas de confete" nos clubes da cidade, fui pirata, xeique, índio, caubói, pastor de ovelhas, dr. Livingstone, vesti fantasias de todos os tipos, sempre incentivado pelo bom humor de meus pais e pela animação dos amigos de folia.

Dessa vez, porém, não deveria usar qualquer fantasia, pois eu mesmo seria personagem do enredo. Na verdade, o desfile no Sambódromo foi o clímax de uma emoção que me envolveu por vários meses. Recebi o convite um ano antes, quando o carnavalesco Etevaldo Brandão criou um enredo contando a história da beleza do ser humano desde a criação do mundo. Passei a freqüentar ensaios na quadra da Caprichosos, no bairro de Pilares, assisti comovido à escolha do samba, visitei os barracões onde eram construídas as alegorias, vivi intensamente os preparativos para o desfile.

A letra do samba-enredo, no estilo típico do gênero, sob o título "No universo da beleza, mestre Pitanguy", sintetiza poeticamente a procura que tem me fascinado há várias décadas:

Criando e modelando a natureza
As mãos do arquiteto aqui estão
No universo da beleza, o jardim da inspiração
Doando aos homens o valor do seu cinzel
Do barro à vida uma dádiva do céu
De Afrodite à Oxum negra do amor
Todas as gueixas têm um encanto sedutor
Amor, me leva
Me leva que eu vou caprichar
A minha alma narcisista
Nas bodas de ouro eu vou buscar
À imagem e semelhança do Senhor
Restaurada pelas mãos do professor
A auto-estima em cada ego despertar
Obra divina a cultuar
Praticando o bem profundo
Este cidadão do mundo pioneiro, singular
E no solar da caridade
Tão generoso alcança a imortalidade
Fantástica
Beleza plástica

Da sutileza à perfeição
Tanto talento merece consagração
O amor a vida faz rejuvenescer
A saúde traz a paz, gostoso é viver
A luz do céu conduz seu bisturi
A Caprichosos canta mestre Pitanguy.[20]

É inesquecível o momento em que entramos na avenida. Eu tinha aprendido a admirar a beleza de um desfile de escola de samba desde os meus primeiros anos no Rio de Janeiro, pelas mãos do escritor Aníbal Machado, mas agora estava completamente dentro do espetáculo.

Em cima de um carro alegórico que representava a Santa Casa da Misericórdia, onde por muitos anos meus plantões não conheciam Carnavais nem feriados, eu ouvia toda aquela multidão cantando o samba — mais de quatro mil pessoas desfilando pela escola e muitos outros milhares vibrando nas arquibancadas e nos camarotes. E eu cantava junto, com o ritmo nos pés e lágrimas de alegria nos olhos.

Na pista ou na platéia, inúmeros amigos meus compartilhavam da mesma emoção. Grupos enormes tinham vindo da França, da Itália e de vários outros países, para desfilar junto conosco. Pessoas que nunca tinham presenciado nada parecido. Como uma grande amiga que veio me perguntar sobre aquela emoção e, antes que eu respondesse, me disse algo assim:

— É uma emoção intensa porque vem do fundo do coração de toda essa gente e toca profundamente em cada um de nós,

[20] Compositores do samba-enredo: Sidney Leite, Flávio Quentino, Marcelinho da Caprichosos, Bittar e Jorge 101. Puxador: Jackson Martins. Carnavalesco: Etevaldo Brandão.

que estamos expostos a esse momento de beleza em confraternização com esse povo maravilhoso...

E não conseguiu completar a frase, pois a batucada ficou ainda mais vigorosa e tomou conta de tudo, repetindo mais uma vez o refrão:

O amor a vida faz rejuvenescer
A saúde traz a paz, gostoso é viver...

Ainda hoje guardo na memória esse refrão, que volta a ecoar em alguns momentos reproduzindo aquela emoção que senti ao entrar na avenida. O filósofo frígio Epíteto, durante seus devaneios, comia menta; e o escritor francês Marcel Proust saboreava *madeleines*. Eu também gosto de ter no bolso umas folhinhas de menta e adoro *madeleines*, mas são recordações como a melodia e a letra desse refrão que me ajudam a nunca perder as emoções dos tempos idos.

O amor a vida faz rejuvenescer
A saúde traz a paz, gostoso é viver...

Capítulo 17

Dez anos em Gstaad

A paisagem acidentada de Gstaad, com suas colinas suaves e as montanhas de Crans, é meu *habitat* europeu. Em Sion, no vale do Rhône, abaixo de Crans, trabalhei durante dez anos. Anos férteis de recordações, recebendo gente do mundo inteiro naquela pequenina cidade. De Crans eu descia para Sion, capital do Valais, onde tive a satisfação de introduzir a cirurgia plástica, juntamente com André Moret, amigo e cirurgião local que se iniciava na profissão e se tornou meu discípulo.

Da clínica até minha casa percorria uma estrada de 24 quilômetros. O planalto de Crans fica a 1.600 metros de altitude, numa região onde se divisam o Rhône à direita e, à esquerda, o Mont Servant, perto de Zermatt e de Brig, ligada à Itália pelo túnel de Simplom. Uma paisagem revigorante, onde o ar da montanha me refazia do cansaço das tardes de trabalho intenso.

Recebia uma clientela internacional, muito parecida com a que atendo no Rio, onde meu secretariado preparava os mapas, organizava as consultas e os planos cirúrgicos. Da clínica carioca levava, junto com os mapas de trabalho, minhas queridas enfermeiras Balloch e Conrado, a dra. Jane, um dos residentes e meus instrumentos. Em suma, comigo seguia o time completo de trabalho que colaborava intensamente, sem deixar escapar o prazer da beleza da região e do pitoresco da ocasião.

Todas aquelas pessoas traziam consigo uma história de vida diferente, própria, como Lady Detterting, uma senhora inglesa cuja vida passara por uma radical transformação desde que deixara seu país natal, a Rússia. Surpresa ao me ver chegar, dirigindo eu mesmo um carro, comprado com dificuldade e do qual muito me orgulhava, e acompanhado por Marilu, exclamou:

— Que maravilha! Seu marido não perdeu a modéstia.

Aquela visão provavelmente remetera sua memória para o passado, quando, numa época em que o petróleo ainda não era considerado importante, seu marido, Lorde Detterting, acalentara o sonho de comprar o lago Maracaibo, na Venezuela, uma das maiores reservas do "ouro negro" em todo o mundo. Só com muita persistência ele acabou por convencer a casa Rothschild, de Londres, a conceder-lhe o empréstimo necessário para levar adiante seu empreendimento, transformando a antiga Royal Dutch Tin Company na poderosa Royal Dutch Oil Company (Shell).

Lembrando o episódio para Marilu, Lady Detterting suspirou:

— ...E desde então minha casa se transformou numa espécie de *foreign office.*

TRABALHANDO À TARDE, eu dedicava as manhãs a caminhar, a nadar e a jogar um pouco de tênis. Revigorava meu corpo e minha mente até o meio-dia, quando então descia para Sion. Gostava muito de dirigir e vivia serpenteando por aquela estrada, entre os vinhedos que conheço como paisagem de olhar e degustar.

Certa vez estava em Chemin de Moulin, em Paris, visitando o duque de Windsor, quando ele resolveu telefonar para Crans, numa época em que as ligações interurbanas e internacionais eram efetuadas por intermédio de telefonistas. O duque de Windsor era o último e mais digno representante do mundo vitoriano, de cuja cortesia tanto carecemos. A espera se alongava. Enquanto a ligação não se completava, ele aproveitou para comentar com a telefonista sobre a música funcional que tocava ao fundo. Talvez por não compreender a delicadeza de sentimentos de seu interlocutor, ela o interrompeu perguntando:

— E o senhor esperava uma sinfonia?

Difundida pela Bauhaus, a palavra "funcional" ganhava terreno e estava longe de ser relegada à pejorativa conotação de *muzak*, na qual se encontra hoje em decorrência de seu uso abusivo e indiscriminado.

Finalmente completada a ligação, quem atendeu foi a Enedina, babá do Bernardo — meu caçula, então com poucos meses de idade —, que gritava a plenos pulmões. Delicadamente o duque comentou: "Deve ser um tenor." Sem saber, ele fazia um vaticínio: anos depois, Bernardo viria a ser um tenor, antes de tornar-se artista plástico.

Minha clínica suíça trouxe gente de quase todo o mundo a Sion. Entre essas pessoas, algumas infelizmente já nos deixaram, cada qual com sua pequena história.

Grande amor de Picasso e detentora do melhor da obra do mestre, Marie-Thérèse Weis ficou surpresa com a objetividade do motorista de táxi local. Antes que tivesse tempo de lhe dizer qualquer coisa, ele já perguntava:

— A senhora veio visitar o professor?

— Quer dizer que estou assim tão acabada?

— Não, minha senhora. Vejo pela sua elegância.

Vestida como se estivesse em Paris, não lhe restaria mesmo outra opção. Sion era ainda uma cidade relativamente simples, modesta e pequena, mas orgulhosa de sua história.

Do Valais e de seu povo, com o qual me integrei, conservo uma lembrança muito forte. Incorporado somente há cem anos à Federação Helvética, que remonta a setecentos anos, essa diferença se estende ao seu temperamento peculiar. O *valaisan* é um homem combatente, expansivo e efusivo. Com um arraigado espírito de luta e independência, guarda uma grande generosidade interior, aliada a um senso de humor que às vezes se parece com o dos cearenses. Uma semelhança que se traduz na curiosa reação da cidade depois de um breve período em que o sol, sempre presente, faltou às praias de Fortaleza e, quando reapareceu uma semana depois, foi vaiado na praça do Ferreiro. Só um povo com luz própria é capaz de vaiar o próprio sol — são todos estrelas.

A volta à montanha me propiciou a redescoberta da grandeza de um universo que pensava estar desaparecido, mas que voltou e continua a voltar pelas lembranças vividas e pela intimidade que essa natureza nos oferece a cada momento.

Foi nos Alpes suíços que Marilu e eu pudemos sentir mais de perto cada um de nossos filhos crescer e desenvolver suas personalidades. Minhas estadas eram curtas, porque sempre voltava para trabalhar no Rio, de onde jamais me ausentei por períodos de mais de um mês nas últimas quatro décadas. Mas eram temporadas tão alegres que valiam dois séculos.

Quando o Helcius estava com nove anos, dei a ele a pele de um leopardo da floresta da Caxemira, presente que recebera de um colega no Tibete depois de proferir uma conferência. Hoje o gesto seria condenável, mas àquela época ainda se tinha a coragem de achar bonita a pele retirada de um animal raro. Ele adorava vestir aquela pele, sentindo-se o próprio senhor daquela pequena região. Tomado por um certo espírito de tigre, um dia virou-se para a Melina Mercouri, que estava nos visitando em Crans com seu marido, Jules Dassin, e disse com toda a seriedade:

— Até hoje só conheci umas gatinhas, mas você é uma pantera!

Sem saber como reagir àquele elogio recebido de um garoto tão jovem e já tão galante, Melina contou o episódio a Jules Dassin, que achou muita graça, mas, meio ressabiado, disse ao Helcius:

— Chame de panteras as outras mulheres, mas não a que está em sua casa, principalmente a minha!

Todos os anos dedico alguns dias à prática de esqui nos Alpes suíços. Nesses momentos, é minha natureza inteira que fala mais alto e liberta-me nas ondulantes encostas cobertas de neve. Deslizando, perco o senso da gravidade, torno-me leve, sinto-me quase pássaro, deixo as preocupações se esvanecerem.

Gostaria de ter esquiado quando pequeno, mas minha primeira experiência aconteceu quando já estava com mais de trinta anos. Vim trazendo meus filhos Ivo, Gisela e Helcius. Bernardo ainda não havia nascido. Nas longas férias do verão brasileiro (inverno na Europa) eles freqüentavam um período de escola, aprendendo e desenvolvendo um estreito contato com a vida e a cultura locais.

Essa procura continuaria cada vez que um deles voltasse. Ivo e Bernardo passaram longos períodos. Gisela e Helcius, apenas pelas escolas de férias, primeiro em Crans e depois em Gstaad, onde Bernardo passou quase nove anos.

Sempre associávamos nossas estadas ao *esprit de corps* que o ato de esquiar propicia. Esquiávamos em família. Como às vezes não tinha tempo para me dedicar a eles no Rio, a prática do esqui passou a funcionar como um time de futebol em concentração de Natal, quando nos reuníamos para passar as festas de fim de ano.

Segui um pouco o destino. Quando Ivo estudava na École de Roche, em Bluche, morávamos na cidade vizinha de Crans. Mais tarde Bernardo foi para Gstaad, onde a doçura das montanhas da região, o recato de seu povo e o mundo que lá se reúne nos atraem até hoje.

O esqui nos obriga a reconhecer nosso centro de gravidade, encontrando o eixo central que nos liga ao sentido universal de harmonia, de paz e de equilíbrio. A prática foi incorporada à minha vida, não na forma de disciplina pura — como o caratê, o mergulho, o tênis e a natação —, mas como um aprendizado em conjunto.

Em Gstaad, guardo com muito carinho os pequenos troféus conquistados pela família, todos exímios esquiadores. Mas as principais medalhas e taças pertencem ao Ivo, que as conquistou disputando com os campeões locais, sempre classificando-se entre os primeiros. Grande esquiador e tenista, continua ligado ao esporte. Ele e Valéria, sua gentil esposa, me deram dois netos encantadores. Hoje no Rio, depois de alguns anos em Los Angeles, segue seu talento de esportista na academia que criamos juntos e que ele conduz, no Pontal, no fim do Recreio dos Bandeirantes.

Todos são craques, principalmente o Ivo, grande campeão, um verdadeiro *racer*. Por causa dele, ganhei a amizade de Matteo, então um menino de sete anos, filho de nosso amigo Cláudio. Ao ver as medalhas e fotos de meu filho, o pequeno pensou que fossem minhas e passou a me olhar com admiração. Ele acabara de ganhar uma medalhinha e sabia como era difícil.

A competição é sempre estimulante. É extraordinário esse sentido de admirar os grandes campeões, pois dessa forma continuamos nos sentindo eternamente como jovens esportistas, acompanhando nossos grandes ídolos quase como se estivéssemos em seu lugar.

Esquiávamos e nos divertíamos muito juntos. Como eu sempre levava tombos incríveis, que nos faziam rir, meus filhos até desenvolveram uma espécie de paternalismo em relação a mim, por estarem sempre me arrancando dos galhos das árvores ou dos buracos onde eu me metia.

Mignon, e até hoje com um rostinho lindo de criança, Gisela pagou meia entrada mesmo já mãe do Antônio Paulo. Depois de vários anos nessa brincadeira, o encarregado da estação ficou desconfiado e decidiu barrá-la. Para dar maior veracidade à brincadeira, quando ele perguntou sua idade, eu respondi:

— Ela só tem 17.

— Meia-entrada é só para os menores de 16 — respondeu duro, depois de ter sido logrado por mais de dez anos pela juventude de Gisela.

A sensação de deslizar no esqui é algo já incorporado à nossa família, representando a sucessão de gerações em que, deslizando na neve, vamos nos amando, vamos nos sentindo, vamos nos percebendo. Deslizando montanha abaixo, Gisela à frente nos filmando, lembro-me dos momentos em que filmávamos Bernardo. Quem sabe amanhã será a vez de Antônio Paulo, Ivinho, Mikael, Pedro e Rafael descerem com seus netos... A vida continua nessa sucessão que tem dinâmica própria e que não pode nem deve ser interrompida.

A prática do esqui é apenas um dos rituais coletivos propiciados pelo clima frio, que incentiva outros tantos, desenvolvidos principalmente diante do aconchegante fogo da lareira.

Todos os vinhos da região do Valais — o *fendant*, o *pinot noir*, a *dôle* — vão muito bem com a *raclette*, que tradicionalmente é preparada no fundo da lareira. Acompanhada por um vinho branco ou chá — dizem os locais que a água forma uma lama no estômago, uma espécie de cimento armado —, deve ser entremeada por um *kirsch* para ser melhor digerida, ao estilo da nossa cachacinha em meio à feijoada.

Na *raclette* há todo um ritual a ser seguido, que proporciona muita intimidade. A forma de cortar o queijo, de racletar, faz com que, degustando-a, criança e adulto se confundam. "*Fames* e libido", já dizia Freud.

Capítulo 18

A vida é uma permanente viagem

Tantas viagens já feitas, ainda outras tantas por fazer. Sinto que alguma coisa nessa minha missão eu venho cumprindo. Lembro-me das indagações que fazia junto com meus amigos, naquela fase em que o adolescente busca segurança em si mesmo e em valores pouco tradicionais. Desconhecendo o mundo à minha frente, sem saber como o encontraria, mas já liberto de preconceitos, sentia-me preparado para vê-lo como fosse e não como julgava que deveria ser. Creio que aprendi isso com minha mãe.

Incrustado nas montanhas, o mineiro inclina-se a procurar o mundo. As imagens de minha mãe e de meu pai estão sempre presentes. E pensando neles eu sinto como viajávamos, como andávamos pelo mundo à nossa maneira. Caminhávamos com a emoção permanente do viajante que procura e, encontrando, não se espanta nem pára de procurar, mas não deixa de amar esse encontro, que no fundo reforça a procura, posto que a parada não é definitiva. E parte para outra.

É o momento de soltar as amarras e deixar que o destino mostre a rota a seguir. Pela estrada, pelo ar, pelo mar. Sempre.

Agora como pai, percebo como a observação de outros países foi fundamental para a formação de meus filhos. E para que o ambiente deles fosse o mais amplo possível, também foi fundamental o convívio com todas as classes sociais. Da mesma forma como os levava à Europa, eles me acompanhavam à Santa Casa da Misericórdia. Para conhecer o homem em toda a sua essência, em toda a sua grandeza. Apreender o sentido que existe entre a moral e o bem social, que torna o homem vulnerável às influências e ao mesmo tempo o coloca aberto a toda espécie de conduta.

MINHA REDESCOBERTA da Holanda foi emocionante. Convidado pela Sociedade Holandesa de Cirurgia Plástica para dar um curso, fui recebido com fidalguia extraordinária. O holandês tem muito do inglês e um pouco do alemão, mas conserva um jeito próprio de ser. Só quem partilha de sua intimidade é capaz de perceber, em toda a dimensão, sua delicadeza, sua coragem, sua grandeza de espírito.

Durante o curso, fui homenageado com um jantar na Casa de Maurício de Nassau, hoje um museu com 17 Rembrandts, que integra um dos acervos mais preciosos da iconografia flamenga do século XVII, incluindo um dos quadros mais lindos que já vi, o *Porto de Delfos*, de Vermeer. Segundo meu grande amigo e pintor Pierre Doutrelau, Vermeer só pintou 17 quadros em toda a sua vida. Foram de doze a vinte pelas contas de sua mulher Victoire, musa inspiradora de Yves Saint Laurent na Paris dos anos 1960. Num canto escondido, o museu guarda ainda uma coleção preciosa de Frans Post.

Sempre gostei de usar *Lição de anatomia*, de Rembrandt, como ilustração em minhas palestras. E, até essa visita à Holanda, só conhecia a magnífica tela por reproduções. Delicadamente, o colega que me saudou disse:

— Ivo, você nos deu um excelente curso, mas cometeu um erro com o quadro de Rembrandt: o *slide* foi projetado ao contrário.

E, para meu espanto, acrescentou:

— Se quiser vê-lo na posição correta, basta virar à sua esquerda.

Voltei-me e, diante de mim, com toda a emoção, descobri o original que até então jamais vira. Eles haviam me posicionado de tal forma que eu só o notaria quando indicado. Espirituoso, meu anfitrião encerrou seu discurso dizendo-me:

— Se, num dia remoto, um príncipe de nossa terra invadiu seu país, agora é chegado o momento de um brasileiro conquistar a Holanda.

Considerando impenetráveis os recifes que protegiam a entrada de Pernambuco, os portugueses deixaram aquela parte do país desguarnecida, possibilitando a invasão comandada por Maurício de Nassau. Naquela época, o marquês de Pombal ameaçava trazer a Inquisição para o Brasil, amedrontando os inúmeros judeus portugueses e holandeses que para cá vieram fugindo da perseguição que a Igreja Católica lhes impunha na Europa. Refugiados no Norte e no Nordeste, trocaram seus nomes e adotaram novos, como Silveira, Oliveira, Machado, misturando-se ao caldeirão cultural que caracteriza nosso país.

O museu da Casa de Maurício de Nassau, em Haia, me recebeu com uma exposição especial: uma homenagem extensiva ao Museu de Arte Moderna do Rio de Janeiro, que na época eu presidia. Foram retirados do porão os quadros a óleo de Frans Post, que eu não conhecia e cuja beleza extasiou meus olhos.

Naquele século XVII, Frans Post amou o Brasil e nostalgicamente imprimiu nas telas todos os casarões de Recife e de Olinda que sua memória fora capaz de guardar. Pintor oficial do príncipe Nassau, encarregado de reproduzir as imagens da colônia, registrou cenas locais com criatividade, sem perder o testemunho histórico, assim como fizeram, dois séculos mais tarde, os artistas Rugendas e Debret, a convite de d. João VI. De volta à Holanda, ele pôde, por fim, dar vazão a sua sensibilidade, aplacando um pouco a saudade que sentia do Brasil, de sua vegetação, de sua gente, de seu casario. Quem sabe o impacto e a força que encontrou em Vermeer, Van Dyck e Rembrandt inspiraram-no a recriar um período que lhe fora tão caro?

Em outra viagem à Holanda, depois de uma conferência em Maastricht, o príncipe Bernardo lembrou-me da empatia que o holandês tem com a ecologia. Essa herança secular vem desde Frans Post, que fixou as imagens do Brasil em suas telas, e prossegue até hoje, quando o próprio príncipe preside o World Wild Foundation.

Durante os anos de 1990 e 1991 organizei, como professor-presidente, o curso de verão de cirurgia plástica da Universidade de Madri, localizada no alto da serra de Guadajama, em frente ao monastério Escorial. Por sua versatilidade, esses cursos são dos mais interessantes do mundo. Karpov ensinava xadrez, eu tomava café-da-manhã com o Prêmio Nobel de Literatura Octávio Paz e com o grande escritor sevilhano Anthony Burgos. Convivia, ainda, com toda uma população estudantil voltada para a cultura em seu mais amplo espectro.

Certo dia, acompanhado por um amigo suíço, um belga, ex-aluno meu, e outros turistas, fomos visitar o museu do Escorial. Construído por Filipe II durante a época das grandes navegações, foi erguido em memória de seu pai, o rei Carlos V, e também em louvor a são Lourenço. Notei que o dia da vitória de uma batalha era o mesmo consagrado ao santo. Meu amigo belga fazia muitas perguntas e de repente pediu uma informação sobre Flandres. Nosso guia era surpreendente:

— O senhor se refere aos Países Baixos, antigo domínio do senhor de Espanha. Sabemos de tantas histórias que num período tão curto não podemos contá-las todas. Temos muitas coisas a ver. Vamos à biblioteca. Quero mostrar os incunábulos, tão importantes quanto os do Vaticano. Contar sobre d. João de Austerlitz, de quem o senhor acabou de ver o túmulo, irmão bastardo de Filipe II e que, segundo Miguel de Manara, seria o lendário Don Juan.

A fala do guia trouxe-me à memória o Don Juan de Marañón, que o admirável médico e escritor estudou em sua trilogia — *Don Juan*, *Ariel* e *Tibério* — e comparou a um eterno adolescente. Aquele que, da alimentação entre a libido do seio da mãe e a *fame* que o sustenta, acrescido de sua instabilidade, passou pela puberdade com sua masculinidade preservada. Por isso, ia dos braços de uma mulher a outra, e mais outra, sem jamais ver saciado seu desejo de alcançar o amor com o qual tanto sonhava, eterno adolescente.

Agradavelmente surpreso, verifiquei que o guia conhecia toda a trilogia. Conversamos longamente, enquanto meus companheiros se alheavam, seguramente já dominados pelo pragmatismo da profissão, tão distante da paixão que inspirara Marañón.

Nessa mesma estada, um senhor me convidou para tomar café em sua casa, situada nas proximidades do Escorial. Segundo o que aprendera nas narrativas históricas, ao construir o monumento naquela serra muito árida, mas coberta pelas *haras* — uma pequena florzinha branca, típica da região —, Filipe II quis demonstrar toda a fé que marcava sua personalidade. Ao ouvir de meu anfitrião que erguera ali sua casa justamente por causa daquela flor, pensei que ele confirmava meus conhecimentos...

— Nada disso. As *haras* são altamente afrodisíacas. Do alto dos meus setenta anos quero continuar a comê-las, como Filipe II — respondeu-me o anfitrião.

INFINDÁVEIS SÃO OS SEGREDOS desse mundo. Para desvendá-los é preciso, antes de mais nada, abrir bem os olhos e os ouvidos, pois a beleza e a graça da vida estão ocultas em pequenos detalhes que muitas vezes escapam a conclusões apressadas. O beduíno, habituado a conviver muito consigo mesmo, em meio ao silêncio do deserto, é um homem de reflexão e de força. Convidado pelo rei Hussein, da Jordânia, depois de fazer algumas demonstrações cirúrgicas, manifestei o desejo de mergulhar em Ácaba. Para chegar lá, sobrevoei o mar Morto de helicóptero, uma visão impressionante.

Mergulhei com um aparelho que não conhecia. De circuito fechado, não faz bolhas e é usado pelos homens-rãs da guarda pessoal do rei. Jamais havia visto uma água tão clara, tão quente e tão agradável como aquela do mar Vermelho. De repente, o relógio que recebera de presente, próprio para mergulhos de até cinqüenta metros de profundidade, estourou. Com esse alerta, comecei a voltar, e só então percebi que havia descido muito mais do que pensara. Enquanto voltava, notei que meu colega não estava bem. Ele participara das intervenções comigo, mas não era um bom mergulhador. Imediatamente agarrei-o e trouxe-o à superfície.

Mais tarde, almoçando com o general que comandava a região, relatamos a aventura. Verdadeiro beduíno, ele brincou, dizendo que agora eu era o *frogman of His Majesty.* Rindo, me ofereceu as insígnias do capitão que nos acompanhara na expedição.

Nas áridas terras do deserto, o sentido da vida e da morte é diferente. Designado a me escoltar, aquele capitão assumira minha integridade física como sua responsabilidade. Mas a do meu colega não lhe importava.

Anos depois, voltando à região, ainda como *guest of His Majesty*, durante intervalos de minhas conferências, visitei Petra — monumento único de uma época, cidade encravada nas montanhas de mármore rosa — guiado por um palestino. Em meio a sua explanação sobre os monumentos históricos, irritou-se pelo meu incessante interesse em querer saber sempre mais e contou uma antiga lenda, visivelmente destinada a rebater minha aparente impertinência.

— Diz a lenda que certa vez um antigo rei foi presenteado, pelo soberano das terras vizinhas, com um belo cavalo, uma bela jovem e o melhor médico de toda a região. O antigo rei agradeceu os presentes, mas ficou apenas com o cavalo e a jovem. Decidiu mandar de volta o médico, seguramente para ter saúde e poder desfrutar melhor os outros presentes...

Se em Israel os imprevistos de uma cirurgia foram desvendados pela tecnologia, no Irã o foram por um hábito cultivado pelos armênios, conhecidos por não guardar segredo entre si. Mais do que cortar e acrescentar, todo ato cirúrgico é uma questão de decisão, de antecipação do que se pode criar e, sobretudo dentro da capacidade de julgamento do cirurgião, de conduzi-lo da forma adequada até o final, já prevendo o último gesto a partir do primeiro. Mesmo em circunstâncias ideais, muitas vezes somos surpreendidos em meio à intervenção.

Como dizia meu amigo Ralph Millard, inspirado pelo nosso grande mestre Harold Gillies:

— *Open your mind before you open the wound.*[21]

Chamado a operar uma personalidade muito importante do Irã, pediram-me que realizasse a intervenção dentro de seu próprio palácio, de forma a melhor preservá-la da curiosidade pública. Acompanhado pelo dr. Ossaulou, amigo e cirurgião local, compramos todo o material necessário, montando um verdadeiro centro cirúrgico no conforto daquele recinto senhorial.

Tudo pronto, subitamente fui dominado pela convicção de que aquele não era o ambiente ideal para uma intervenção de importância. Por mais bem equipada que estivesse, aquela seria sempre uma residência e não um hospital, que poderia oferecer atendimento adequado no caso de uma surpresa na evolução do ato operatório. Transmiti minha decisão, gerando grande dilema entre as autoridades oficiais, cada qual mais zelosa que a operação fosse realizada em seu hospital. Diante de minha insistência, o hospital universitário foi semi-evacuado e, de

---

[21] Abra sua cabeça antes de abrir a ferida.

repente, encontrei-me publicamente exposto, exatamente por querer dar maior proteção ao paciente.

O instinto que me fez mudar à última hora acabou provando-se correto. Finda a cirurgia, percebi a formação de um hematoma. Era importante drená-lo, mas a luz não estava adequada.

Eu pedia mais luz, em todos os idiomas que conhecia, mas ninguém na sala parecia entender. Até que falei também em português, "luz", e um senhor se aproximou, posicionando a luz de forma correta. Era um colega armênio, o qual estava ao lado do cirurgião-chefe do hospital que, embora inicialmente preocupado pelas circunstâncias, naquele momento deu prova de sua grandeza. Percebendo que eu assumia o risco e a responsabilidade da situação, ele — grande cirurgião-geral formado pela École de Paris — mostrava compreender a própria gênese da cirurgia, que é a capacidade e a coragem de tomar uma decisão.

Numa demonstração de admiração e respeito, esperou o fim dos trabalhos e solicitou minha colaboração cirúrgica no atendimento a sua filha, que, paralisada em decorrência de uma explosão, apresentava uma úlcera de decúbito.

De volta ao hotel, recebi a visita de uma amiga armênia, radicada no país, interessada no resultado da cirurgia. Mostrei minha surpresa por ela saber de um assunto que até então vinha sendo tratado como um segredo de Estado. Mas ela logo provou que os armênios não guardam segredo entre si.

Você pediu mais luz durante a operação.

— Como sabe?

— Aquele senhor que ajustou a iluminação era armênio, e achou curioso que você falasse a língua de seu país. Entre o idioma dele e o português existe em comum a palavra "luz", a única em todo o vocabulário.

Uma surpresa ainda me aguardava no Irã. Homenageado pelo chefe de Estado, elogiei a atuação do anestesista. Meu reconhecimento soou inesperado ao governante, para quem só importava o trabalho do cirurgião. O anestesista também pouco esperava por isso. Beijando minhas mãos, em agradecimento, explicou que aquela era a primeira vez, em quatro séculos, que sua família era mencionada publicamente diante do mais alto dignitário de seu país.

Por uma dessas coincidências com que a vida nos brinda, estava em Florença para dar uma conferência no mesmo momento em que a cidade trocava o piso da Piazza della Signora, onde a Renascença em lugar único colocou toda a sua força ímpar pela harmonia e conteúdo. Ao escavarem o solo, foram encontradas algumas ruínas romanas, que as autoridades preferiram tapar por considerá-las de menor importância.

Para os orgulhosos florentinos, a Itália termina ali. Não deixa de ser um chauvinismo local, mas a força da beleza de Florença quase invoca uma vida própria.

A secular rivalidade com Veneza conheceu seu apogeu durante a Renascença, a tal ponto que os pintores que não retratassem o Arno ao fundo de suas imagens — a exemplo do próprio Leonardo da Vinci — eram quase obrigados a se afastar da grandeza de Florença. Por ali ainda se ouvem os ecos dos guelfos e dos gibelinos e sente-se a fuga de Dante, que em sua *Divina comédia* retratou todo um mundo que o precedeu e o que vivenciava naquele instante.

Ao pensar em Dante, lembro de Borges evocando o encontro do poeta com Paolo e Francesca, descrito no canto V do segundo círculo do *Inferno*: "Estão ali porque morreram adultos, tiveram a coragem de amar, a coragem de pecar", lembra-nos Borges. Em sua análise, como todas aquelas outras almas que lá se encontram, o casal sente o próprio pecado, sofre sua punição sem o alento da esperança, sem o conhecimento de Deus. Ali tudo é feio, porque no inferno nada há de ser bonito. Nem pode.

Depois de atravessar o limbo, onde avistou todos os grandes vultos da Antiguidade pagã, morta antes do perdão divino, Dante depara-se com os que se entregaram à paixão e agora sofrem. Páris, Ulisses, Tristão e Isolda, Helena e toda uma corte condenada a se manter fiel ao seu pecado, condenada a não conhecer Deus, alijada da possibilidade de redenção.

Observando todo aquele sofrimento e suspirando pelo amor de Beatriz, o poeta sente-se atraído por Paolo e Francesca.

Como os pombos que, de amor movidos,
asas tensas, se abatem sobre o ninho,
no ar dos desejos conduzidos.[22]

No inferno é proibido falar o nome de Deus, é proibido arrepender-se. Paolo e Francesca estão condenados a permanecer unidos para todo o sempre. Eles sabem que pecaram e continuam fiéis a seu pecado, o que lhes dá uma grandeza heróica. De certa forma eles não têm mais preocupações porque vivem uma existência que não é comparável a outras; é deles, singularmente deles.

Pensando em Beatriz e desconhecendo o amor pelo qual Paolo e Francesca enfrentaram a própria vida, o poeta se sente

[22] "*Qualli colombe, dal disio chiamate,/ com l'ali alzate e ferme al dolce nido/ vengnon per l'aree del volei portate.*" (Tradução em português: Cristiano Martins)

atraído pelo casal. Mais que a paixão em si, intriga o poeta o momento exato em que descobriram estar dominados por aquele sentimento, para ele tão indecifrável quanto poderoso.

Dante sente profunda inveja do destino dos amantes, diz Borges. Agradecida pela compaixão demonstrada pelo poeta, Francesca da Rimini não se furta a lembrar o mágico instante fatal.

Os lábios me beijou, trêmulo, arfante.
Galeoto achamos nós no livro e autor,
e nunca mais foi a leitura adiante.[23]

Essas e outras imagens me vieram à memória quando recebi as chaves simbólicas de Florença com Emilio Pucci, durante a solenidade de abertura da Firenze Bellezza. Naquele momento eu me permitia ser o florentino que já era na minha juventude. Juventude que, procurando a harmonia, seu berço em Florença encontrou.

Tomado por profunda emoção e pleno de evocações, falei da cidade com a intimidade de quem percorrera seus caminhos durante a infância — no meu caso, vicariamente pelos livros. De costas para o rio Arno, senti retornarem reminiscências do tempo de criança. Ao receber essa homenagem, vivenciei-a como se tivesse sempre conhecido Florença.

Quando criança, em Belo Horizonte, minha imaginação passeava pela Piazza Michelangelo e, seguindo pelo corredor do grande arquiteto Vasari, caminhava do Palazzo della Signoria à

---

23 "*La bocca mi baciò tremante/ Galeotto fu il libro e chi lo crisse/ quel giorno più non vi leggemo avante.*" (Tradução em português: Cristiano Martins)

ponte Vecchio. Do alto das minhas Minas Gerais evocava as colinas toscanas, conduzido pela doce Miss Bell, que abrigava em sua casa Thérèse, amante de Robert, herói de Anatole France em *Le Lys rouge*, livro que marcou um momento importante de minha juventude.

Na Piazza della Signoria, minha vista se volta para a esquerda e noto a estátua eqüestre de Cosmo, o Magnífico — um pouco o pai de tudo aquilo que Florença mereceu dos que a amaram —, e ao lado vejo a maravilhosa fonte Bianconne. Admiro a expressão de Judite segurando a cabeça de Holofernes, na inigualável representação de Donatello, com um movimento que só a Renascença soube mostrar. Junto da Loggia e suas arcadas semicirculares, contemplo o *Perseu*, obra-prima de Cellini, e me vejo envolvido pela mais expressiva concentração de beleza e criatividade da história da humanidade. Agora é a figura de Hércules que me fascina, mas logo em seguida estou diante de uma das três reproduções do *Davi* de Michelangelo existentes em Florença, como que guardando a sua entrada e a da Galeria degli Uffizi.

Entrando pela Galleria degli Uffizi (em português, literalmente, Galeria dos Ofícios), palácio que hoje abriga um dos mais famosos museus do mundo, entre várias obras-primas a minha atenção se volta para um quadro de Piero della Francesca, o belo retrato do duque de Urbino, um precursor em sua época. Apesar de enxergar apenas com um olho, pois o outro ele havia perdido em duelo, o duque era exímio espadachim. Dono, porém, de um imenso nariz, tinha a visão do lado esquerdo impedida de procurar o adversário. Sentindo-se prejudicado, mandou tirar o "promontório", constituindo-se uma das primeiras operações na história da rinoplastia, mais funcional do que propriamente estética.

Esse sentido de valorização e de preservação das obras de arte ao longo do tempo, tão presente na Itália e na Europa em geral, estava sendo desprezado na China quando lá estive pela primeira vez. Era uma época de completo isolamento do país, logo após a Revolução Cultural de Mao Tsé-Tung. Acho que depois dos famosos jogadores de pingue-pongue da época de Nixon, que emblematicamente inauguraram o intercâmbio da China com o restante do mundo, fomos o primeiro grupo de brasileiros a ser convidado pela Academia de Ciências da China.

Nosso grupo era formado por médicos de várias especialidades, que atenderam a um convite para dar conferências e fazer intercâmbio cultural. Mas na realidade ouvimos discursos e conferências quase todo o tempo, porque os objetivos dos nossos anfitriões eram dar explicações sobre seu país e exaltar o seu regime. Na prática, além dos conceitos ideológicos não havia muita cultura para ser mostrada, porque grande parte do patrimônio artístico estava sendo destruída, com exceção das obras de arte que tinham sido levadas para Formosa. Tanto é que, ao visitar anos mais tarde o museu de Taiwan, fiquei impressionado com as peças históricas e artísticas de períodos antigos, que eu não tinha conseguido ver na China.

A mística de Mao Tsé-Tung predominava sobre tudo, até mesmo em relação à medicina. Havia recursos escassos, poucos anestésicos e tudo o mais. A acupuntura, muito desenvolvida na China, era usada para tudo. E como as sensações de dor têm relação com o psiquismo, até nesse campo as palavras do presidente Mao tinham poder: se fosse dito que aquele processo faria parar a dor, ela cessaria mesmo.

Assisti em Xangai a uma cirurgia de reimplante de dedos feita com o auxílio de lupas, que atingia resultados extraordinários mesmo sem os recursos da moderna cirurgia microscópica. O colega chinês descreveu para mim cada detalhe de sua técnica, às vezes usando frases de Mao para explicar seus procedimentos. Por exemplo, para falar sobre o fluxo de sangue nas veias da mão durante a cirurgia, citou um princípio do presidente Mao: "A quem não puder receber demais, temos que dar somente o necessário." Na realidade, se as duas artérias fossem ligadas, o que eles condenavam, o fluxo seria excessivo e as veias não poderiam retornar todo o sangue recebido.

Um lado bastante positivo de tudo isso foi o sentimento de dignidade que os chineses adquiriram nesse período. Visitamos uma série de pequenas aldeias, e em todas elas havia uma estrutura social bem-organizada, e fomos a algumas escolas de medicina que aliavam as técnicas clássicas chinesas ao conhecimento internacional mais avançado. Foi uma viagem encantadora, em que cada médico pôde levar sua esposa, e visitamos lugares extraordinários, como a Muralha da China.

Depois disso, estive naquele país duas vezes mais, sempre podendo testemunhar uma evolução significativa no ensino da medicina. Certa vez fiz uma demonstração cirúrgica e percebi que os professores e médicos já conheciam minhas técnicas, pelo estudo do meu livro editado na Alemanha. Mesmo sob o totalitarismo político, sempre foi muito forte a criatividade dos chineses, seu interesse pelos novos conhecimentos e a extraordinária variedade cultural daquele povo.

MINHA VONTADE DE TRANSMITIR o conhecimento, aliada à vontade infinita de enriquecer o meu espírito, aprendendo sempre um pouco mais sobre o mundo em que vivemos, levou-me a conhecer o mundo de uma forma muito ampla e talvez com mais profundidade do que me seria possível como um turista ou apenas um viajante comum. A cada viagem, convidado por alguém local, sempre procuro ver como as pessoas vivem e me esforço para ser como um deles, por um período curto mas às vezes repetido. Isso me permitiu fazer amigos nas capitais dos quatro cantos do mundo e em cidadezinhas do interior da Alemanha, dos Estados Unidos, da Bulgária, do Havaí, da Austrália e de outras dezenas de países, lugares distantes onde eu não teria oportunidade de ir por conta própria e meu trabalho não me justificaria ir.

Prefiro viajar quando sinto que há condições de aliar o lado profissional de professor e médico com a curiosidade, o aprendizado, a vontade de conhecer novos lugares.

As obrigações do meu trabalho fazem parte das motivações de minha vida, que foi sempre levada assim. O prazer do convívio e a curiosidade permanente pelo ser humano fizeram com que milhares de conferências não me cansassem, embora o preparo de cada uma delas exija muito tempo e atenção. Para isso, conto com o apoio de uma equipe dentro da clínica e o registro de toda a minha experiência, que os residentes ajudam a classificar nos computadores da biblioteca.

No momento em que escrevo estas linhas, por exemplo, estou preparando uma nova conferência para atender a novos convites, a começar pela Bulgária. Pode-se dizer que estou aqui no Rio de passagem, pois acabo de voltar de Boston, onde coordeno dois cursos, e da Alemanha, onde acabei de fazer uma conferência e também uma demonstração cirúrgica.

Foi uma viagem exaustiva, pois havia concordado em atender ao convite de um professor do Departamento de Mastologia da Universidade de Colônia, para mostrar minha técnica. Eu sabia que à noite deveria fazer uma conferência, mas achei que o compromisso na universidade era apenas conversar um pouco, pois estava chegando de uma longa viagem, tinha atravessado o oceano, de Boston a Londres, fazendo depois imediatamente o vôo Londres-Colônia.

Quando cheguei à universidade, para minha surpresa, havia um paciente já preparado na mesa de cirurgia e todos os médicos, professores e estudantes aguardando para me ver em ação, mostrando minha técnica na prática, com o bisturi na mão. Embora totalmente exausto, não tinha outra opção a não ser lavar as mãos, vestir a luva e o jaleco, entrar na sala e começar a operar.

Na sala de cirurgia, toda aquela estrutura de hospital alemão, todos os assistentes, o professor me passa o paciente, faço a marcação, mostro meu ponto, explico a cirurgia e ele me diz que posso começar. "Mãos à obra", penso então. Dane-se o cansaço.

É interessante o que acontece quando realmente fazemos uma coisa com amor: naquele momento todo o cansaço passou, parecia que eu estava de banho tomado depois de uma noite bem dormida, começando um dia na clínica. Operei, coloquei a mama em posição, e ele achou que era suficiente. Mas quando fui saindo, voltei os olhos e vi que os assistentes dele não estavam fazendo a complementação como eu gostaria. Lavei as mãos de novo e entrei em campo. Quando dei por mim, já estávamos há quase três horas lá dentro e era hora da minha conferência. Foi o tempo de passar pelo hotel e tomar um banho.

No final, foi tudo revigorante e o cansaço não teve como se manifestar antes que eu caísse na cama, muitas horas depois. É muito bom o sentimento de estar transmitindo aquilo que lhe é mais precioso, aquilo que você gostaria que outros soubessem e fizessem igual. Isso é o mais nobre em nossa profissão. Não tem a preocupação de outros estarem espionando, copiando suas técnicas, como existe nas indústrias, por exemplo. Muito pelo contrário, queremos que o outro profissional saiba e que aprenda bem. Então o fato de estar num país distante, vendo tantos colegas e estudantes acreditarem que tenho uma verdade a partilhar com eles, faz com que qualquer cansaço desapareça.

Fatos como esse me fazem sentir que valeu a pena ter feito a viagem, porque alguma coisa de bom eu pude levar com a minha presença. A conferência em si foi muito interessante; todos gostaram muito. Mas isso é hoje quase uma rotina para mim, por mais que renove os conteúdos e temas. Já a operação de improviso, hoje em dia não se faz mais isso. Foi uma oportunidade incomum, que resolvi encarar.

E me senti feliz por ter colaborado com um país que tanto admiro, a Alemanha, com seus encantos e sua riquíssima cultura sempre tão presente. Todo esse episódio aconteceu diante da catedral de Colônia, que eu havia visitado cinco décadas antes, quando estudava em Paris.

Naquela ocasião, tinha visto uma cidade bombardeada, destruída pela Segunda Guerra. E o que mais se destacava diante de meus olhos era justamente a catedral, infelizmente rodeada de construções do pós-guerra muito apressadas, muito feias.

Agora, a janela do meu quarto de hotel dava para a mesma catedral, de modo que quando eu estava me preparando para o jantar olhei a paisagem e voltei no tempo, àquele momento em que eu era um rapazinho cheio de sonhos visitando a Alemanha pela primeira vez.

No dia seguinte, fui rever por dentro a catedral, quase totalmente preservada. Olhando os vitrais quebrados, procurei um que ainda estava intacto, ali e na minha lembrança. É um vitral muito bonito que mostra a cena da Anunciação da Virgem. Ao ver as pessoas acenderem suas velas, senti que as intenções deviam ser as mesmas dos tempos de pós-guerra. Embora as pessoas e as circunstâncias não fossem as mesmas, certamente se rezava por saúde, paz, amor e felicidade. Ali na catedral de Colônia e no mundo todo.

É AGRADÁVEL E PROFUNDAMENTE estimulante encontrar em torno de mim aqueles que procuram compreender minha filosofia de vida, e com eles trocar idéias, como eu fazia com meus mestres, quando, em minhas viagens pelo mundo, fui procurando o conhecimento que eles com tanto entusiasmo me passaram.

Esse estímulo é o que nos leva a seguir em frente, sempre em busca de algo mais. Uma vez concluída essa busca, teríamos menos razão para continuar nesse mundo.

É a viagem sem encontro definitivo, a meia-curva que não se fecha nunca, que nos faz prosseguir nesse ideal um pouco ulissiano, como se caminhássemos sempre à procura do conhecimento distante, além da nuvem perdida no infinito, longe da idéia, perto da imaginação.

Em todas as minhas andanças,
sinto uma tristeza infinita em cada pausa.
Enferrujar, perder o brilho pela falta de uso.[24]

[24] "*For ever and for ever when I move/ How dull it is to pause to make an end/ To rust unburnish'd, not to shine in use.*" (*Ulisses*, de Tennyson)

Capítulo 19

Um senhor tombo

Ao lidar, como médico, com pessoas de todo tipo e de todas as nacionalidades, desde cedo aprendi que a essência do ser humano é a mesma, e que a procura da felicidade, do estar bem com a própria imagem, não se restringe a uma classe social. Há mais de cinco décadas venho lutando no Serviço da Santa Casa, atendendo a população carente, tanto em cirurgia reparadora como em cirurgia estética, e também venho lidando com reis, príncipes e princesas, chefes de Estado, celebridades internacionais, em minha clínica e nas viagens pelo mundo. Procuro sempre mostrar em minhas palestras que nisso tudo existe uma dimensão social profunda, porque a pessoa em paz consigo e com aqueles que a rodeiam é mais produtiva, é mais capaz. Uma vez vencidas as suas necessidades básicas, o ser humano quer estar bem consigo mesmo.

Mas um aspecto que me intriga, desde os primeiros tempos como médico em pronto-socorro nas favelas cariocas, é a capacidade de resistência e de superação do ser humano diante daquilo que Shakespeare descreveu como "dores do coração e as mil mazelas naturais/ A que a carne é sujeita".[25]

Não foi somente a experiência de médico que me fez aprender isso, mas também, de modo ainda mais intenso, a vivência como paciente — um ser humano sujeito às mazelas naturais. Dos vários acidentes que já sofri, e todos me foram de alguma forma instrutivos, recordo-me sempre de alguns em especial.

Leblon, Rio de Janeiro, anos 1970. Eu vinha dirigindo um Porsche pela avenida Visconde de Albuquerque, em torno de oitenta quilômetros por hora, uma velocidade normal, quando fui surpreendido por um carro que atravessou a ponte exatamente quando eu virava em sentido contrário. Era um carro pesado, um Dodge fabricado no Brasil. Ao sentir, de repente, que não podia fazer nada, escolhi a roda da frente do Dodge, onde bati em cheio. Ele rodou 180 graus e, pela soma das velocidades dos dois carros, o meu foi projetado violentamente para cima do outro, mas não ficou só nisso: continuou o trajeto pelo ar, como um bólido, e destruiu um poste de iluminação daqueles bem grandes e largos.

Com o barulho da batida, todo mundo que morava naquela área saiu para a rua, inclusive o meu amigo Sérgio Bernardes, que morava ali perto. Encontraram-me caído no meio da trajetória balística que meu carro havia percorrido. Ou seja, entre o poste e o início do vôo. Eu tinha sido projetado para fora do carro, através do pára-brisa, e inexplicavelmente estava intacto, sem um arranhão.

---

[25] "*The heart-ache and the thousand natural shocks/ That flesh is heir to*" (*Hamlet*, Ato 3, Cena 1). O trecho acima foi extraído da tradução de Millôr Fernandes.

Diante do carro destroçado, perguntei ao Arinos, outro amigo das redondezas, que me olhava espantado.

— O que houve? Estou ferido?

— Não, mas seu cabelo está todo branco.

Passei a mão na cabeça e senti um pequeno corte no dedo. O branco do cabelo era o pára-brisa, todo estilhaçado. O pára-brisa do Porsche era tão bom que me permitiu atravessá-lo sem nenhum ferimento.

O rapaz do outro carro, muito elegante, aproximou-se então e, reconhecendo-me, comentou:

— Mas que feliz coincidência você estar aqui! Poderia dar uma olhadinha na gente.

— Olhadinha eu dou — respondi —, mas feliz coincidência, não, porque era eu que estava no outro carro.

Ele ficou espantadíssimo. E fez questão de me dar um carro novo.

Quando me lembro desse acidente, não entendo como estava ali, vivo, inteiro e de pé, depois de voar com o carro a uma distância de mais de dez metros. Curiosamente, eu não estava usando cinto de segurança; se estivesse, o que teria acontecido? Embora hoje eu seja favorável ao uso do cinto em qualquer circunstância, acho que naquele episódio dificilmente teria me separado do carro. Teria prosseguido como parte do bólido, no impacto com o poste eu teria me misturado àquela massa de ferragem fundida e não estaria agora aqui contando esta história.

Lembranças como essa me fazem valorizar a vida ainda mais. Recentemente levei um tombo inacreditável. Estava esquiando em Gstaad, com minha mulher, meu filho Bernardo, meu colega americano Tom Baker e a mulher dele, Cinthia. Subimos para almoçar e, na descida, na pista maior, que tem precipícios em alguns lados, a neve estava excelente.

Bernardo quis que eu fosse com ele fazer um pouco de *off-pist*, que é um tanto perigoso na primavera, pois às vezes ocorrem avalanches. Como eu estava esquiando bem, resolvi acompanhá-lo.

Hoje, ao recordarmos esse fato, Bernardo me diz que eu esquiei muito acima da minha velocidade normal, não sei por quê. À medida que descia e a velocidade aumentava, percebi que tinha seguido para um trecho que não conhecia. Com o tempo encoberto e a névoa, fiquei sem visibilidade alguma, enquanto o esqui descia cada vez mais rápido. Nesse momento eu realmente senti medo de morrer.

Veio-me à cabeça um poema de Goethe, "O rei dos elfos", que é muito bonito, mas trágico:

Quem cavalga tão tarde à noite e ao vento?
É o pai com o seu filho.
Ele segura o rapaz nos seus braços
Segura-o com firmeza e o mantém quente.

Flashes desse poema passavam rápido por meu pensamento, enquanto via o precipício à minha frente.

"Por que escondes tão receosamente o teu rosto?"
"Pai, não vês o rei dos elfos?
O rei dos elfos com coroa e cauda?"
"Meu filho, é o rasto de névoa."

Deparei-me com o sentimento do silêncio total da morte, imaginando lá de cima o cume das montanhas e a copa das árvores, sem escutar nenhum ruído, nada.

"Meu pai, meu pai, não ouves
O que o rei dos elfos baixinho me promete?"

"Sossega, sossega, meu filho,
É o vento que murmura nas folhas secas." [26]

Como o personagem de Goethe para seu filho, eu repetia para mim mesmo enquanto esquiava às cegas: "Sossega, meu filho." E o vento parecia dizer: "Queres ir comigo? As minhas filhas vão cuidar de ti, dançando e cantando para adormeceres."

Acabei me estatelando no fim da outra pista, caído com as pernas abertas, com um monte de neve em cima de mim. Fiquei com um hematoma enorme nos dois lados do rosto, os ombros bastante machucados, e abri uma diástase que eu tinha tido tempos atrás, uma pequena sub-hérnia abdominal.

Ainda todo inchado, tive que ir a Roma fazer uma conferência importante, junto com a famosa Hortensia Vanucci. Lá estavam Elza Martinelli, Giovana Deodato, Sidney Rome, o filósofo Domenico de Masi, o embaixador e a embaixatriz do Brasil, e muitos amigos dos meus tempos em Roma. Em suma, toda Roma estava lá, e eu estava sentado num canto, sem poder nem mexer os braços, por causa do tombo.

De volta ao Rio, fiz um *check-up* e, na ressonância magnética, foi detectado um pequeno aneurisma, acima do femoral, abaixo da renal. Realmente pequeno, nada preocupante. Poderia ser monitorado, ou operado por uma técnica moderna,

---

[26] *Erlkönig* ("O rei dos elfos"), de Johann Wolfgang von Goethe: "*Wer reitet so spät durch Nacht und Wind?/ Es ist der Vater mit seinem Kind;/ Er hält den Knaben wohl in dem Arm,/ Er hält ihn sicher, er hält ihn warm./ 'Mein Sohn, was birgst du so scheu dein Gesicht?'/ 'Siehst, Vater, du den Erlkönig nicht?/ Den Erlenkönig mit Kron'und Schweif?'/ 'Mein Sohn, es ist ein Nebelstreif.' (...) 'Mein Vater, mein Vater, und hörest du nicht,/ Was Erlenkönig mir heimlich verspricht?'/ 'Sei ruhig, bleibe ruhig, mein Kind,/ In dürren Blättern säuselt der Wind.'*"

mas a melhor opção seria fazer uma cirurgia pelo método clássico.

Nos dias seguintes fui dar conferências em Nova York e depois em Norfolk, Virgínia, voltei a Nova York para outra palestra em um curso do Colégio Americano de Cirurgia Plástica e, na volta ao Brasil, pensei: "Com esse aneurisma, estou fazendo tudo isso? Desse jeito é impossível monitorá-lo. Se alguma coisa acontecer, eu acabo!"

Resolvi então me submeter à cirurgia, em São Paulo. Acontece que o tombo de esqui havia aberto minha diástase abdominal. A queda em Gstaad tinha reservado o maior susto para depois.

Tirei os pontos e, em pouco mais de uma semana, estava de volta ao Rio. Minha casa foi preparada como uma clínica, com uma enfermeira me ajudando nos curativos. Mas ao levantar-me para ir ao banheiro escutei um barulho estranho.

— Professor, está escorrendo sangue em sua perna! — disse a enfermeira, preocupada.

O tecido tinha se rompido e meu intestino teimava em sair pela repentina abertura no abdome.

A melhor atitude seria manter-me tranqüilo. Lembrei-me do meu terceiro *dan* de caratê e senti, de um modo zen, que poderia lidar com aquilo da melhor maneira possível, como se o paciente não fosse eu mesmo, como se estivesse cuidando de outra pessoa, nos tempos em que atendi gente que chegava ao Pronto-Socorro com as vísceras expostas, por ferimentos de navalha.

Inclinei-me para trás, pedi que ela me levasse nessa posição até a cama, peguei o curativo, joguei para dentro e fiquei segurando meu próprio intestino. Deitei-me, pedi à enfermeira que erguesse minhas pernas e o intestino saltou para o abdome, sua casa de sempre.

Nesse momento chegaram Marilu e minha irmã, Jaqueline, que é socióloga. Num instante as duas tornaram-se enfermeiras. Colocamos uma faixa temporária, enquanto aguardávamos a ambulância. No hospital, Gabriel Gonzalez e sua equipe fizeram uma operação de urgência, colocando uma tela para segurar a região do abdome, salvando minha vida.

O pós-operatório foi para mim uma temporada difícil e importante. Um momento de reflexão profunda. Aos poucos, a dor física e a sensação de fragilidade eram substituídas pela felicidade do convívio com os parentes e os amigos que me visitavam. Ficou fortalecida em mim a alegria de viver, a valorização de cada momento, por mais simples que seja, a satisfação de conhecer o outro, o prazer de dar e receber afeto. Saí dessa convalescença dando muito mais valor à vida e ao meu trabalho, gostando ainda mais do que eu faço, amando profundamente a própria medicina, apesar dos seus percalços, gostando mais dos meus médicos e de todos os que comigo trabalham — na clínica, na Santa Casa, na ilha, no barco, em casa, em todos os projetos que busco realizar.

E voltei à minha rotina, depois da reflexão altamente construtiva que me foi propiciada por aquele grave problema de saúde, retomando minhas atividades como se tivesse começado ontem. Com entusiasmo redobrado voltei a estudar, trabalhar, produzir, operar, escrever, praticar esportes, viajar, fazer tudo o que eu sempre gostei de fazer.

Um mês depois fui participar de uma das homenagens mais significativas que já recebi: o *Livro do milênio*, que reúne pessoas que nos últimos dez séculos contribuíram para melhorar o mundo, nas artes, nas ciências, nos esportes, em todos os setores. No livro, certamente por distração do autor, tive a grande honra de ser incluído ao lado de Sigmund Freud (criador da psicanálise), Alexander Fleming (descobridor da penicilina), Marie Curie (que descobriu a radioatividade), Albert Einstein (um dos maiores gênios da história da humanidade, que reformulou as leis da física) e John Logie Baird (o inventor da televisão e da fibra óptica), entre outras ilustres personalidades.

Versalhes estava toda decorada especialmente para a ocasião. Em cada sala um ambiente especial, uma música específica, um requinte impressionante. E eu com dificuldade de movimentos, protegido por uma cinta, sem poder fazer esforço, andei, com a ajuda de Marilu, até o meu lugar, no salão de teatro do rei Luís XVI.

A música interpretada por violinistas e cantores me fazia sentir como se vivesse na corte francesa do século XVII. Antes da linda cerimônia na Sala dos Espelhos houve um grande banquete. Eu me senti redimido da dor que ainda sentia e de tudo o que tinha passado. Senti o quanto a dor pode ser remida pelo bem-estar — não necessariamente o que se adquire com a riqueza material, mas sobretudo a satisfação dos anseios do espírito, a possibilidade de viver momentos agradáveis, a sensação de tranqüilidade e de paz consigo mesmo e a capacidade de sentir alegria até mesmo nos momentos mais triviais do nosso dia-a-dia.

CAPÍTULO 20

Intimidade com a natureza

A relação predatória do homem com a natureza reflete um profundo desrespeito pela própria vida, por sua continuidade e perpetuação. Sem me autodefinir como tal, percebo que desde pequeno fui um ecologista, defendendo à minha maneira a preservação dos ecossistemas. Hoje, tenho plena consciência da urgência dessa luta e respeito todos os que a levam ao cenário político nacional e internacional.

Apesar da intensa carga de trabalho e de demandas e solicitações as mais variadas, mantenho vivo o amor pela vida. Até hoje, cada viagem que faço me parece a primeira, com a força viva de querer entender cada uma daquelas pessoas, cada um daqueles seres humanos que a sorte me permitiu encontrar e reencontrar. Estou sempre pronto a descobrir novos ângulos de uma cidade, novas características de seu povo. Ainda que limitado pela premência do tempo, entrego-me à leitura com o mesmo deleite de minha juventude sonhadora. Os esportes fazem parte da minha rotina diária, como a Santa Casa e a clínica. Na ilha procuro a paz, envolvido pela exuberante natureza da Mata Atlântica.

A vida que venho levando está impregnada do desejo de ser feliz. Minha alma está em paz. Sigo com o mesmo entusiasmo que sentia, nos primeiros passos, quando me dediquei a ajudar os que me procuram em busca de maior dignidade, melhores condições para uma boa qualidade de vida.

Creio que o importante na vida é guardar, intacto, o sentido da ilusão e viver a criança que habita em cada um de nós.

A bola que eu joguei quando brincava no parque
Ainda não tocou o chão.[27]

O AMOR QUE TENHO pelos animais desde a infância jamais me abandonou. No último andar da minha clínica, onde recupero minhas energias, observo a sabedoria das carpas e a leveza dos pássaros, calopsitas e canários estrangeiros, que ali vivem. Ouvindo-os, contemplando-os, me retempero, me acalmo. É nesse espaço que descanso, às vezes almoço, às vezes leio, às vezes converso.

O convívio direto com a natureza e seus mistérios é simplesmente vital para minha existência, meu bem-estar, minha harmonia.

Observo o beija-flor. Pesa menos de três gramas, e sua visão é nove vezes superior à do homem. O batimento do seu pequeno coração passa de 60 a 1.500 vezes por minuto quando ele está enamorado. Quando se movimenta, suas asas chegam a bater noventa vezes em um segundo! Na época do acasalamento, de-

---

[27] "*The ball I threw while playing in the park/ Has not yet reached the ground.*" (*Should Lanterns Shine*, poema de Dylan Thomas.)

pois que descobre uma fêmea a seu gosto, ele alisa — uma a uma — todas as suas penas pintalgadas e depois se lança em vôo.

É um ás da aviação. Para seduzir aquela que quer conquistar, realiza acrobacias aéreas que ninguém, pássaro inteligente ou homem voador, pode igualar. A uma velocidade espantosa, executa *loopings*, depois desce a pique, em seguida sobe e se lança em vôos rasantes; finalmente bate as asas e recomeça as acrobacias. É o seu balé pré-nupcial. O beija-flor é um amoroso com temperamento de primeiro-bailarino.

Pousada num ramo, a fêmea finge dedicar-se aos cuidados da beleza. Ela faz seu bico brilhar, roçando-o nas folhas; lima as unhas, esfregando-as contra a casca do galho; estufa sua plumagem. Parece indiferente. Na verdade, observa e avalia o macho acrobata. Qual é o sinal imperceptível que ela faz e que permite a ele saber que tem direito à felicidade? Nenhum olhar humano pôde descobri-lo. Mas o beija-flor sabe. Ele encerra imediatamente suas evoluções. Voa direto para juntar-se a ela sobre o ramo. Ela abre suas asas. Ele se aninha sob elas. A união, longamente desejada e que exigiu tantos esforços, se concretiza. Dura um segundo. A fêmea agita as penas e se lança rumo a outra árvore. O macho permanece solitário sobre o ramo.

Mais um mistério da natureza. Mas não somos, todos nós, portadores de mistérios em marcha? Ele para mim... e eu para mim? A dança patética desse sedutor peso-pluma sempre me interessou. Ela evoca todas as atribulações do homem aprisionado por uma paixão.

Por isso quis instalar beija-flores na ilha que encontrei.

Sempre sonhei com um pedaço de terra cercado pelo mar. Minha ilha fica a poucos quilômetros de distância do litoral, numa das mais belas baías do mundo, Angra dos Reis, e a cerca de 160 quilômetros ao sul do Rio de Janeiro. Sobre sua vertente leste, percebo a costa ao longe. Sobre a face oeste, descubro o horizonte. Um é o chamamento à realidade. O outro, uma incitação ao sonho.

PASSEI MAIS DE DOIS ANOS circundando a ilha, sentindo-a, vendo-a, para que no seu desafio de natureza virgem eu pudesse interferir o mínimo possível, preservando a floresta e convivendo com ela. Na realidade, não procurava uma ilha. Procurava um local para abrigar a mim e a minha família. Um agasalho no mar.

Em sua extensão infinita ela se encontrou comigo, num momento de grande euforia. Dizem que essa sensação é própria dos descendentes dos antigos habitantes do mágico continente submerso da Atlântida, cujo bem-estar era proporcionado pelo fato de estarem rodeados pelo mar por todos os lados. Aquela euforia eu sinto ainda hoje.

Pela atração que sempre senti pelo mar, acreditava que uma verdadeira intimidade com a minha família só poderia ser vivida em um espaço sem interferências. Como num barco, onde pudesse estreitar ainda mais nossos laços, criando condições para fugir de tudo, enfiar oceano adentro nossos pensamentos e nos encontrarmos num ambiente comum, vivendo a euforia da intimidade com o mar.

Quando o vi pela primeira vez, foi um golpe de misericórdia. Todo branco e um tanto bojudo, ele é gracioso, apesar das formas pesadas. Sim, ele me agrada muito. O vendedor, vendo-me tão atraído, diz, para acabar de me convencer:

— E o senhor vai ver: ele é fiel como um cão!

Diante de meus olhos tenho um velho sonho que depende apenas de mim para se transformar em realidade. Além de tudo, seu nome é também bonito: *Água Branca*. Um bom barco. Um belo casco de 16 metros de comprimento com um salão angular e beliches na direção da proa. Na popa, um grande espaço permite passear, bronzear-se, pescar. Como não conheço bem o mar, para adquiri-lo associo-me ao meu amigo Paulo Albuquerque, bom médico e bom marinheiro.

Sempre quis um barco, é certo, mas não satisfaço apenas meu prazer. Com o *Água Branca*, durante os raros dias de liberdade que me outorgar, vou poder navegar e usufruir de minha família. Marilu, que freqüentemente me acompanha em minhas viagens — pois quero que descubra o mundo, como eu — e me vê galopar em busca de minhas atividades, perde suas esperanças de uma existência caseira. Ela me diz:

— Quando nos conhecemos, você achava que eu era a lua e eu te achava muito terreno. Agora, sou eu que tenho os pés na terra e você se transformou num marciano!

Muitos anos antes de ter a ilha, era no *Água Branca* que melhor eu desfrutava a companhia de meus filhos e de minha mulher. Na harmonia do mar, fora das tensões do trabalho, podia segui-los e procurar compreendê-los, partilhar as mesmas descobertas. Durante anos passamos os fins de semana navegando. Saíamos para Angra dos Reis, Cabo Frio e Búzios. Com maior freqüência para Angra, então praticamente desconhecida e desprovida de estrada, com acesso quase exclusivo pelo mar.

Logo aprendi a navegar e a desconfiar das correntes e do vento. Mas isso não nos impede de experimentar às vezes algumas aflições, como o episódio que ocorreu no entardecer de um domingo, quando voltávamos ao porto.

Subitamente, o tempo fica muito ruim. O mar torna-se violento. As vagas se elevam. O barco inclina-se e balouça fortemente da proa à popa. A roda da proa dá uma guinada com estrépito, elevando-se sobre a espuma. Nossa progressão é lenta e laboriosa. Sob o sombrio céu plúmbeo, e apesar do rugido do vento, não me sinto inquieto: o litoral está próximo.

Imperturbável dentro do barco que esperneia, Marilu lê histórias para as crianças, que comem bombons. De repente, a cana do leme do *Água Branca* não mais responde ao comando. Tento com esforço virá-la em todos os sentidos, mas está morta. O barco entra atravessado no vagalhão, balançando de modo impressionante.

Marilu sobe à ponte. Está calma.

— Você está com problemas?

— Sim — respondo.

Há apenas uma coisa a fazer antes de lançar um S.O.S.: ir ver o que aconteceu. Tiro a camisa, a calça, os sapatos, calço os pés-de-pato, ajusto a máscara. E mergulho.

Por sorte, a natação sempre foi o meu esporte favorito. Desde que eu tenha oportunidade, não importa a hora do dia, vou nadar. Nada distende mais os nervos e coloca as idéias no lugar do que a natação. O que significa que sou bem treinado e tenho bom fôlego. Mas nessa tarde o mar está muito violento.

A tempestade se anuncia. As vagas quebram-se contra o barco. Aproximar-me dele sob as águas é perigoso: arrisco-me a ser projetado contra o casco. Após várias tentativas frustradas, consigo agarrar-me à parte inferior do leme da quilha e descobrir a causa da avaria: o timão saíra de seu alojamento inferior, que os marinheiros chamam jocosamente de *crapaudine*. Ele bate loucamente sob as ondas. A ponta do alto, que ainda o mantém fixo ao *Água Branca*, pode se desprender de um instante para outro.

Não há tempo a perder. Com o timão arrancado, não mais será possível chegar à terra. Corremos o risco de naufragar.

Volto à superfície. Marilu, debruçada na amurada, aguarda minha volta. Seu olhar revela ansiedade, mas não medo. Para compensar o barulho do vento, grito:

— Jogue-me um cabo não muito grosso!

Por instantes, sob a pressão dos empurrões do oceano, a quilha emerge. Marilu leva apenas alguns segundos para jogar-me um cabo fino de quatro cordões. Mergulho novamente. E, não sem dificuldades, consigo fazer um reparo provisório. Em seguida, a duras penas, subo a bordo. Com velocidade reduzida, enquanto as crianças bombeavam com a maior energia, o *Água Branca* chega ao abrigo na enseada de Mangaratiba.

Esse acidente marítimo serviu-me de lição. No mar, o homem deve sempre perscrutar o céu e escutar o vento: tanto um quanto o outro carregam os sinais que anunciam as mudanças do tempo.

Muitos anos depois, um sucessor do primeiro *Água Branca* protagonizou um pequeno incidente que acabou sendo noticiado em jornais do mundo inteiro, por causa dos seus tripulantes na ocasião. Foi em abril de 1998, quando os Rolling Stones vieram pela primeira vez fazer shows no Rio de Janeiro e em São Paulo.

Ron Wood e Keith Richards queriam descansar um pouco e foram passar o dia em nossa ilha, em companhia de Helcius. Mas a imprensa descobriu e, poucos minutos após a chegada dos ingleses, a ilha já estava cercada de *paparazzi*. Por isso os nossos convidados ficaram por mais tempo na parte de cima da ilha, próxima à piscina e longe do cais. Até que Ron decidiu dar uma volta de barco. Keith não pôde ir, porque tinha torcido o pé. Helcius e meu marinheiro foram com todos os outros do grupo.

Nesse momento eu estava no Rio, tranqüilamente vendo televisão, quando vi a notícia de um barco pegando fogo.

— Mas que coisa engraçada, parece muito com o meu barco... — comentei com Marilu.

Cheguei mais perto da TV. As chamas e a fumaça aumentaram, mas não tive dúvidas:

— É ele mesmo, Marilu! É o *Água Branca*!

Então fui correndo para o telefone, sem desgrudar os olhos da tela. Só relaxei quando tive informações seguras de que ninguém estava machucado. Foi só um susto.

O curioso é que eles foram salvos justamente pelos fotógrafos, que estavam em um barco próximo, o que provocou um comentário de Ron Wood, que a imprensa considerou infeliz por fazer alusão indireta ao acidente fatal que em 1997 havia vitimado a princesa Diana: "*Paparazzi* matam, mas também salvam."

DISTANTE CERCA DE CEM QUILÔMETROS do Rio, a baía de Angra dos Reis tem muitas ilhas, a maior com cerca de cinqüenta quilômetros de extensão, a ilha Grande, a *Ipaum-guaçu* dos tamoios, seus habitantes originais.

Os descendentes desses índios, ágeis e intrépidos como seus antepassados, moram em pequenas casas coloridas. São pescadores e saem mar afora, independentemente das condições climáticas, em canoas escavadas em troncos de árvores. Profundos conhecedores do mar, defendem-se das intempéries sem dificuldade.

Quando o vento sudoeste bate forte, às vezes abrigam-se na face leste da minha ilha, que é totalmente protegida. Pela solidariedade com o mar e pelo carinho que tenho por todos que dele e nele vivem, procuro, junto com meu amigo Pedro, marinheiro que nasceu na ilha Grande e é meu protetor no mar, dar a meus companheiros conforto e abrigo. Aproveito esses momentos para aprender em seu convívio. Conversar com o homem do mar, com quem vive no mar, é receber em cada palavra uma lição de vida.

Ao descortinar a intocada beleza da paisagem da baía de Angra dos Reis em 1496, em sua segunda viagem à América, o navegador Américo Vespúcio foi tomado por tamanho êxtase que não hesitou em exclamar:

— Se na Terra houvesse um paraíso, não seria muito longe daqui.

Angra dos Reis foi oficialmente descoberta pelo navegador português Martim Afonso de Souza, no dia 6 de janeiro de 1532, que tomou como inspiração para seu nome a chegada dos três reis magos do Oriente a Belém, que para lá seguiram guiados pela estrela de Jacó.

Embora essa versão deva ser a correta, sempre achei mais romântico dizer que o nome da baía é uma referência à *l'ancre des rois* (a âncora dos reis).

Se os piratas franceses foram menos admitidos oficialmente, os ingleses renderam sua homenagem a Drake, cujas façanhas figuram hoje nos compêndios de história. Inacessível até então, Cartagena das Índias foi conquistada por Drake, que escondia em meio aos drapeados de sua negra vestimenta uma pesada moeda de ouro. Amarrada em um longo fio, a moeda funcionava como uma verdadeira sonda para localizar o canal de navegação, construído com milhares de pedras pelos escravos trazidos pelos espanhóis e cuja existência era mantida em absoluto sigilo. Para não despertar suspeitas sobre suas verdadeiras intenções, Drake misturava-se aos habitantes locais, seduzindo as belas cartaginesas com graça e elegância. Segundo contam as lendas, a rainha Elizabeth I, ao entregar-lhe a comenda da Ordem da Jarreteira, teria acrescentado à inscrição original da Ordem a seguinte frase: "*Of this deeds on bed and sea.*"[28]

Ingleses, flamengos e franceses, inúmeros piratas passaram por Angra dos Reis, onde o ouro roubado da corte portuguesa era embarcado para fora do país depois de ser transportado no lombo dos burros em trilhas falsas. Muitas vezes a preciosa carga extraída das minas de Ouro Preto era afundada, à espera do momento propício para ser embarcada para a Europa. Tantas eram as trilhas utilizadas na tentativa de escapar dos fiscais da corte, que dizem superar em número as poucas entradas oficiais que então ligavam o porto à região das minas. Roubado e embarcado clandestinamente pelos corsários com destino aos cofres de outros reinos, esse ouro era chamado de *l'ancre des rois*. Pura invenção de mineiro...

A natureza que encantou Américo Vespúcio, Martim Afonso de Souza e todos os que a viram, inclusive o imperador d. Pedro II — que era grande freqüentador da enseada do Abraão, na ilha Grande, e de onde foi tristemente deportado —, vem resistindo através dos séculos a inúmeras invasões, algumas batalhas e à constante e desagradável aproximação do progresso, em que a trama urbana vai criando um espetáculo *déjà vu* que fatiga a visão e não é bom para a memória.

Verdadeiro mistério da natureza, a intimidade do mar e da vegetação em Angra dos Reis propicia a simbiose do homem com a essência da vida, que reafirma, em sua majestade, a impossibilidade de criatividade sem natureza. Objeto de arte belo e raro, a baía de Angra guarda do Criador o direito à vigilância e à proteção. Não temos o direito de interferir em um momento tão importante da criatividade divina.

---

[28] Pelos seus feitos na cama e no mar.

A ILHA DOS PORCOS GRANDE, desde quando a vi pela primeira vez, me fascinou. Alguma coisa lhe conferia uma estranha beleza. Nesse canto do oceano Atlântico, ela sobressaía entre as outras. Sua vegetação luxuriante, em fantástica harmonia com o mar, me deixou maravilhado. Suas encostas, suas calhetas, seus rochedos escuros tinham algo de especial.

Todas as outras ilhas tinham a mesma roupagem, mas não a mesma forma. Sua singularidade só me foi revelada quando atravessava ao longo de sua costa. Era um final de tarde. O sol se punha. Com sua crista acidentada e seus desníveis, a ilha tinha a silhueta de uma mulher, ou de uma sereia, tranqüilamente estendida e adormecida sobre a água. Em virtude da brisa marinha regular, respirava com os movimentos do mar.

Amo minha ilha. Com Marilu e meus filhos, nos empenhamos em conquistá-la sem modificar sua natureza. Era uma terra selvagem, doce e deliciosa, alimentada por três nascentes d'água. Como uma mulher eu a modelei, respeitando sua estrutura selvagem e bela.

As pessoas que viram o *Água Branca*, naqueles anos, poderiam compará-lo à Arca de Noé. Com efeito, com meu amigo e marinheiro Pedro, trouxemos animais do continente para a ilha. Cabras, cordeiros, frangos, galinhas, galos, gansos, cisnes, faisões selvagens brasileiros e outros pássaros em vias de extinção, um gamo, uma corça, porcos, papagaios e um cavalo preto. E os colibris.

Depois, o *Água Branca* mudou de carregamento. Foi a vez das papaias, das mangueiras, dos coqueiros, dos ananases e de todos os grãos e sementes necessários à horta. Pus mãos à obra, preguei, serrei, amassei gesso e cimento, tosquiei, cavei, amanhei, trabalhei suado e contente.

O último bicho a se mudar para a ilha naquela época foi um cavalo tordilho que levei de Itaipava. Desconhecendo o terreno, Troncoso pisou em falso ao sair do barco e caiu nas águas da baía, seu pêlo desaparecendo sob a imensidão da noite. Todos o deram por perdido.

Fui avisado em Kelowna, no Canadá, onde realizava uma demonstração cirúrgica. Percebendo meu abatimento pela perda do cavalo, as enfermeiras, que também gostavam muito de animais, passaram a perguntar diariamente por ele, transformando nosso primeiro encontro matinal num diálogo curioso.

— Como vão os pacientes?

— Bem. E o seu cavalo?

Quatro dias depois e mais de vinte milhas náuticas distante, ele foi encontrado são e salvo na praia dos Marinheiros, na ilha Grande. Os pescadores que o resgataram levaram um susto e mal reconheceram naquele fogoso puro-sangue um parente dos eqüídeos que habitam o povoado. A partir daquele dia, Troncoso jamais voltou a ser montado. Passou o resto de seus dias explorando a ilha em toda a sua extensão.

Nessas cavalgadas ao sabor do vento, tomou como companheiro um ganso, que o seguia por toda parte.

O amor pelo mar, nascido em condições tão adversas, acabou propiciando-lhe uma sobrevida por intermédio de seu fiel companheiro. Quando a idade chegou e o tordilho morreu, o ganso não permitiu que sua memória se esvaísse junto com a correnteza. Ficou montando guarda diariamente ao lado do local onde foi enterrado.

Anos mais tarde, contei a incrível saga desse cavalo aos meus queridos amigos Júlia e Mário Gibson Barbosa, na época nosso embaixador na Grécia. Grande cavaleiro, Mário passou a chamá-lo "Posêidon", nome mais adequado a tal herói, possivelmente recordista mundial eqüestre de travessia marítima.

Segundo meu amigo Roberto Marinho, que publicou no seu jornal *O Globo* uma linda reportagem sobre o feito de Troncoso, essa foi "a mais longa travessia relatada de um cavalo no mar".

Continuo tendo o prazer de conviver com uma grande variedade de animais na ilha. Não crio bichos: de fato, convivo com eles. Por isso nunca deixei que essa variedade de animais tivesse aspecto de jardim zoológico. Eu gosto muito de cada um, dentro de sua tranqüilidade, cada um no seu sentido territorial, um sentimento de responsabilidade pela sobrevivência de cada espécie.

Quando cheguei à ilha, praticamente não havia bichos. A Mata Atlântica encontrava-se em bom estado de preservação, mas não estava habitada. Minha preocupação inicial foi recuperar alguns pequenos segmentos desmatados da vegetação nativa. Foi então que senti como é triste uma floresta sem sua fauna, e fui tomado pela vontade de repovoá-la.

Comecei levando as araras, que se adaptam com facilidade e vivem bastante tempo. Depois coloquei alguns peixes no viveiro que construí. E assim, dia após dia, a ilha foi ficando cheia de vida.

Recentemente, este belíssimo cenário natural foi enriquecido pelo nascimento de duas antas, algumas capivaras, um bando de porquinhos-do-mato e vários outros animais, aumentando visivelmente a população local e proporcionando-me o prazer da missão cumprida, pois a floresta já se encontra plenamente repovoada.

Os animais dão mais vida e riqueza à minha reserva florestal na ilha. Lá existem várias espécies silvestres, que defendem seu território de um modo natural. Pacas, mutuns, jacus e muitos outros estão se reproduzindo naturalmente, e com grande desenvoltura.

Minha filha Gisela, que gosta de andar pela ilha, certo dia deparou-se com um jacu fêmea, que estava chocando. A ave, que se parece com um grande galo de pescoço pelado, saiu grasnando alto, em disparada atrás de Gisela, que correu, correu e caiu. O jacu deu-lhe muitas bicadas e ela chegou em casa assustada, dizendo:

— Vocês têm que prender esse jacu!

— Minha filha — respondi —, essa ave estava no ambiente dela, no seu ninho, chocando seus ovos, e você interferiu nesse processo de criação.

— Não interferi nada! — protestou ela, recuperando o bom humor. — Eu estava só passeando e de repente ela veio correndo atrás de mim!

Esse mesmo jacu pegou muita gente. Pessoas famosas e não famosas. A começar pelo Bernardo, que quando tinha uns oito anos ficava carregando um pedaço de pau e corria para cima e para baixo, procurando pelo bicho.

Certa vez recebi, na ilha, a visita do barão Arnaud de Rosney, meu querido amigo, já falecido. Intrépido, ele havia sido o primeiro a atravessar o estreito de Behring numa prancha de surfe. Mas na ilha encontrou um desafio maior: o jacu. Jamais esquecerei a imagem daquele homem de dois metros de altura, com um pedaço de telha na mão, perguntando-me apavorado:

— *Ivo, qu'est-ce-que je fais, il me regarde fix!*[29]

A ilha é como um microuniverso em que cada bicho tem seu território. Tínhamos um macaco grande, chamado Enzo, que quebrava tudo. Certo dia, a mãe de minha bióloga ia descendo por um caminho da mata, quando de repente o Enzo pulou na

---

[29] Ivo, o que faço? Ele está me olhando fixamente!

cabeça dela e lá ficou. "Dê umas laranjas para ele", dissemos a ela. O macaco chupou três laranjas, calmamente, em cima da cabeça dela, que tremia de medo. Mas ele não gostou da última laranja, desceu com uma expressão contrariada e deu uma dentada na perna da minha hóspede.

Uma grande amiga norte-americana, mulher muito elegante, foi à ilha certa vez para passar o pós-operatório sob meus cuidados. Ela estava deitada na rede, descansando, e estendeu a mão para o Barrigudo, outro macaco grande, que adorava mulher bonita. Barrigudo pegou sua mão e começou a puxá-la de um lado para o outro, balançando a rede.

Então chegou meu afilhado Dudu, grande biólogo e oceanógrafo, e cumprimentou minha amiga. Barrigudo não gostou. Achando que era um intruso, pulou em cima dele para lhe dar uma dentada. Ela então protestou:

— Dudu, esta é a minha primeira paquera depois da operação e você está atrapalhando? Um biólogo devia conhecer melhor a natureza. Afinal, nós somos primatas!

E repetiu:

— *Please, this is my first date after the operation*![30]

Outro macaco fabuloso, que viveu um bom tempo conosco, chamava-se Chiquinho. Meu piloto na época, o Beto, que ia fazer um concurso para a Varig, estava na ilha com todos os documentos da sua inscrição para as provas, e Chiquinho pegou toda a papelada e rasgou. Quando vi Beto chorando e perguntei o motivo, percebi que ele tinha chegado a pensar que eu havia mandado o Chiquinho rasgar os papéis, para que ele não fosse trabalhar na Varig. Fiquei com pena e liguei para um amigo brigadeiro, chamado Basílio, a quem expliquei o ocorrido. O brigadeiro, ao telefone, achava minha história completamente surrealista.

[30] Por favor, este é meu primeiro namoro depois da operação!

Só mesmo conhecendo os bichos de perto para saber como a vida de cada um deles é cheia de histórias. Certa vez hospedei na ilha o meu amigo Gean Noli, presidente da Hachette e editor do meu livro *Les Chemins de la beauté*, um francês muito simpático, que não largava seus maços de Gauloise, então difíceis de encontrar no Brasil. Até hoje me divirto ao recordar a expressão que ele fez quando viu que Chiquinho tinha levado seu maço de cigarros para cima de uma árvore.

— *Ivo, Chico a prit mes cigarettes. Est-ce-que tu peux pas lui dire de me les rendre?*[31] — disse me ele tentando manter a naturalidade.

Ele falava como se aquilo fosse uma brincadeira que eu estava fazendo com ele. Chiquinho era tão ligado a mim que ele pensou que tínhamos combinado tudo. Mas o macaco agia por conta própria, tanto que, ignorando os apelos, tirou os cigarros e quebrou todos, antes de entregá-los de volta, aos pedaços, um a um.

Outro francês, dessa vez um ministro de Estado, presenciou os arrebatamentos de Chiquinho. Marilu tinha preparado uma mesa toda enfeitada com uns camarões de madeira muito bonitos. Quando Chico viu os camarões, achou que eram de verdade e tentou comê-los. Quase quebrou todos os dentes e, furioso, arrebentou a mesa toda. Reação parecida com a que ele teve diante de Sidney Rome, que visitou nossa ilha e me presenteou com um aparelho de massagens todo especial, para fazer uma espécie de shiatsu com efeito próximo ao da acupuntura. Era um aparelho um tanto complicado, cheio de pilhas. Chico mexeu no aparelho, tomou um choque e não gostou. Então, sem que ninguém visse, levou-o consigo, abriu,

[31] Ivo, o Chico pegou meus cigarros. Será que você não pode dizer a ele para devolvê-los?

tirou as pilhas e encheu de lama. Deixou o aparelho no mesmo lugar, exatamente como estava.

Quando Sidney Rome quis me mostrar como funcionava, nada acontecia. Somente ao abrirmos o aparelho para checar as pilhas, percebemos que Chico nos tinha aprontado mais uma de suas peças.

"Isso deve ser ciúme", disse-me Sidney, sempre bem-humorada. Fato que algum tempo mais tarde pude comprovar, no dia em que resolvi levar Chico a um veterinário em Angra, por notar que ele estava indisposto e engordando, parecendo doente.

— Está grávida — disse o médico.

— Como "grávida"?! — espantei-me.

Só então descobri que era Chica, e não Chico, o nosso macaco travesso...

Semanas depois, veio me apresentar seu filhotinho. O pai era Pepeu, um macaco selvagem que apareceu na ilha. Eu não me acostumava a ver Chiquinho como fêmea, e sim como pai daquele novo habitante da ilha. Mas com o tempo percebi que ela sempre demonstrava mais afeição pelos homens: gostava muito mais de mim, do Helcius, do Bernardo e do Ivo do que das mulheres. Quando formou seu próprio grupo familiar, Chiquinha passou a dedicar-se aos filhotes e ficou menos carinhosa conosco.

Tempos depois, outra gravidez na ilha me causou surpresa. Eu estava jogando tênis na quadra, com um amigo estrangeiro, e ele não entendeu nada quando chegou o caseiro correndo e avisando, aos gritos:

— Pessoal, a anta teve um filho!

— Mas como? — falei. — O macho morreu há mais de oito meses!

Só então fiquei sabendo que a gravidez dela leva mais de 12 meses. O que ninguém poderia imaginar é que o filhote ganharia como pai adotivo o Gonzaguinha, um porquinho-do-mato que foi ficando perto da anta durante toda a gravidez. Depois que o filhote nasceu, ele resolveu assumi-lo como se fosse o pai. E o pequeno a princípio gostou, mas logo foi crescendo em proporções enormes para o Gonzaguinha, que cada vez o estranhava mais.

Sem dúvida havia muito amor daquele porquinho-do-mato pelo filho adotivo, mas os movimentos pesados e meio desajeitados da pequena anta começaram a machucá-lo. Gonzaguinha é um porco-do-mato mansinho, delicado, que brinca com a gente e sorri. Fiquei triste quando tiveram que tirar o porco de perto.

Até arranjaram uma fêmea para Gonzaguinha. Linda. Uma porquinha com muito charme, capaz de fazê-lo esquecer a desventura vivida com a anta e seu filhote. Mas a femeazinha era terrível, porque tinha conservado todo o instinto de porco-do-mato e passou a comer os filhos das emas.

Situações como esta precisam ser tratadas com atenção. Minha vontade de criar animais silvestres de espécies variadas, com os procedimentos ambientais recomendados pelos especialistas, levou-me a criar o "Criadouro Científico e Cultural Ilha dos Porcos Grande".

Esta é uma atividade tão gratificante para mim que lhe dedico uma seção permanente em meu site na internet,[32] onde há um minucioso relato sobre os animais que vivem na ilha.

O texto descreve o aquário natural, que chega a sete metros de profundidade, isolado por um dique que o separa do mar e equipado com sistemas tubulares que processam naturalmente a renovação e a oxigenação da água. Além de peixes como mero, garoupa, budião, baiacu e muitos outros, esse viveiro

[32] www.pitanguy.com.br

abriga numerosas espécies como tartarugas-marinhas, polvos e arraias. O relato prossegue com a descrição de uma atividade que me dá enorme prazer sempre que estou na ilha: alimentar com sardinhas frescas os habitantes do aquário, que desse modo acostumaram-se a permanecer no criadouro — não apenas os peixes, mas todas as aves que vivem por perto.

O mero, primeiro peixe citado pelos técnicos em seu laudo, está enorme, com mais de cem quilos, e tem uma história interessante, que fez dele mais um personagem ilustre da ilha.

Certo dia eu estava operando na clínica e, no intervalo da cirurgia, recebi o telefonema de um pescador de Angra, que estava fazendo caça submarina e atirou em um mero, mas o tiro pegou de raspão e o peixe continuou vivo. Ele sabia do meu aquário e me propôs a venda do mero.

— Olha, eu estou longe daí, não posso ir à ilha durante esta semana, mas acho que no viveiro o mero vai ficar bem, e vai ser bom para ele também — respondi.

Combinamos então que o mero seria colocado no viveiro e, se ficasse bem, eu o compraria. Realmente, o peixe sobreviveu muito bem e foi crescendo lá dentro.

Um dia chegou um pessoal do Rio para ver o viveiro, com um moço que era de Angra. Ao verem aquele mero enorme, perguntaram como eu tinha conseguido obtê-lo, e contei-lhes uma típica história de pescador. Em detalhes, descrevi como havia encontrado o mero em um mergulho, como tinha feito para capturá-lo vivo, e assim por diante. O rapaz de Angra, então, falou.

— Engraçado, eu tenho um tio que pesca aqui em Angra, e ele me contou uma história muito parecida com essa, mas deve ser outro mero.

— Para sorte do mero, é o mesmo — respondi então, encerrando a minha história.

Esse mero, por seu tamanho e sua história, já tinha se tornado um personagem importante do viveiro. Um dia, quando chegamos à ilha, a maré estava um pouco baixa e o vimos encostado na pedra. Então pedi ao Flávio, meu amigo e marinheiro, que entrasse na água para observar melhor o mero, tentar ajudá-lo. Ele mergulhou no viveiro e empurrou o mero, afastando-o da pedra, sem se preocupar, porque aquele peixe sempre foi muito manso. Mas, não sei por que motivo, o mero não gostou e voltou diretamente para cima dele, pegou-o pela mão e o jogou com força contra o muro. Flávio teve de ir para o hospital, tomar pontos.

Lembrei-me de um outro mero agressivo, com o qual me defrontei certa vez em Fernando de Noronha, há muito tempo, quando ainda era permitido pegar peixes naquele arquipélago, que hoje é um santuário ecológico.

Eu estava mergulhando em boa profundidade, ele veio nadando para cima de mim, com a boca aberta, e para não ser comido tive de atirar com minha pequena arbalete. O tiro, por sorte, atingiu o ponto entre os dois olhos, um lugar mortal, o que é raro com uma arma tão pequena para um peixe tão grande.

Levamos o mero para o barco e depois, em terra, abrimos o bicho. Dentro dele havia duas lagostas enormes, uma delas já parcialmente digerida, e alguns outros peixes recém-devorados. É claro que não estive na iminência de ser engolido como Jonas, embora naquela região ainda houvesse grandes baleias, mas realmente escapei de ser mordido por um mero raivoso — e essa não é uma daquelas histórias de pescador.

Voltando à ilha e a seus moradores: na página de meu website dedicada aos animais que ali vivem, não poderiam deixar de ter especial destaque as inúmeras espécies de aves — socós, atobás, fragatas, garças-brancas, cisnes-pretos, marrecos mandarim, além dos pequenos tiês-sangue, sanhaços, canários-da-terra, tico-

ticos, sabiás-laranjeira, sebinhos, sabiás-da-praia, sabiás-pardos, trinca-ferros e tantos outros pássaros que vivem soltos, voando livremente, reproduzindo-se e mantendo grupos estáveis.

A descrição prossegue mencionando um grupo relativamente grande de cutias, que é mantido solto por toda a ilha, e diversos tipos de animais soltos no criadouro, tais como veados, pacas, tatus, mutuns, jacus, jacutingas, seriemas, tucanos, jabutis, saracuras, pavões, além de um grande número de primatas, como o macaco-sauá, o bugio, o macaco-prego e os sagüis. Para todos eles existe alimento e água, oferecidos em cochos adequados. Em uma área separada e isolada, na parte mais alta da ilha, instalamos um setor de quarentena, de veterinária e de nutrição, com todos os equipamentos veterinários necessários.

Todos os animais com os quais tenho a alegria de compartilhar a ilha sabem que têm ali o seu lar, onde são respeitados e tratados da melhor maneira possível. É claro que não posso levar para lá espécies predadoras, nem uma quantidade muito grande de bichos, já que cada um deles disputa seu território, e não quero fazer nada semelhante a um zoológico. Minha idéia — coerente com o amor que sempre tive pelos animais, desde os tempos de menino — sempre foi, simplesmente, que cada um desses bichos, nativos dali ou não, tenha seu espaço e que aquela ilha seja para sempre a casa deles, como o foi para as espécies que ali viveram no passado, há mil anos, dois mil anos ou muito mais.

Por serem de natureza predatória, não podia criar cachorros na ilha, embora goste muito deles, desde minha infância. Mas podia tê-los em minha casa no Rio de Janeiro, onde cada um de meus filhos sempre conviveu com um cachorro de estimação.

Sucessivas gerações de cães da raça Weimaraner, em nossa casa, formaram uma verdadeira dinastia. Batizei todos com o mesmo nome, Ming, e todos sempre foram muito parecidos. Assim, quando um cão já idoso partia, logo surgia um outro no lugar, tão semelhante que quase não sentíamos a perda.

Essa tática ia dando certo com as crianças, até que um dia Bernardo me falou:

— Pai, esse não é o mesmo Ming, é outro.

E passou a adotá-lo com mais carinho ainda.

A permanência dos traços em sucessivas gerações está ligada às origens da raça. Durante quatro séculos, a criação dos Weimaraner manteve-se exclusiva dos canis dos duques de Saxônia-Weimar (daí vem seu nome). Depois, ficou restrita a alguns núcleos fechados, os Weimaraner Club, na Áustria e na Alemanha, e não podiam ser comercializados. Os criadores trocavam filhotes entre si, fixando assim um padrão para a raça. Todo cão que saísse desses clubes era esterilizado, para não haver cruzamento com outras raças, até que em 1929 um casal norte-americano conseguiu levar um filhote não-esterilizado e, a partir daí, eles se espalharam pelo mundo.

Essa história estava guardada bem no fundo de minha memória até o dia em que cheguei a minha casa no Rio e vi algumas manchas de sangue na quadra de tênis. As manchas se estendiam até uma pedra grande que separava a quadra de uma outra parte do terreno, onde havia um canil. Percebi então que o Weimaraner, certamente depois de várias tentativas, tinha subido a pedra com grande esforço, a ponto de se ferir e sangrar, e destelhou o teto do canil, onde vivia uma cadela da raça dogue-alemão que estava no cio. Quando o encontrei, estava fazendo amor com a cadela.

"Isso é coisa de amor", pensei, decidindo não impedir o romance.

Daí surgiu uma nova raça, que chamo de Wei-Dog. São cães muito inteligentes, nos quais a postura dócil e ágil do dogue soma-se à leveza e ao porte aristocrático do Weimaraner.

Os Wei-Dog aprovaram plenamente o clima de montanha e os espaços de minha casa em Itaipava, onde no momento dou os últimos retoques no texto deste livro. Às vezes largo os manuscritos para afagar o pêlo de Victor. Ele é meu último Wei-Dog, mas sua fêmea Olga nos dará descendentes, que ainda vão se propagar pelo mundo.

AQUI EM ITAIPAVA respira-se calma e serenidade na sombra das árvores que eu mesmo plantei há quarenta anos. Casuarinas e pinheiros hoje imponentes dividem o cenário com eucaliptos ornados por uma linda tumbérgia que lhes sobe pelos troncos, formando majestosas cercas vivas. O gramado muito verde, que o tempo vem tecendo em várias camadas, molda um tapete aconchegante no terreno em forma de concha, paisagem que imaginei para o convívio com Marilu e os nossos filhos, agora também com os nossos netos e os amigos mais queridos.

Os dias na Vila Gisela (este é o nome da casa na serra próxima ao Rio de Janeiro), as crianças no futebol ou na piscina, as noites junto à lareira — esses momentos tranqüilos nos fazem sentir que o bem mais valioso para o ser humano é a simplicidade compartilhada no afeto do núcleo familiar e na presença dos amigos. Uma verdade que a vida nos mostra ao longo do tempo e através da natureza, mãe de tudo e de todos, nossa origem e nosso fim, suave presença inspiradora da intensidade deste momento.

Feliz quem, como Ulisses, fez tão bela viagem,
ou como o que buscou e conquistou o Tosão,
e prenhe regressou, de ciência e de razão,
a viver entre os seus o mais desta passagem! (...)[33]

Novamente me lembro de Ulisses, que já citei bem antes nestas recordações, até porque a magia de sua história freqüenta minha vida desde a infância, marcada indelevelmente com uma noção muito forte de família e de país, em meio às montanhas de Minas. No regresso aos seus é que ele encontra a paz.

(...) Ai, quando reverei da minha aldeia a imagem,
seus lares fumegando, e qual será a estação
em que verei de novo essa pobre mansão
que para mim vale mais que torre de menagem?

Mais me praz de avós meus este solar tranqüilo,
que de palácio em Roma o audacioso estilo.
Mais do que o duro mármore uma ardósia fina.

Mais o meu Loire gaulês que o Tibre tão latino,
mais o menor Liré que o monte Palatino,
e mais que o ar marinho a doçura angevina.[34]

---

33 "*Heureux qui, comme Ulysse, a fait un beau voyage/ Ou comme celui-là qui conquit la Toison/ Et puis est retourné plein d'usage et raison,/ Vivre entre ses parents le reste de son âge! (...)*"

34 "(...)*Quand reverrai-je, hélas, de mon petit village/ Fumer la cheminée, et en quelle saison/ Reverrai-je le clos de ma pauvre maison,/ Qui m'est une province et beaucoup davantage?// Plus me plaît le séjour qu'ont bâti mes aïeux,/ Que des palais romains le front audacieux,/ Plus que le marbre dur me plaît l'ardoise fine.// Plus mon Loire gaulois que le Tibre latin,/ Plus mon petit Liré que le*

Junto às montanhas de Itaipava ou de Gstaad, ou rodeado pelo mar em minha casa na ilha, encontro o refúgio acolhedor que vale mais do que tudo no mundo.

É nesses momentos que me recupero da rotina estafante que empreendo em meu trabalho de cirurgião. Entregue à leitura, ao tênis, à caça submarina; na intimidade do mar, dos meus amigos e de minha família, alivio a tensão e a fadiga da lida diária.

Diariamente pratico um treinamento físico que varia de acordo com as estações. O esporte exerce uma grande influência sobre o comportamento. Ele nos mantém em forma. Elimina os eventuais abusos da noite anterior. Ensina a nos controlarmos. Desfaz todas as tensões nervosas. O trabalho do cirurgião requer uma boa condição física.

O sentido da disciplina, inerente à minha personalidade, cedo despertou meu interesse para as artes marciais. Sempre apreciei a tranqüilidade do chinês — afinal tudo veio de lá —, que os japoneses souberam tão bem incorporar e aproveitar.

Em Belo Horizonte, na minha juventude, não se falava em caratê, nem em judô, como hoje. A cultura oriental não fazia parte da nossa pequena burguesia local. Esses contatos na academia, que acho muito úteis para a juventude, não existiam. Não existiam academias.

Mas falava-se muito nos irmãos Gracie e na rígida disciplina que eles mantêm até hoje. Eles foram e ainda são um exemplo para muitas gerações. Quando eu estava com 14 anos, Oswaldo Gracie — irmão de Carlos, Hélio e Jorge — mudou-se para

---

mont Palatin,/ Et plus que l'air marin la douceur angevine." — ["*Heureux qui comme Ulysse*", soneto de Joachim du Bellay (1522-1560). Tradução para o português: Jorge de Sena.]

Belo Horizonte, onde passou dois anos e criou uma pequena academia de jiu-jítsu. Freqüentei as aulas durante todo aquele período, aprendendo a me defender com desenvoltura e penetrando no mistério do autoconhecimento, que eles estimulavam juntamente com as técnicas de luta.

Naquela época não pratiquei artes marciais a ponto de absorver em toda a profundidade a filosofia oriental, mas o bastante para me deixar impregnar e sentir que ali residia algo muito importante, além do simples esporte.

Nossa juventude em Belo Horizonte foi bastante agitada, com muitas barricadas e brigas de rua. Cada bairro tinha sua turma. Meu querido irmão Ivan era o mais corajoso líder de uma delas. As barricadas eram feitas de troncos de bananeiras e demarcavam os limites de poder dos grupetes. Saber jiu-jítsu me foi muito útil. Embora não fosse muito alto, sempre fui bastante parrudo e, com as técnicas do jiu-jítsu, pude me defender muito bem, sem precisar ser agressivo. Em diversas outras situações com as quais a vida me fez deparar, o conhecimento das artes marciais provou-se fundamental para que eu pudesse enfrentá-las melhor e até me defender — sem ofender.

No jiu-jítsu e no judô, procura-se retirar o indivíduo de seu ponto de equilíbrio. No aikidô, girá-lo em torno de seu ponto de gravidade. O caratê ensina o *kiai*, a concentração de toda a força, que nos capacita contra os inimigos visíveis e invisíveis. Treina-se, ao mesmo tempo que se medita.

A arte do verdadeiro caratê é o caminho da paz, da não-agressão. Aprende-se que uma pessoa autoconfiante, que adquiriu força na sua própria estrutura, perde a vontade de agredir. Raramente reage e acaba absorvendo melhor as agressões, pois não precisa se provar diante da agressividade alheia.

Comecei a ler livros sobre o Japão, alguma coisa sobre filosofia chinesa, especialmente o taoísmo e o confucionismo. Mas só mais tarde viria a me familiarizar com a filosofia do caratê, por intermédio do grande mestre Taki Ushi, que foi muito importante para mim, minha mulher e meus filhos.

Em homenagem a ele — e aos deuses que o protegem — ergui atrás de minha casa um pequeno dojô, com características muito simples, mas particularmente zen. Com uma pequena ponte, em total harmonia com a natureza da floresta da Gávea, é um campo de meditação e de reencontro com nossa força interna, o *kiai*.

Marilu e meu filho Ivo são faixas-pretas, e eu cheguei à preta terceiro *dan*. Em todo o seu simbolismo, a passagem de cada faixa é um ritmo disciplinar de aprendizagem e de humildade muito rígido. Humildade que vai num crescendo, a ponto de ser útil em todos os setores da atividade humana: a arte de saber o que não sabíamos e de querer aprender mais.

TUDO O QUE SABEMOS é pouco, diante do que aprenderemos ainda amanhã. A vida me ensina a cada dia, continua me ensinando. O aprender continua sendo uma constante em todas as etapas de minha caminhada, um sinal verdadeiro de amor à vida.

Esse aprendizado se aplica também à arte de conviver.

Só é possível viver com criatividade e paz de espírito quando procuramos superar a cada passo as dificuldades encontradas no caminho. Apoiados no saber dos que nos antecederam, mas deixando-nos levar com amor e suavidade pela eterna busca do conhecimento. Olhando sempre para a frente, para a nuvem mais distante, para além do azul-safira do céu.

Com Marilu, no casamento de Helcius.

Na ilha, com Marilu e os netos Rafael e Pedro, filhos de Gisela.

Al mare, com Helcius, Ivo e Marilu.

Mergulhando no mar da China, no arquipélago One Thousand Islands, perto de Jacarta.

Pescando salmões em Labrador, Canadá.

Não sou campeão de anzol, mas ganhei um prêmio de pescaria em Foz do Iguaçu, ao ter a sorte de pegar o maior dourado.

Feliz, ao fim de um mergulho.

Ao lado do barco, na ilha, depois de um mergulho.

Correndo com os pombos na praça São Marcos, em Veneza.

Ilha dos Porcos Grande.

Na prainha da ilha, contemplando a paisagem.

Introduzindo novas araras na ilha, com recepção pouco afetiva das antigas habitantes da mesma espécie.

Brincando com o tucano Tuca, na ilha.

Preparando um drinque, auxiliado pela arara, na ilha.

Conversando com meu amigo melro e sua esposa, no jardim da clínica.

Com a anta Mariinha, na ilha dos Porcos.

Com meu amigo porco-do-mato, Gonzaguinha.

Acariciando uma arraia.

Com o macaco Barrigudo, amigo de alguns momentos, mas às vezes perigoso.

Com Chico, fiel amigo e companheiro de muitos anos na ilha.

Para minha surpresa, Chico tornou-se Chica. E, ainda me respeitando como primata principal, apresenta-me seu filhinho.

Editora responsável
Izabel Aleixo

Produção editorial
Daniele Cajueiro
Ana Carolina Ribeiro

Edição de texto
Gustavo Barbosa

Revisão
Eduardo Carneiro
Guilherme Bernardo
Renan Ji

Diagramação
Abreu's System

Este livro foi impresso em São Paulo, em janeiro de 2008,
pela Lis Gráfica e Editora, para a Editora Nova Fronteira.
A fonte usada no miolo é Sabon, corpo 11,5/15.
O papel do miolo é offset 75g/m², e o da capa é marfim cotelê 240g/m².

Visite nosso site: www.novafronteira.com.br